les Intégrales de philo

Collection dirigée par Denis HUISMAN

PASCAL

Pensées

Fragments classés sur la religion et la condition de l'homme

Notes et commentaires de

Claude MORALI

Nathan

Édition Dominique ALBERTINI
Conception graphique intérieur et couverture Thierry MÉLÉARD
Iconographie Gaëlle MARY
Conception couverture Denis HOCH

Références iconographiques :
Ph. Coll. Archives Labor : photo de couverture et p. 36.
Archives Nathan : p. 132.
 – ISBN : 978-2-09-188206-2

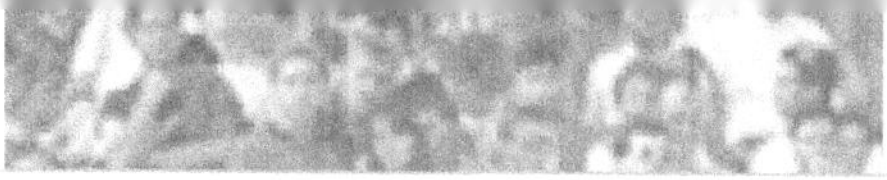

Sommaire

Avant propos

Ce qu'on appelle communément les *Pensées* de Pascal constitue un monument du patrimoine national, voire universel. Mais comme Sainte-Beuve fut le premier à le remarquer, ce monument se présente dans un état ambigu, intermédiaire, entre un édifice laissé inachevé et le champ de ses propres ruines.

Les *Pensées*, sous ce titre, s'offrent au public pour la première fois en 1670 ; c'est l'édition dite de Port-Royal. Elles résultent d'un aménagement des manuscrits trouvés dans les papiers de Pascal, à sa mort, par ses héritiers et ses amis, et concernent peu ou prou une défense de la religion chrétienne à laquelle il ne faisait pas mystère de travailler, depuis la parution des *Provinciales*, en 1657.

Dès 1666, sa nièce Gilberte Périer, se sentant responsable de cette transmission, avait déposé une demande de privilège – l'équivalent de notre protection de droit d'auteur – pour une publication désignée comme *Fragments et pensées sur diverses matières*.

Mais avant tout traitement et remaniement des manuscrits, elle avait eu soin d'en faire prendre copie en l'état, jugé inexploitable tel quel, au vu de leur désordre et de leur forme souvent trop elliptique ou allusive. Ces copies, longtemps inutilisées, subsistent sous la référence 9202 et 9203 à l'actuelle Bibliothèque nationale de France, après transmissions successives. Entre ces deux manuscrits non autographes, une partie est commune : elle est composée de vingt-sept liasses ou sections, nettement distinguées entre elles, par des rubriques, regroupées en un récapitulatif, sorte de table des chapitres. On s'accorde à reconnaître dans cette organisation l'intervention de Pascal en personne. Ce serait comme une version, réduite mais construite, de l'œuvre intégrale à venir. Les autres fragments disponibles, au nombre d'environ six cents, peuvent être considérés comme des développements des thèmes ainsi classés mais déjà très explicites.

Affiner l'ordre logique ou chronologique de l'ensemble reste la tâche en cours, peut-être impossible de la science des textes.

Présenter ici la partie classée commune aux deux copies d'origine répond au souci de se trouver devant un texte d'une certaine cohérence et d'une unité voulue par son auteur. Ce texte ne comporte pas de titre. Le désigner comme *Fragments classés sur la religion et la condition de l'homme* vise à en donner une description minimale : ce dont il parle et comme il se présente.

Fragments, plutôt que pensées, pour rester au plus près de l'aspect d'inachèvement d'un texte pris de court ; mais aussi de l'esprit d'humilité littéraire de l'auteur dans ce travail dont on ne peut présumer quelle forme il aurait présenté, s'il avait été mené à terme, ni même s'il l'aurait été.

Mais le fragmentaire n'est pas seulement inachèvement : c'est le style et une démarche de la pensée, aussi, à ses sommets.

L'auteur

Biographie de Blaise Pascal

(1623-1662)

1. Pseudonymes

Blaise Pascal, comme ce n'était pas exceptionnel en son temps, usa parfois de trois pseudonymes : non qu'il eût à couvrir d'un incognito des publications spécialement compromettantes. Plutôt par jeu, par goût de se faire deviner ou par incertitude sur son moi véritable. Ces trois signatures à la sonorité évocatrice, comme celle d'un personnage romanesque et aventureux, sont : Louis de Montalte, Amos Dettonville et Salomon de Tultie. Quinze lettres identiques, combinées de façon différente chaque fois et dont on peut rêver qu'elles cachent encore leur ultime clé dans une autre permutation secrète, proposée au lecteur en concours d'anagramme. Car il aimait aussi les concours.

Montalte se disait auteur d'un ouvrage de polémique religieuse qui fit grand bruit, les *Provinciales* (1655-1657). Dettonville intervient dans une compétition mathématique de haute volée (1659). Quant à de Tultie, il ne se veut l'auteur d'aucune œuvre mais il prend place dans la série des philosophes au milieu d'Épictète et de Montaigne. Il se définit comme celui qui a une pensée derrière la tête, pensée d'à-côté ; formule énigmatique mais qui n'annonce pas l'ingénuité. On attend quelqu'un qui cache son jeu, prend à contre-pied la pensée des autres, entend au-delà de la lettre ce qu'on lui dit et suggère qu'on en use de même avec lui. Salomon, dans la Bible, est la Sagesse paradoxale mais universelle ; de Tultie envoie à une approximation du latin *stultitia*, folie, sottise. Sagesse de la folie, folie de la sagesse, le philosophe sous son nom travesti dévoilerait ainsi son programme.

En tout cas, sous les trois masques, trois cryptonymes, se profilent les trois visages de Pascal : le savant épris de compétition victorieuse, le chrétien combatif, militant d'une lutte intestine au cœur du christianisme et à l'extérieur, chevalier de la foi contre ceux qui l'ignorent, la critiquent ou la raillent. Enfin le philosophe moqueur, le moraliste sarcastique, le rhéteur parodique qui ne consent à s'immiscer dans la philosophie, la morale ou l'éloquence qu'à distance, en amateur, en rebelle. Tout portrait montre et cache, pense-t-il. Et son masque mortuaire, reproduit à l'envi et qui, ironie de la mort, pourrait bien évoquer celui de Voltaire, n'offre pas de son visage la vérité dernière.

2. Une sainte famille

Deux documents trop opportuns ont semble-t-il découragé d'éventuels biographes de Pascal ; les mémoires sur sa vie, écrites respectivement par sa sœur aînée Gilberte Périer et sa nièce Marguerite, lui construisent en effet un tombeau indestructible à tout questionnement indiscret, le récit une fois pour toutes, ce qu'il convient de retenir de sa vie, image pieuse et édifiante parmi d'autres, première pièce à une candidature pour une béatification. Mais en l'occurrence, cette sainteté qu'on semble revendiquer pour Pascal, n'est que la pointe, le resplendissement d'une famille dont l'unité presque sans faille semble n'avoir que la gloire de Dieu pour fondement et pour objet. « Il faut avouer que c'est proprement depuis ce temps que Monsieur de Saint-Cyran veut qu'on appelle le commencement de la vie, que nous devons nous considérer comme véritablement parents et qu'il a plu à Dieu de nous joindre aussi bien dans son nouveau monde par l'Esprit, comme il avait fait pour le terrestre par la chair. » C'est ce qu'écrivent Jacqueline et son frère Blaise, le 1er avril 1648 à Madame Périer leur sœur.

Cette famille a donc comme deux naissances. L'une, approximativement datée ici, est liée à l'influence de Du Vergier de Hauranne, abbé de Saint-Cyran (1581-1643), théologien basque, fondateur d'un enseignement chrétien particulièrement exigeant et rigoureux sans concession au monde ; ce mouvement sera connu sous le nom de « jansénisme » par l'association avec Jansen, évêque d'Ypres en Belgique. Dans l'esprit des Pascal, il n'y a pas d'autre lien familial « à moins de demeurer dans l'aveuglement charnel et judaïque qui fait prendre la figure pour la réalité » (*Lettre du 1er avril 1648 de Pascal à Madame Périer*). Mais la « figure charnelle » de la famille Pascal, puis Pascal-Périer, donnait déjà l'image d'une cohésion peu ordinaire. Le père, Étienne, homme de savoir, de bien et de loi, conseiller à la Cour des Aides de Clermont Ferrand, se retrouve en 1626 veuf avec trois enfants ; l'aînée Gilberte a cinq ans, Jacqueline tout juste un an, Blaise trois. L'éducation de ces enfants devient l'œuvre de sa vie ; aucun n'ira au collège. Abandonnant sa charge, il établit pour ce dessein la famille à Paris.

Gilberte seule ne renonce pas à se mettre dans le monde ; comme les personnes de sa condition elle épouse à vingt-et-un ans son cousin Florin Périer, assistant de son père dans ses nouvelles fonctions à la Cour des Aides à Rouen. Elle a six enfants, dont trois entrent en religion. Mais surtout, Gilberte et ses enfants Étienne et Louis, allaient être à l'origine de l'œuvre de Pascal, en recueillant ses écrits et en les faisant éditer.

Bien plus, Marguerite, sauvée par le contact d'un fragment de la Sainte-Épine détenue en une chapelle de Port-Royal d'une maladie étrange et incurable (le 24 mars 1656), constitue, en tant que miraculée, la cible et le foyer des intentions du Saint Esprit sur cette famille. Blaise se sent obligé et missionné par ce message et va payer cette obligation par deux interventions en action de grâce : en se présentant comme le champion des jansénistes de Port-Royal dans une polémique contre les jésuites (par le pamphlet des *Provinciales*). Et plus largement dans un travail en vue d'illustrer la cause de la religion contre les incrédules, les libertins et les indifférents, au moyen d'arguments invincibles et nouveaux.

La conversion de la famille avait été l'effet d'un hasard providentiel : autour de l'an 1646 à Rouen, Étienne, de nouveau en poste après une disgrâce, se casse une jambe sur la glace. Il a recours à des guérisseurs locaux qui sont en contact avec le curé de Rouville, Jean Guilibert, ami d'Antoine Arnauld, disciple spirituel de Saint-Cyran. Tout bascule alors, si bien que Marguerite pouvait écrire dans ses Mémoires : « En 1646, ma mère étant allée à Rouen chez mon grand-père, elle trouva toute la famille à Dieu qui lui fit la grâce et à mon père d'entrer dans les mêmes sentiments. »

Si Gilberte, tout en étant à Dieu, allait continuer de veiller sérieusement au grain sur les biens terrestres de la famille, Jacqueline, bien qu'elle ait été la moins dévote en sa jeunesse, devait prendre le voile à Port-Royal, après la mort de leur père, en 1651.

Blaise joue sur des allers et retours, se voue corps et âme à la cause du Christ sans renoncer à ce qu'il tient pour essentiel dans les activités de l'esprit. Mais il restait bien que les Pascal-Périer se portaient à Dieu en famille, comme Port-Royal et ses adeptes en avaient inauguré le style et l'usage, avec l'imposante famille des Arnauld.

3. Dans le monde et hors du monde

Blaise, à partir de cette date charnière de 1646, allait voir sa vie rythmée entre les exigences et l'attrait du monde et le retrait prôné par l'enseignement spirituel de l'abbé de Saint-Cyran. Le lieu d'où s'exerce cet appel à fuir le monde pour l'expérience d'une autre existence, c'est Port-Royal et ses deux abbayes, l'une à Paris, l'autre à la campagne proche, dans la vallée de Chevreuse. Mais plus qu'un lieu, ce retrait indique la direction d'un choix radical vers Dieu, d'une vigilance permanente à mater en soi la nature pécheresse et corrompue pour se tourner vers l'exemplarité de Jésus-Christ, l'homme fait Dieu ou réciproquement et tenter de l'imiter.

Blaise va effectuer cette migration en communion étroite avec sa sœur Jacqueline, pour qui il ressent un attachement indéfinissable. Si c'est lui qui au départ l'incite à récuser les succès que ses talents littéraires et son charme pouvaient lui promettre, c'est elle en retour qui l'attirera à Port-Royal, où elle prend le voile en 1652 sous le nom de Sœur sainte Euphémie, la bien causante. Après un séjour dans la solitude et la méditation, Blaise dont l'état de santé semble mal s'accommoder de ce régime, retourne à une fréquentation plus ordinaire de la société, sous la forme d'un voyage en Poitou, avec le duc de Roannez, son ami constant, qui en est le gouverneur. En leur compagnie se trouve le chevalier de Méré, écrivain et symbole de ce qu'on appelle l'honnête homme, désignant par là un idéal propre à l'époque, de vie équilibrée et éclairée. Plus cher encore à Blaise, un autre personnage fait partie du groupe, Damien Mitton marqué par une nonchalance mélancolique et un intérêt théorique et pratique pour le jeu, comme aussi d'ailleurs, Méré. Ce seront les seuls noms évoqués dans les *Fragments classés sur la religion*, outre la Bible, Épictète et Montaigne. Ils sembleraient former et fermer l'horizon de Pascal, hormis le vaste milieu de ses correspondants scientifiques.

Mais Jacqueline lui fait honte de ce piètre alibi du délassement pour raison de santé. C'est vers ce moment que survient un événement étrange dont il reste une trace écrite que Blaise garde sur lui comme un talisman, daté du 23 novembre 1654, entre vingt-deux heures trente et minuit. Tel un procès verbal policier. On y trouve la formule clé, « oubli du monde et de tout hormis Dieu », où il semble prendre acte d'une mutation enfin clarifiée de sa vie, une décision de foi. C'est une expérience psychique que les religieuses de Port-Royal connaissaient et nommaient un « feu ».

Dès lors, bien qu'il reste fixé à Paris, il garde un rapport suivi à son directeur de conscience, Monsieur de Saci, de la famille des Arnauld, homme strict à qui il fait connaître Épictète et Montaigne, auteurs dont il meuble en retour abondamment ses propres réflexions sur la religion. Mais sa croyance garde un tour individualiste bien qu'il soit convaincu de demeurer au cœur du catholicisme. Dans une *Provinciale* du 23 janvier 1657 (la dix-septième), il écrit, en se défendant d'appartenir doctrinalement à Port-Royal pour lequel il combat pourtant : « Je n'ai qu'à vous dire que je n'en suis pas et à vous renvoyer à mes lettres où j'ai dit que je suis seul. » Formule pathétique à l'accent quasi christique, mais plus encore cri de toute vraie quête. Il faut s'en souvenir pour ne pas méconnaître le ton de ses écrits.

Mais cet oubli du monde tolère d'un bout à l'autre des exceptions notables qui ne paraissent pas faire contradiction. Il laisse en dehors deux centres d'intérêt : l'invention technologique et l'esprit d'entreprise, au sens capitaliste du terme. Pascal ne cesse d'améliorer sa machine arithmétique conçue dès 1642 et se soucie malgré les obstacles de la distribuer. C'est une révolution mentale et un premier pas dans l'histoire de l'intelligence artificielle.

L'obsession de la cycloïde, cette courbe qui n'en finit pas de monter et de descendre en faisant le dos rond, le pousse en 1658 à lancer un défi rusé aux mathématiciens d'Europe, en leur proposant de sa bourse un prix qu'il sait bien devoir empocher. Il participe à une entreprise par actions pour l'assèchement des marais du Poitou. Mais surtout c'est la mise en place et la gestion magistrale de la première régie de transports publics urbains, avec les carrosses à cinq sols : du nom de leur tarif unique, que son génie de la communication lui fait utiliser. Visionnaire mais bricoleur, après mille difficultés il réussit son affaire grâce à la récupération des somptueuses voitures en souffrance, fabriquées sans compter pour la toute récente entrée triomphale de Louis XIV et Marie-Thérèse à Paris le 26 août 1660, qu'il obtient d'occasion, à bon prix. Le rapport est considérable pour les actionnaires et lui-même. Grâce à cela il financera des hôpitaux à Blois, Clermont et Paris.

« J'aime les biens parce qu'ils donnent les moyens d'en assister les misérables » écrit-il (fr. 931[1]). À ne pas choisir, il vaut tout de même mieux être riche. Anticipation d'un véritable capitalisme social, voire chrétien.

4. De la passion pour la connaissance au désaveu de la science

Dans l'enseignement exemplaire qu'Étienne Pascal prodiguait à ses enfants, à l'instar du père de Montaigne, Gilberte – qui en avait bénéficié – souligne que pour son fils, « il avait soin de lui parler souvent des effets extraordinaires de la nature, comme de la poudre à canon et des autres choses qui surprennent quand on les considère ». Dans la lancée, l'élève à qui l'on a oublié d'expliquer les sons, en esquisse à onze ans la théorie, sur une observation banale. Et puisqu'on lui interdit les livres de géométrie, qu'à cela ne tienne, il la réinventera de son chef. Il reste que la plus célèbre contribution scientifique de Blaise Pascal consistera dans la série d'expériences effectuées entre août et novembre 1646 à Rouen pour être réitérées un an plus tard au Puy de Dôme, afin de confirmer les résultats de Torricelli sur le vide ou plutôt sur la pesanteur de l'air. Pascal était accompagné de son père, de Florin Périer et d'un ingénieur mathématicien, Pierre Petit, qui avait inventé un vaisseau étanche et submersible pour le renflouement d'épaves à Dieppe. Certes, ces expériences n'étaient pas inédites, elles étaient à la mode pour les amateurs de qualité. Mais Pascal se distingue par la minutie qu'il apporte à la fabrication du matériel de verrerie expérimental, à la précision des mesures et au traitement mathématique des résultats, dans une stricte perspective galiléenne.

La théorie pure de la géométrie l'attire encore davantage, bien qu'il ressente avec un certain malaise la gratuité de cette science ; il s'y distingue pourtant parmi les premiers, de l'*Essai pour les coniques* en 1648, au *Traité du triangle arithmétique* en 1653, et à la géométrie du hasard, exploration du calcul des probabilités.

Dans la querelle des Anciens et des Modernes qui marque le milieu du siècle, Pascal anticipe résolument la modernité et rejoint Descartes dans le choix de la technique et des mathématiques, pour une maîtrise de la nature, sans doute le choix historique le plus décisif de l'humanité ; mais sans l'enthousiasme d'un Descartes qu'il trouve naïf, et grevé d'un implicite « à quoi bon ? ». La machine arithmétique, brevetée en 1645 sous le nom de Pascaline, inscrit « le calcul dans les ressorts du cuivre et de l'airain » en dit-il au chancelier Séguier, et met la pensée au bout des doigts. « Chose nouvelle dans la nature, d'avoir réduit en machine une science qui réside tout entière dans l'esprit », écrira Gilberte, formée à la philosophie par le père.

1. La numérotation des fragments dans le présent ouvrage est identique à celle des *Pensées* de l'édition Lafuma.

Aussi est-on frappé d'imaginer l'écartèlement que doit subir Pascal à Port-Royal, sous la pression des Messieurs, Singlin puis de Saci, pour répudier comme vaine diversion du monde, la passion de savoir, jusqu'à écrire : « J'avais passé longtemps dans l'étude des sciences abstraites et le peu de communication qu'on en peut avoir m'en avait dégoûté » (fr. 687).

Pourtant depuis longtemps, l'opposition que l'on croyait insurmontable entre l'Église et la Science semblait dépassée. La plupart des savants étaient aussi des clercs au début du siècle, et la connaissance de la nature par la théorie du mécanisme s'avérait servir la cause bien entendue de Dieu. Le jansénisme introduit une nouvelle coupure ; non que la vérité scientifique fût redoutable à la foi – on n'en est pas encore là –, mais sans valeur auprès d'elle, dans une juste hiérarchie des impératifs, et de l'humilité imposée à la raison.

Montalte contre Dettonville : dans ce débat, Salomon de Tultie se voit confier la mission de maintenir la raison en lisière, pour la garder de battre en brèche les imprudences ou les témérités de la foi. Il lui impose par le scepticisme ou le sarcasme un interdit d'objecter. La science est au premier chef le sacrifice de dépouillement à offrir pour complaire au Christ et sur son modèle. Quand même ce serait vrai, « tout cela ne vaut pas une heure de peine ». L'important n'est pas de savoir, ou ce serait de savoir tout autre chose que la science ne dit pas ou dit à l'encontre de ce qu'on aimerait entendre.

5. Entre la maladie et le génie

Dans les *Nouvelles de la République des Lettres* (décembre 1684), Pierre Bayle, saluant la première publication de la *Vie de Monsieur Blaise Pascal* par Gilberte Périer – retardée jusque-là par Port-Royal – écrivait ces lignes ambiguës : « L'humilité et la dévotion extraordinaires de Monsieur Pascal mortifient plus les libertins que si on lâchait sur eux une douzaine de missionnaires. Ils ne peuvent plus nous dire qu'il n'y a que de petits esprits qui aient de la piété : car on leur en fait voir de la mieux poussée, dans l'un des plus grands esprits qui aient jamais été au monde [...]. C'est assurément un beau spectacle que de voir Monsieur Pascal régler sa vie par la maxime qu'il faut renoncer à tout plaisir et que la maladie étant l'état naturel des chrétiens, on doit s'estimer heureux d'être malade [...] on voit assez de gens qui disent qu'il faut se mortifier : mais on en voit bien peu qui le fassent, personne n'appréhende de guérir quand il est malade, comme M. Pascal l'appréhendait. » Bayle pointe ici les deux pôles du personnage, la dimension hors du commun qui va marquer son image pour la postérité, fixant la réputation de « cet effrayant génie nommé Blaise Pascal » comme l'écrira Chateaubriand. Sa *Prière pour demander à Dieu le bon usage des maladies* (écrite sans doute vers 1654 et publiée en 1666) porte le sens du christianisme à un extrême de glorification dans et par la souffrance.

Il est vrai que la maladie fut pour Pascal comme une seconde nature et scande les principaux épisodes de sa vie ; maladie que les médecins jusqu'à nos jours ne se lassent pas de diagnostiquer. C'est elle par exemple qui est l'occasion de sa rencontre en 1647 avec Descartes, prenant prétexte en médecin de dire son mot sur le mal, pour voir de plus près ce rival qui lui portait quelque ombrage. Rencontre symbolique et tendue.

Cet état de maladie commence pour ainsi dire à la naissance, d'après une anecdote dont se fait l'écho sa nièce Marguerite Périer, elle-même miraculée. Il s'agit pour Blaise d'un miracle à l'envers, miracle du diable, dont les fragments 230 et 830 portent comme une allusion. Sous le mauvais sort lancé par une présumée sorcière, Blaise serait pratiquement mort à l'âge de deux ans. Son père se résolut à négocier avec cette même femme, plaignante insatisfaite d'un procès mal abouti à son gré, la conjuration par d'autres moyens magiques du verdict de mort infligé; en tout cas, ressenti comme tel.

Blaise Pascal devrait donc sa seconde naissance, sa régénération réelle outre celle que le Christ lui octroyait par le baptême, à l'échange sacrificiel de deux chats ajoutés à un cataplasme d'herbes de la saint Jean, cueillies à l'aube par un jeune enfant. Étienne qui avait, en un premier temps, compris qu'il s'agissait d'un sacrifice humain, s'était d'abord récrié, préférant à un tel prix renoncer à son fils.

Part irrémissible du démon dans cette vie; lorsqu'à sa mort, ses proches firent ouvrir son corps pour voir, comme on pratiquait volontiers à l'époque, on trouva dans son cerveau une trace « comme de l'impression de doigts dans la cire » dit le chirurgien ami de la famille. Comment comprendre? Toujours est-il que la raison se montre contrecarrée par deux endroits, à l'origine de sa mise au monde et par sa soumission intégrale à la volonté de Dieu.

Mais par un autre biais, la maladie, l'humeur sombre se trouve, depuis Aristote au moins (*L'Homme de génie et la mélancolie*, problème XXX), associée au génie et vice versa.

Élection, malédiction. Le point le plus spectaculaire dans le portrait de Pascal reste le récit sans doute fiable de la redécouverte qu'il fit, à douze ans à peine, à l'aide d'un morceau de charbon sur le sol de la salle de récréation, les trente-deux premières propositions d'Euclide. Le ressort de cette performance tenait à ce que son père lui interdisait tout accès aux livres de mathématiques, comme à un plaisir prématuré; mais surtout pour que cet irrésistible attrait des mathématiques sur tout enfant ne le détournât des autres études préalables de la grammaire, du grec et du latin. En voyant son fils à genoux devant les barres, les ronds et les triangles, Étienne conçut une fierté sans pareille, mais plus encore « fut épouvanté de la grandeur et de la puissance de ce génie ». Au point d'en verser des « pleurs de joie » en le relatant à son ami Le Pailleur, note Gilberte Périer dont c'est aussi un souvenir d'enfance. Les mêmes pleurs de joie que Blaise versa à son tour, le lundi 23 novembre 1654, lorsqu'il adopta le Dieu d'Abraham d'Isaac et de Jacob.

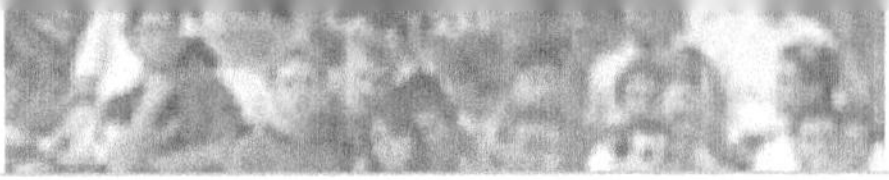

Contexte historico-culturel

1. Une société en turbulence à la rencontre d'un pouvoir unificateur : un État en formation

• Une jeunesse dans la violence et les désordres sociaux

Trois événements majeurs ont pu marquer les années de jeunesse de Blaise Pascal et l'impliquer dans les tensions politiques propres au règne de Louis XIII et de la régence d'Anne d'Autriche. Étienne Pascal, le père, avait acquis une charge à la Cour des Aides de Clermont, organe de contentieux, compétent dans les problèmes touchant l'impôt. Il abandonne cette charge à son frère pour se rendre à Paris en 1631, où il vit d'emprunts, du revenu de ses biens et de placements financiers. Entre autres, des rentes sur l'Hôtel de ville de Paris, dont le non-paiement en 1638 entraîne l'agitation d'un groupe d'actionnaires. Parmi eux, Étienne se compromet suffisamment pour être inquiété, contraint à se cacher afin d'échapper aux poursuites. Rentré en grâce auprès de Richelieu, il obtient de lui la charge de commissaire pour l'impôt et la levée de tailles, à Rouen. Dans ces fonctions, il est amené à participer à la répression violente de mouvements populaires. En 1648, il quitte ce poste pour Paris où l'attire l'intérêt pour ses enfants, mais il s'en éloigne à nouveau, un an plus tard, pour échapper aux troubles de la Fronde, dans lesquels s'affrontent pour le pouvoir ceux qui mènent les guerres pour le roi et que Blaise Pascal désigne comme les Grands, les gens de robe à qui s'apparente Étienne, le monarque sous la personne de ses ministres, en l'occurrence Mazarin, ministre du roi. Tous ces éléments entreront dans la vision politique de Pascal, dénué d'idéalisme et conscient de la complexité des rapports de principe et de force. À travers le concept qu'il invente pour en tenter l'analyse : « raison des effets », il justifiera en fin de compte sans en être dupe, conservatisme, préjugés et respect des pouvoirs établis. Le désordre reste le pire et la crainte qu'il inspire prime toute autre considération.

• Des conditions économiques tendues et incertaines

La pression d'un capitalisme embryonnaire s'impose de plus en plus à une société où grands noms de la noblesse, gens de finance, de robe et d'Église s'entrecroisent dans la préoccupation commune d'assurer ou d'accroître des revenus au-delà de « biens » ou de privilèges d'état, trop théoriques. L'histoire de Port-Royal en est un paradoxal exemple. Robert Arnauld d'Andilly (1612-1694), un de ses éminents représentants, personnage polymorphe et haut en couleurs, l'illustre particulièrement: lié au monde des affaires et des parlements, il n'en est pas moins au cœur de la recherche spirituelle et de la polémique religieuse. Et en 1662, Pierre Nicole, un des penseurs du jansénisme, termine par cette remarque dans une lettre où il fait part de sa réaction à la mort de Blaise Pascal: «j'oubliais de vous parler du Pérou»; «Pérou» était un nom de code discret pour désigner un fructueux investissement (*Lettre à Mr. de Saint Calais*, 3 septembre 1662).

• Un havre hors du monde

Mais on comprend aussi que le choix janséniste se soit formé comme une réponse de perplexité et de lassitude, dont les Pascal entre autres font l'expérience aiguë. Entre les exigences des affaires et la confusion cynique du politique, l'aspiration à la foi tente de rejeter toute charge et de constituer un asile de quiétude intérieure et de pureté morale; à l'image de la Thébaïde de ces premiers chrétiens dont Blaise évoque le souvenir (*Comparaison de la vie des premiers chrétiens avec ceux d'aujourd'hui*, autour de 1657). Une lettre de Madame de Sévigné, grande admiratrice de Pascal et du maître de morale de Port-Royal, Nicole, est instructive à cet égard. Elle y décrit une visite à l'abbaye, il est vrai de 1674, mais encore fidèle à l'origine. «Ce Port-Royal est une Thébaïde; c'est le paradis; c'est un désert où toute la dévotion du christianisme s'est rangée; c'est une sainteté répandue dans ce pays à une lieue à la ronde. Il y a cinq ou six Solitaires qui vivent comme les pénitents de saint Jean Climaque. Les religieuses sont des anges sur terre [...]. Tout ce qui les sert, jusqu'aux charretiers, aux bergers, aux ouvriers, tout est saint, tout est modeste. Je vous assure que j'ai été ravie de voir cette divine solitude dont j'avais tant ouï parler; c'est un vallon affreux tout propre à faire son salut.»

Ces lignes montrent bien le caractère d'*utopie sociale* propre à Port-Royal et à ses modes de vie, tendant à gommer, à dénier les oppositions et la dureté du monde, dans une autarcie, au moins souhaitée, où toutes les activités de subsistance ou de méditation sont réparties entre tous, sans distinction du spirituel et du manuel. Tout se passe dans un climat d'austérité voire de sainteté recherchée qui n'exclut pas les plaisirs simples et vrais. C'est le cas au moins pour les «Messieurs», les Solitaires, qui n'ont pas d'engagement religieux et se livrent à loisir à des activités intellectuelles ou pratiques – traductions, logique, jardinage, menuiserie, maçonnerie – au gré de leurs penchants ou de l'utilité. Mais il existe aussi des satellites, dames de haute condition, comme la marquise de Sablé, grande amie de Pascal, ou la duchesse de Longueville, qui viennent loger à proximité, pour se placer dans l'influence de ce lieu de bénédiction sans s'y intégrer tout à fait. Autant dire que cela finit par être du dernier bien porté, dans certains milieux, autant que scandaleux et réprouvé dans d'autres.

• Un mouvement religieux persécuté

On s'étonnera qu'un mouvement d'esprit si idéaliste, si éloigné du politique, ait été régulièrement, sauf quelques temps d'accalmie, l'objet de persécutions inlassables des pouvoirs successifs. Ses leaders, comme Saint-Cyran, Arnauld Antoine, ou de Saci, sont traqués ou embastillés. Cette persécution s'exercera, rageuse, jusque sur les pierres des bâtiments, sur les tombes et ira même jusqu'à disperser, sur ordonnance de police les ossements du cimetière, comme susceptibles de manifestation et de troubles. Le jansénisme véhicule un soupçon de marginalité, donc de subversion, qui reste un mystère, si ce n'est qu'on y redoute la dissolution de tout ordre et de tout projet terrestre, grande tentation du christianisme dès ses origines. Contre cette tentation il a assez bien réagi, de tout temps, en s'érigeant comme un modèle en acte, d'administration et de pouvoir impérial dans le monde.

Cet écartèlement apparaîtra constamment dans la pensée de Pascal, qui édifie la critique de l'ordre du monde en un conformisme désespéré, une indifférence séditieuse à son cours et à ses vicissitudes. En ce sens les étranges allusions politiques éparses dans les Pensées convergent vers une concession lucide au désordre établi ; concession préférée à l'illusion de la raison humaniste et de ses critiques à courte vue. Intelligence de droite contre intelligence de gauche, dirait-on de nos jours.

2. La communauté des savants

Pascal prend part intensément à l'avant-garde de la révolution rationaliste et scientifique qui, en trois générations entre Galilée et Newton, allait réorienter sans retour jusqu'à présent l'histoire de l'Occident et du monde. Pourtant, ce désir de savoir, cet engagement aussi brillant et exalté fût-il dans l'innovation technologique, il allait le vivre comme à contrecœur, avec un vide au cœur : ce cœur qu'il découvrait « creux et plein d'ordure » (fr. 139), à récupérer d'urgence par Dieu, s'il s'en trouvait. Non pas que le monde de la science fût aride et froid. Dans les premières décennies du XVIIe siècle, il suscite encore l'enthousiasme d'un continent neuf à explorer et ceux qui le découvrent tissent entre eux des liens d'intelligence et d'estime, voire d'amitié, qui passent au dessus de tous les cloisonnements en usage des sociétés et des nations. L'emploi encore général du latin n'y est pas pour rien. Pascal va y trouver une seconde famille affective et d'affinité, à l'abri du regard de Dieu, celle-là.

Il y fut tôt introduit par son père, homme de savoir reconnu, en l'occurrence au sein de l'Académie informelle ouverte Place-Royale, par Marin Mersenne (1588-1648). Minime par l'ordre religieux auquel il appartenait, Mersenne était sans limite par sa curiosité et son savoir encyclopédique, allant de la physique à la Cabale, des mathématiques à la musique. Véritable échangeur du savoir, tout ce que l'Europe comptait de têtes pensantes se croisait dans ses réunions répercutées par des correspondances dont la vingtaine de tomes impressionne encore. Quand il mourut, ce fut un ami d'Étienne Pascal, Le Pailleur, qui prit la suite. Et un mémorialiste note qu'un samedi de 1654, se rencontraient dans ce cercle «Messieurs Gassendi, Bouillaud, Pascal, Desargues, Carcovi». L'éclectisme de ces réunions inclut aussi bien les partis les plus opposés par ailleurs: Gassendi par exemple ou Bouillaud, plus proche des courants «libertins», que Pascal allait combattre. Mais au sein de ce champ préservé et réservé à l'examen de la raison, il soumettait ses travaux avec chaleur et rencontrait de ses confrères «l'estime de tout leur cœur». Dans cette émulation privilégiée, non dénuée parfois de tension, c'est à celui qui procurera par ses découvertes la plus subtile jouissance à ses pairs. À la faveur de ce climat, par un cheminement un peu tortueux, Pascal eut l'idée en 1658 de proposer un concours mathématique à tous les amateurs «non pour rémunérer leurs efforts [loin de lui cette pensée], mais pour leur témoigner [sa] déférence et rendre publiquement hommage à leur mérite». Le sujet de l'épreuve était le problème de la cycloïde, que Pascal avait déjà fort avancé pour sa part dans un travail qu'il soumettait à son propre concours incognito, sous le nom de Dettonville, sûr par avance d'être vainqueur et de récupérer la mise.

Loin d'être confinée dans des universités ou des laboratoires fermés, la science commençante se trouvait le fait d'amateurs éclairés, voire de génie, comme d'esprits d'exception occupés à d'autres activités, en relation à travers l'Europe, friands de nouveautés du savoir et de découvertes et toujours prêts à reprendre pour leur compte les expérience à succès du moment.

3. Des communautés de croyants en quête de différence et d'authenticité

Si, comme Pascal l'écrit à Christine de Suède (juin 1652), la science naissante réunifie les esprits contre toute attente, fût-ce même sujets et souverains, croyants et incroyants, par un développement paradoxal, au même moment, l'univers de la foi, à l'intérieur même du grand corps de la chrétienté, suscite de plus en plus un désir de spécificité, une surenchère à être le plus véritablement fidèle au Christ en son fond. Le renouvellement du catholicisme au début du siècle, sur l'impulsion de la Réforme et des déchirements qui s'ensuivirent, sous le nom de «Contre-réforme», introduit des particularismes créatifs, toujours au bord de l'hérésie, dans le bloc en principe sans faille de l'Église de France, qui ne sait plus bien jusqu'à quel point elle doit se sentir liée à Rome.

François de Sales, évêque de Genève, va tracer les grandes lignes de ce qui sera la tonalité marquante de la croyance dans l'Église de France, à base de mortification sévère de l'amour propre et d'attention aux difficultés concrètes d'une éthique quotidienne, pour les fidèles ordinaires. Mais lui aussi, comme Mersenne, dans son Académie florimontante en 1604, à Annecy, n'était pas indifférent aux attraits du savoir encyclopédique.

Il y avait également en ce début de siècle, l'irremplaçable Madame Acarie, devenue Marie de l'Incarnation, qui introduit en France avec le Carmel la séduction fiévreuse du mysticisme espagnol d'Avila, à travers les œuvres de Thérèse et de Jean de la Croix.

Dans cette mouvance, mais avec une note plus intellectuelle, les théologiens ou directeurs Bérulle, Condren, Benoît de Canfeld, initient avec leurs nuances propres une spéculation liée à l'ardeur de la foi et de la prière, jetant les bases de l'Oratoire (d'où s'épanouira le philosophe Malebranche). Sous une dominante sombre, ils orchestrent la méditation d'un néant radical où doit prendre origine la contrition des pécheurs. Duvergier de Hauranne connaît Condren et ira chercher chez Augustin et les Pères de l'Église une doctrine de mépris extrémiste du monde qu'il voudra traduire en mode de vie. Ce qui ne l'empêchera pas de rêver à une société excluant les inégalités et à un gouvernement de sages.

Autant de hasards de rencontres, autant d'inspirations, de choix de vie, de foi, de communautés, de familles de croyants ; à la limite, plus sensibles à leur style propre, aux affinités qui les regroupent qu'à la commune appartenance à l'esprit du Christ.

C'est ainsi qu'entre 1648 et 1656, Blaise Pascal a pu se sentir chez lui dans la famille marginalisée de Port-Royal et ne concevoir de lien au Christ qu'à travers elle. Auparavant on peut supposer que lui et les siens – sa sœur Jacqueline spécialement – étaient animés d'une religiosité passe-partout. Une famille, Port-Royal ne l'était-il pas déjà de fait ? Celle d'Antoine Arnauld le père – avocat qui s'était illustré dans ses plaidoiries contre les jésuites – et de sa descendance, ses vingt enfants et ceux qui naquirent de leurs alliances. Il y a quelque chose de biblique dans ce peuplement et cet établissement.

En sont issus les cadres du mouvement et les autorités spirituelles de l'abbaye. Entre l'aîné, Robert Arnaud d'Andilly, héritier spirituel de Saint-Cyran qui lui lègue son cœur en gage et le plus jeune Antoine, philosophe, docteur en Sorbonne dont la révocation allait mettre le feu aux poudres, Angélique la réformatrice de la règle monastique et le modèle spirituel immortalisé par Philippe de Champaigne.

Pascal, en retrait de ses fidèles attachements à l'esprit et aux hôtes de Port-Royal, allait constituer une légitimité plus personnelle, plus ambiguë de sa relation à Jésus-Christ ; en toute humilité, mais dans l'affirmation la plus individualisée, où tous les chrétiens ne se reconnaîtront pas nécessairement.

4. Deux confrontations sur le devant de la scène : jansénistes contre jésuites

Autant Jacqueline Pascal semble avoir sacrifié à la religion une vraie vocation littéraire, autant Blaise n'est devenu écrivain que par le ressort de la polémique. Écrire contre et même écrire contre ceux qui sont contre ceux dont il épouse le parti, dont il est fait le héraut. Écriture de commande, en service commandé. Cette polémique contre les jésuites est conjoncturelle mais spectaculaire en événements et en rebondissements dramatiques : avec le recul de l'histoire elle est opaque. Les jésuites, corps récent fondé par Ignace de Loyola, aux talents multiples, se veut le fer de lance de l'Église dans le monde, sur les trois fronts de l'éducation, de la conversion et des missions. Accueilli d'abord avec méfiance, l'ordre s'impose bientôt à Rome, conseiller permanent du Vatican, et dans les principaux pays d'Europe, même ceux qui ne sont pas de majorité catholique. Mouvement conquérant et en expansion dans le monde. Mais ce n'est pas assez pour justifier une opposition frontale avec l'abbé de Saint-Cyran et son associé, Corneille Jansen, évêque d'Ypres (1585-1638). Les débuts de l'affaire pourraient être plus mesquins. À un moment où les jésuites étaient en situation difficile, voire en passe d'être expulsés de France, l'un d'eux, le Père Annat, avait rencontré plaidant contre lui, Antoine Arnauld, conseiller d'État, père de la dynastie. Une rancune tenace s'allume de là, et presque un affrontement personnel entre le Père Annat, devenu entre temps conseiller et confesseur du souverain, et les Arnauld. Le duc de Luynes, à qui on avait refusé la communion pour sa fréquentation de Port-Royal, trouva en Arnauld, le théologien, un vigoureux défenseur. Sur cette intervention, ses collègues, docteurs de la Sorbonne le révoquèrent. La guerre était allumée. Arnauld, malgré de nombreux talents, n'avait pas celui de la communication. « Mais vous qui êtes jeune, vous devriez faire quelque chose » dit-il en se tournant vers Pascal. Il ne lui dit pas « vous qui écrivez si bien », il n'a jamais écrit, n'y songe pas. Là-dessus, Blaise s'exécute et produit comme un feuilleton à suspense, que tout le public de bon ton va suivre avec passion : *Les Lettres à un ami provincial*. Lettres écrites à un provincial par un de ses amis, sorties clandestinement de diverses imprimeries, plus tard traduites en latin pour l'Europe et destinées à devenir un chef d'œuvre homologué de la littérature. Le destinataire désigné fait-il clin d'œil, car provincial s'entend d'emblée comme un grade important de cette organisation paramilitaire que sont les jésuites ? Le conflit de doctrine traité dans le pamphlet avec une ironie et une dramaturgie qui le fait presque tomber dans la fiction, intéresse-t-il qui que ce soit ? Sans doute l'indignation de Pascal dénonçant la casuistique[1] opportuniste et la direction d'intention laxiste, attribuées aux jésuites, est-elle sincère.

Leur stratégie pour gagner le plus grand nombre de tièdes et d'indifférents passe par le compromis et la complaisance morale. Mais le libre arbitre dont le Jésuite Molina s'est fait l'apôtre, la grâce et ses inépuisables espèces, et la prédestination[2] sont des ressorts indispensables dans les diverses combinaisons d'une théologie chrétienne en ce temps. C'est sur ce fond que s'est

1. Interprétation laxiste pratiquée par les jésuites dans l'évaluation de la gravité des fautes, selon les cas particuliers et les circonstances.
2. Thème d'opposition central entre les jansénistes, professant que les hommes sont impuissants au bien sans un secours surnaturel apporté par Dieu et leur salut scellé par avance, par un décret divin, et les jésuites (Molina) partisans d'un certain libre arbitre dans les actions humaines.

creusé un siècle plus tôt le fossé des Réformes, avec la théorie du serf arbitre de Luther et la prédestination imprévisible du salut, par quoi surenchérit Calvin. En reprenant à leur compte une lecture dure de la pensée théologique d'Augustin, les jansénistes ont du mal malgré leurs protestations d'orthodoxie à maintenir tracée une franche frontière entre eux et les réformés honnis.

Contre ces derniers, la guerre n'est pas sur les idées mais encore militaire, dans les pays de la Loire par exemple et il y a peu à La Rochelle.

Ce flou dans la détermination du rôle imparti à la grâce est sans doute un atout dans une politique de réunion des Églises, mais une abomination dans une chasse à l'hérésie. Pascal se passionne-t-il pour la pointe doctrinale de l'affaire ?

Il paraît bien davantage jouer sur les mots, les personnages, les situations. Malgré une diversité de tons, un lecteur moderne non averti pourrait voir dans les *Provinciales* une charge ambiguë contre la religion en général, avant-goût de l'ironie des Lumières.

Jamais au demeurant, Pascal ne prendra en compte dans ses propres réflexions sur la religion le problème du libre arbitre et de la grâce, plaçant ses enjeux argumentatifs sur des terrains plus familiers à l'expérience commune qu'au théologien : le vertige devant l'incertitude de toutes choses et l'angoisse que ressent chacun à l'idée de sa mort.

5. L'esprit chrétien contre sceptiques et épicuriens

Malgré le foisonnement des mouvements religieux actifs et structurés, l'opinion prévaut d'un relâchement de la foi et des mœurs, fût-ce au sein même de l'Église. En 1665, reprenant les dénonciations du Père Garasse, pourfendeur des esprits libres, Bossuet pouvait brosser un tableau d'ensemble décourageant. Après avoir dénoncé les esprits forts, et leurs railleries ouvertes de la religion, que Pascal évoque, il écrit : « C'est assez de combattre les esprits profanes et témérairement curieux. Ce n'est pas le vice le plus commun, et je vois un autre malheur bien plus universel [...] : c'est une extrême négligence de tous les mystères [...]. Ainsi je prévois que les libertins et les esprits forts pourront être décrédités[1], non par aucune horreur de leurs sentiments, mais parce qu'on tiendra tout dans l'indifférence, excepté les plaisirs et les affaires. »

C'est la situation à laquelle semble s'affronter Pascal quelques années plus tôt. L'adversaire, le libertin et plus encore l'indifférent, semble maître d'un terrain qu'il faut reconquérir, comme on le fait contre l'hérésie, partout où elle menace. Le libertin avait déjà été désigné à la vindicte par Calvin, un siècle plus tôt, assorti il est vrai de l'épithète « spirituel », pour viser des audaces mystiques ambiguës. Le terme garde un usage courant et anodin

1. Discrédités.

pour signifier toute attitude trop dégagée. Au-delà, bien sûr il cible le goût des plaisirs, dans l'amour sans entrave, par exemple. Il est une figure célèbre dont le nom est cité par Pascal, comme symbole du stupre et de la bestialité : Des Barreaux, autrement dit Jacques Vallée (1600-1673). Certes, connu pour ses frasques amoureuses, mais non plus qu'un autre, il est aussi poète et conseiller au Parlement, passablement érudit. L'érudition ne fait pas frontière entre deux catégories de libertins d'inégale dignité. Elle est au contraire ce qui fonde le libertinage et lui donne son sens. Montaigne à ce titre, peut être retenu comme une de ses sources et combattu comme tel, ainsi que le matérialisme antique, Démocrite, Épicure, Lucrèce. Bien que Pascal ne prononce pas ces noms, ils sont à l'arrière-fond de la cause informelle qu'il entend réfuter.

Gassendi (1592-1655) en est le représentant le plus visible et le plus reconnu ; Descartes, par plaisanterie, répond à ses objections en l'apostrophant du nom de « chair » ! Mais les positions ne sont pas là si tranchées ; Gassendi, prêtre, professeur au Collège royal, féru de science, fréquente les mêmes cercles que les Pascal et met en circulation certaines images qu'on retrouve dans l'apologétique pascalienne, tel le fameux ciron, sarcopte de la gale, symbole de l'infiniment petit, découvert à la lunette.

Mais l'antagoniste de Pascal le plus représentatif dans cet affrontement au libertinage, pourrait bien être Savinien de Cyrano de Bergerac (1619-1655), même si l'histoire ne relève pas entre eux de relations. Aventurier épris de science et de romance, ce contemporain n'ayant connu de la vie que la jeunesse, écrit entre autres, *L'Histoire Comique des États et Empires de la Lune et du Soleil*, qui pourrait constituer la réplique imaginaire la mieux ajustée aux considérations pascaliennes. Le livre avait circulé de main en main sous le titre de *L'Autre monde*, avant une publication posthume. Les espaces infinis n'y sont pas source d'effroi mais terrain d'exploration, de connaissance et de fantaisie. L'autre monde est de ce monde, à l'infini.

Mais surtout il faut remarquer comment, le Dieu caché de Pascal, qui se montre à ceux qui le cherchent en gémissant mais se cache aux autres par une merveilleuse machinerie logique, prend chez Cyrano, une autre tournure : « Si la créance de Dieu nous était si nécessaire, enfin si elle nous importait de l'éternité, Dieu lui-même ne nous aurait-il pas infus à tous des lumières aussi claires que le soleil qui ne se cache à personne ? Car de feindre qu'il ait voulu jouer entre les hommes à cligne-musette, faire comme les enfants : "Toutou, le voilà", c'est-à-dire : tantôt se masquer, tantôt se démasquer, se déguiser à quelques-uns pour se manifester aux autres, c'est se forger un Dieu ou sot ou malicieux ».

Justement, répondra Pascal, avec ses arguments retors, tantôt se masquer, tantôt se démasquer, c'est cela même, la marque de Dieu (fr. 439).

L'ajustement si parfait des répliques dans une rencontre qui n'a pas eu lieu entre Pascal et Cyrano montre au moins à quel point ce dialogue devait être récurrent dans les débats du temps.

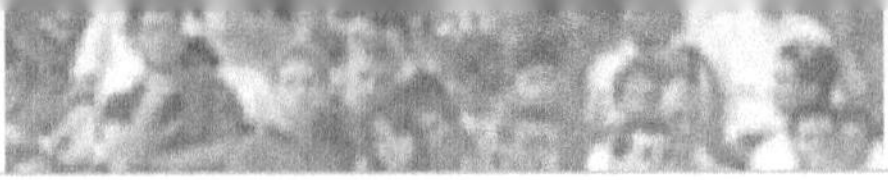

Repères chronologiques

Vie de Pascal

1623 (19 juin) Naissance de Blaise Pascal à Clermont-Ferrand, fils d'Étienne Pascal, conseiller pour le roi en Auvergne.

1625 Naissance de sa sœur Jacqueline.

1626 Mort d'Antoinette Bégon, leur mère. Étienne achète la charge de second président à la Cour des Aides de Clermont.

1631 Départ de la famille pour Paris, où elle s'installe rue aux Juifs, puis à un moment au voisinage du duc de Roannez, rue Brisemiche.

Événements historiques

1622 Richelieu, chef du Conseil du roi et nommé Cardinal. Rome décide que l'année commencera le 1er janvier au lieu du 25 mars.

1625 Création par saint Vincent de Paul de l'ordre de la Mission.

1626 Interdiction des duels.

1627 Fondation de la Compagnie du Saint Sacrement.

1628 Capitulation de La Rochelle.

1629 Paix d'Alès qui met fin aux guerres de religion.

Arts, lettres et sciences

1622 Tomaso Campanella, *Apologie de Galilée.*

1623 Jacob Boehme, *Opus Magnum.*

1625 Francis Bacon, *Grande Instauration.*

1626 Création du Jardin des Plantes de Paris.

1627 Grotius, *De la Vérité de la religion chrétienne.*
Francis Bacon, *La Nouvelle Atlantide.* Comenius, *Didactica Magna.*

1628 François de Sales; *Entretiens spirituels.*

1629 Théophraste Renaudot fonde la *Gazette.*
Galilée découvre les lois du mouvement du pendule.
Harvey, *Étude anatomique du mouvement du cœur.*

1630 Viète, *Algèbre nouvelle.*

Œuvres de Pascal

(Les dates sont de la conception et non de l'édition, le plus souvent posthume.)

Vie de Pascal

1638 Étienne se mêle à une fronde des rentiers de l'Hôtel de Ville : inquiété, il se réfugie dans divers endroits puis en Auvergne.

1639 Étienne revient en grâce après un spectacle d'enfants où joue Jacqueline devant Richelieu qui la remarque.

1640 Étienne est nommé Commissaire pour l'Impôt pour la Haute-Normandie et s'installe à Rouen.

Événements historiques

1633 Galilée est arrêté par l'Inquisition à Rome.

1635 Fondation par Richelieu de l'Académie française. Fondation par les Hollandais de la Nouvelle Amsterdam (New York). Déclaration de guerre à l'Espagne.

1640 Louis XIII crée le louis d'or.

1642 Fondation de Montréal par les Français. Cinq-Mars, rival de Richelieu, exécuté en place publique. Mort de Richelieu. Mazarin lui succède.

1643 Victoire de Condé à Rocroi. Avènement de Louis XIV âgé de huit ans à la mort de Louis XIII.

Arts, lettres et sciences

1632 Galilée, *Dialogue sur les deux Systèmes du monde.*
Rembrandt, *La Leçon d'anatomie.*

1633 Second procès de Galilée.

1635 Bonaventura Cavalieri, *Géométrie des indivisibles.*

1636 Marin Mersenne, *Théorie des animaux machines.* Corneille, *Le Cid.*

1637 Descartes, *Discours de la méthode.*
La Mothe le Vayer, *Discours chrétien sur l'immortalité de l'âme.*

1638 Galilée, *Discours sur la Science nouvelle.*
Digby, *Conversation avec une dame sur le choix d'une religion.*
Tomaso Campanella, *La Philosophie universelle.*

1639 Desargues, *Brouillon projet d'une atteinte des événements de rencontre d'un point avec un plan.*

1640 Jansen, *Augustinus.* Les jésuites excluent de leurs collèges l'enseignement du cartésianisme.

1641 Descartes, *Méditations métaphysiques.*

1642 La Mothe le Vayer, *De la Vérité des païens.*
Thomas Hobbes, *De Cive.*

1643 Antoine Arnauld, *De la Fréquente communion.*

Œuvres de Pascal

(Les dates sont de la conception et non de l'édition, le plus souvent posthume.)

1634 *Traité sur les sons.*

1635 « Redécouverte » des 32 premières propositions d'Euclide.

1640 *Essai pour les coniques.*

1642 *Invention de la machine arithmétique.*

Repères chronologiques

Vie de Pascal

1646 Étienne, blessé, entre en contact, par d'étranges guérisseurs avec le curé de Rouville, introducteur du jansénisme en Normandie.

1649 Mariage de Gilberte, sœur aînée de Pascal, avec Florin Périer. Retour des Pascal à Clermont de crainte des troubles.

1651 Mort d'Étienne. Blaise s'installe rue Beaubourg, seul pour la première fois.

1652 Jacqueline entre à Port-Royal de Paris. Gilberte acquiert le château de Bienassis à Clermont.

1654 Pascal est rue des Francs-Bourgeois-Saint-Michel.

1656 Retraite de Pascal aux Granges de Port-Royal. Arnauld lui demande d'aider les jansénistes, attaqués par le pape Innocent X et Mazarin. Rédaction des *Provinciales*. Miracle de la Sainte-Épine sur Marguerite Périer.

1657 Mise à l'index des *Provinciales*. Pascal se cache sous de faux noms quelques temps. Intense activité scientifique.

1660 Départ pour le château de Bien-Assis et les eaux de Bourbon.

1661 Mort de Jacqueline Pascal.

1662 Mise en circulation des carrosses à cinq sols. Blaise Pascal meurt le 19 août.

Événements historiques

1645 Le Nôtre devient premier Jardinier du roi.

1648 Début de la Fronde parlementaire. Soulèvements populaires. Fin de la guerre de Trente ans. Cromwell au pouvoir.

1649 Entrée triomphale de Louis XIV à Paris. Paris assiégé par Condé qui fait capituler le Parlement. Charles Ier, roi d'Angleterre, est décapité.

1650 La guerre civile recommence. Mazarin fait enfermer les Princes Condé, Conti et Longueville. Louis XIV met fin à la rébellion.

1651 Union des Frondes. Mazarin en exil. Louis XIV proclamé majeur. Libération des Princes.

1652 Retour de Mazarin. Le roi à Poitiers.

1658 Mort de Cromwell. Fondation de l'Académie des sciences. Paix des Pyrénées avec l'Espagne.

1661 Mort de Mazarin. Louis XIV prend tout le pouvoir

Arts, lettres et sciences

1644 Torricelli, *Opera Geometrica.* Invention du baromètre.
1646 Henry More, *Democritus Platonicus.*

1648 De Cureau de La Chambre, *Traité de la connaissance des animaux.*
Philippe de Champaigne, *Portrait de la Mère Angélique.*
Cyrano de Bergerac, *L'Autre monde.*
1649 Descartes, *Les Passions de l'âme.* Israël Horowicz, *Les Deux tables de la Loi.*

1651 Thomas Hobbes, *Léviathan.* Otto von Guericke invente la machine pneumatique.
1654 Henry More, *Antidote contre l'athéisme.*
1656 Wallis, *Arithmétique des infinis.*

Œuvres de Pascal

(Les dates sont de la conception et non de l'édition, le plus souvent posthume.)

1645 *Lettre dédicatoire de la machine au chancelier Séguier.*
1647 *Expériences nouvelles touchant le vide.*
1648 *Expériences du Puy de Dôme. Récit de la Grande Expérience de l'équilibre des liqueurs.*
1649-1654 *Traité de l'équilibre des liqueurs et de la pesanteur de la masse d'air.*
Traité du triangle arithmétique.
Traités des ordres numériques.
Résolution générale des puissances numériques.
Lettres à Fermat (sur le calcul des probabilités).

1656 1°-14° *Provinciales.*

1657 *Comparaison des chrétiens des premiers temps avec ceux d'aujourd'hui.*
Dernières Provinciales (mise à l'index).
De L'Esprit géométrique.
De L'Art de persuader.
Écrits sur la Grâce.
Factum pour les curés de Paris et divers écrits sur la casuistique.
1658 *Histoire de la roulette. Lettres sur la cycloïde.*
1660 *Trois Discours sur la condition des grands.*
1658-1662 Travail préparatoire pour une *Apologie de la religion,* dont le projet est présenté en novembre 1658 à Port-Royal.

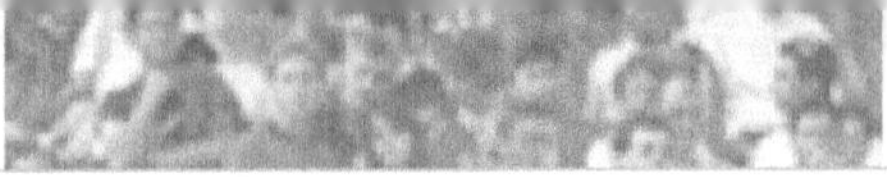

Avant de commencer la lecture

Brève histoire de l'œuvre

1. Une « œuvre » posthume, en éclats, unique en son genre

Les *Pensées* de Pascal ? Voici une œuvre canonisée littéralement, c'est-à-dire placée sans contredit dans le canon de la littérature classique, étudiée dans les classes, dont le titre finit par conférer une sorte d'exclusivité à son auteur, comme s'il n'avait fait que penser ou si nul n'avait vraiment pensé que lui. Mais ce n'est pas une œuvre ; et ce n'est pas son titre.

Elle a été extorquée à la mort et sur la mort de son auteur, par des héritiers spirituels et légaux trop bien intentionnés, et mise en œuvre de toutes pièces. Voici comment cela s'est passé : « Comme l'on savait le dessein qu'avait M. Pascal de travailler sur la religion, l'on eut très grand soin après sa mort de recueillir tous les écrits qu'il avait faits sur cette matière. On les trouva tous ensemble enfilés en diverses liasses, mais sans aucun ordre et sans aucune suite, parce que comme je l'ai déjà remarqué, ce n'était que la première expression de ses pensées qu'il écrivait sur de petits morceaux de papier à mesure qu'elles lui venaient dans l'esprit. Et tout cela était si imparfait et si mal écrit qu'on a eu toutes les peines du monde à les déchiffrer. *La première chose que l'on fit, fut de les faire copier tels qu'ils étaient et dans la même confusion qu'on les avait trouvés.* Mais lorsqu'on les vit dans cet état et qu'on eut plus de facilité de les lire et de les examiner que dans les originaux, ils parurent d'abord si informes, si peu suivis, et la plupart si peu expliqués, qu'on fut longtemps sans penser du tout à les faire imprimer, quoique plusieurs personnes de très grande considération le demandassent souvent avec des instances et des sollicitations fort pressantes ; parce que l'on jugeait bien que l'on ne pouvait pas remplir l'attente et l'idée que tout le monde avait de cet ouvrage, dont on l'avait déjà entendu parler, en donnant ces écrits en l'état qu'ils étaient. Mais enfin on fut obligé de céder à l'impatience et au grand désir que tout le monde témoignait de les voir imprimés. »

Ces mots sont d'Étienne Périer, tout jeune homme encore, neveu de Blaise et représentant la famille dans le comité d'exécution testamentaire en charge des manuscrits de Pascal. Ces gens de « considération » étaient : le duc de Roannez, Nicole, Arnauld, Tréville, Goibaud du Bois, Filleau de la

Chaise, de Brienne... Tous avaient dû assister à la conférence de plusieurs heures que Pascal avait donnée à Port-Royal, quatre ans auparavant, sur le thème d'une *Apologie de la religion* et qui avait ravi son auditoire. L'un des auditeurs de cette séance, Filleau de la Chaise, en avait gardé un souvenir suffisant pour transmettre le plan que Pascal y avait suivi oralement, peut-être celui qu'il destinait à une œuvre future, mais dont on n'a nulle autre trace. En particulier, ce n'est pas celui indiqué ici, suggestion de Pascal lui-même, sur une liasse, mais dont rien n'assure qu'il serait resté tel quel celui d'une *Apologie* accomplie.

2. Pensées ou Apologie ? les copies et leurs lectures

La scène décrite par Étienne Périer est décidément fort étrange ; chaque mot y compte. Voilà un livre aspiré par le désir de ses héritiers et de ses futurs lecteurs ; il répond ou plutôt il manque à une telle attente, une telle espérance, qu'il va échapper entièrement à la volonté de son auteur. Bien pis, le parti choisi par le comité, en apparence sage et de compromis – donner un semblant d'ordre aux fragments découverts – aboutit à découper les textes jugés discontinus dans l'original, pour les recoller ailleurs, dans une autre configuration, si bien que le manuscrit écrit de la main de l'auteur se présente aujourd'hui dans un état de chaos, produit par diverses interventions.

Restent donc ces deux copies de sauvegarde, mentionnées par Étienne Périer, perdues de vue, dont on a pu penser qu'elles étaient au moins une saisie instantanée et authentique des papiers de Pascal. L'une des liasses, réunie par les circonstances ou comme l'esquisse d'un classement délibéré, se retrouve telle quelle, comportant une table et 27 chapitres nettement séparés par des titres intermédiaires (un peu moins de la moitié des fragments dont on dispose). C'est ce sous-ensemble non arbitraire, qui est proposé dans le présent ouvrage : partie ou l'on s'accorde à reconnaître une organisation plus formelle de l'auteur, au milieu d'autres liasses arrangées en groupements moins construits. Le titre choisi ici est : *Fragments classés sur la religion et la condition de l'homme*, titre de convention, le plus neutre et descriptif possible, pour éviter celui d'*Apologie*, qui n'est jamais évoqué nulle part, et la formule trop évasive introduite par l'édition de Port-Royal, *Pensées sur la religion et sur quelques autres sujets*. S'ouvre alors la série des questions sans réponse. Pascal aurait-il conservé la présentation de fragments abrupts, ou aurait-il produit un ensemble rhétorique et ample, comme certains morceaux le laissent supposer ? Y a-t-il hésitation entre deux styles, deux écritures, l'une lapidaire, hachée, syncopée, l'autre plus conventionnelle et oratoire ou des notes succinctes, inachevées au milieu de textes construits selon les règles ?

À ces problèmes d'importance, la postérité apporte une réponse assez cavalière. Tout se passe enfin comme si nous entendions quatre siècles plus tard Pascal nous dire, à l'instar de ses héritiers immédiats : « Vous voulez à tout prix un livre sur la religion : voici des matériaux, des éléments préfabriqués, faites-le vous-même ! » Les fragments sont livrés avec l'appoint d'une quarantaine de notices de montages différents. Sont donc offerts des mots, des phrases, des paragraphes, des raisonnements, des formules parfois « trop bien tournées » comme talon de soulier (fr. 35 et 129) ; parfois sans auteur, car il s'y glisse des passages entiers cités sans référence que Pascal a recopiés.

L'étrangeté s'accroît encore, car dès les premières lignes, cette non-œuvre sans pareille, éminemment posthume, est donnée à refaire à chaque génération de ses lecteurs, se présente encore à faire, à l'état de projet pour toujours. Elle paraît se confondre avec la suite des projets qu'elle forme et qu'elle évoque. Un peu dans le style des jeux d'enfant. On dirait qu'il y aurait deux personnages qui s'écriraient, ou plutôt non, ils dialogueraient, ce serait une conversation, l'un dirait ceci et l'autre lui répondrait alors cela. Ce désordre ne cesse d'envisager des plans qu'il faudrait suivre, qu'on va suivre, afin de décider l'indécidable de la foi, traçant d'innombrables parcours destinés à ne jamais aboutir. Ainsi, précipitée devant nous avant terme, cette pensée n'a jamais eu le temps de s'achever, prématurée pour toujours.

Cette œuvre en tout cas ne se trouvera pas là où l'on croit l'attendre. Qu'il s'y agisse de religion n'est pas indifférent. N'est-ce pas le sujet par excellence où l'on est en quête du discours que l'on désire enfin entendre, pouvoir tenir pour vrai, qui parle enfin clairement et sans feinte ? Comment se résoudre à ne trouver que vérité fragmentaire et certitude en morceaux ? La série de hasards, le destin qui nous offre l'œuvre défaillante de Pascal, n'est-elle pas le propre des discours sur Dieu ? Convergence de volontés délibérées et d'aléas, nous avons devant nous le livre qui retrace le livre en train de se faire, mais accompli de sa seule défaillance. Il faut chercher le sens secret livré au cœur du texte, l'interroger au détour de deux fragments.

« Pensée échappée, je la voulais écrire. J'écris au lieu qu'elle m'est échappée. » (fr. 542)

« En écrivant ma pensée, elle m'échappe quelquefois. » (fr. 656). Le lieu d'où s'est échappée la pensée, l'écriture en garde la trace, du lieu mais non de la pensée. Elle échappe par sa nature de pensée et ainsi marque le néant qui l'occupe mais aussi par la maladie qui empêche « quelquefois » de la saisir.

Pensée échappée. Est-ce la suggestion d'un titre pour une édition à venir ?

3. Les destinataires de l'œuvre

Cette œuvre inaccomplie est pourtant adressée ; elle ne se contente pas du lieu neutre d'où l'on parle à la cantonade, celui de la philosophie ou de la science. Elle cible des interlocuteurs, les intègre, se joue d'eux par les ruses de l'énonciation, ne permettant pas d'identifier qui dit « je », quel Pascal ou quel ami de rencontre dont sont transposés les propos. Alors que Marc Aurèle, l'empereur stoïcien, écrivait explicitement « en direction du soi-même », Pascal laisse une incertitude sur la destination.

Le plus anecdotique, le plus historiquement attesté, serait sans doute cet auditoire de Port-Royal à qui l'on sait qu'il présenta la première ébauche d'un travail, ou un exposé achevé qui en était distinct, on suppose entre novembre et décembre 1658. Dans cette période, il s'occupait aussi de la cycloïde. Mais allait-il s'évertuer à convaincre les Solitaires de Port-Royal, sur la voie de la sainteté, qu'il était bien recommandable de se tourner vers Dieu, et vers le Christ de préférence ? Se serait-il agi alors d'une œuvre de commande, une mission en direction d'un public large, destiné à accentuer l'effet de succès obtenu après le coup des *Provinciales*, pour faire communication en faveur des jansénistes ? Ou d'une sorte de manuel pédagogique d'instruction religieuse pour les petites écoles, mises en place autour de Port-Royal pour lesquelles Lancelot et Nicole fournissaient des grammaires de toutes langues et Pascal lui-même travaillait à une géométrie ? Dans ce cas, le ton risquait d'être trop bouleversant.

Serait-ce alors à lui-même que Blaise adressait ces tâtonnements hachés, dans l'angoisse d'un doute inapaisé, la sécheresse d'une méconnaissance de Dieu qui ne permettait pas de supporter la vie ? Nombreux sont les passages, notamment celui dit « du pari », où il semble au moins évoquer un autre qu'il fut naguère, encore sourd à ses propres arguments. Tentative pour se persuader soi-même, par des exercices ou des incantations, comme sont toujours en partie la prière et le rite ? D'ailleurs Gilberte Périer rapporte que durant ces années, friand d'almanachs pour s'informer sur le programme des curiosités religieuses, il fréquentait les églises de Paris où il se passait quelque célébration remarquable. Était-ce un traitement pour réduire le doute en lui ou une manifestation de piété naïve ?

De même, il portait une ceinture criblée de pointes tournées contre sa chair, qu'il pressait des coudes sur ses flancs quand il lui semblait prendre trop de plaisir à la « niaiserie » de vivre. Gilberte ne trahit pas son informateur, mais en garantit la haute moralité. Peut-être le médecin Vallant ? Son époux Florin, lui, dormait sur une planche, avec des pointes aussi, placées on ne sait trop où, dans le même esprit. La volonté désespérée mais impuissante de croire, alléguée plusieurs fois dans les fragments, serait peut-être le ressort de cet exercice pour passer sans l'intelligence et malgré elle du côté où elle ne permet pas d'aller, le côté de la foi. Conversion en souffrance.

Reste le troisième interlocuteur, le plus vraisemblable d'emblée, l'incrédule, le sceptique, le libertin que le fidèle ne peut abandonner à sa perte ; il cherche par tous les moyens à le gagner à son salut. La situation était fréquente alors ; et chaque âme pieuse avait son libertin à qui faire accepter les sacrements au seuil de l'agonie. C'était là la scène cruciale de la pratique religieuse et de l'incroyance, témoignage retransmis alors à la rumeur publique. Savinien de Cyrano en est un exemple, entre mille, que son affectionnée tante, supérieure du couvent de Saint Antoine, prenait en mains pour le convertir *in extremis* après une vie édifiante de libertin. C'était mieux que la méthode pratiquée encore à Toulouse en 1619 contre Vanini le philosophe à qui on réfutait son athéisme sur le bûcher, en lui arrachant la langue.

Ce prochain que Pascal voudrait contribuer à sauver, c'est peut-être ce bel esprit, l'esprit fort, celui « qui fait le brave contre Dieu », attitude lâche car Dieu ne se défend pas. Mais il est inaccessible au discours, indifférent, voire joyeux, et qui peut dire qui sera sauvé demande le janséniste ? Puisque pas même le martyr n'en est assuré (fr. 921).

L'impossibilité de trancher entre ces trois identifications se transpose dans l'hésitation du ton rhétorique des *Fragments sur la religion*. Pascal avait défini avec soin (dans l'*Esprit géométrique*) un art de persuader distinguant la visée de convaincre par preuves propre à la géométrie et le souci d'agréer, de séduire, de gagner à sa cause ; lié aussi à des règles précises, anticipant les techniques modernes de communication ou héritées des sophistes grecs. Extorquer une conviction par le biais, la violence douce de l'imagination : voilà ce que les *Fragments* proposent, sans pour autant s'y réduire. En reprenant à son compte la position argumentative de l'incrédule, Pascal veut souligner que ses semblables sont si ridicules qu'ils œuvrent pour leurs adversaires et fabriquent des croyants. Mais la symétrie joue aussi bien ; l'aspect démonstratif de l'apologie est si forcé, si convenu, qu'il aurait de quoi rendre l'hésitant athée et faire douter le croyant ; ou laisser chacun sur ses positions. Aussi peut-on soupçonner que la visée de Pascal n'était pas de faire de la prédication. Pascal n'est pas Saint-Cyran. Et ce à quoi il pourrait se laisser aller serait plutôt une célébration – à sa manière – à l'unisson du christianisme. Son écriture est écartèlement. Une « jaculation », comme dit la rhétorique religieuse, c'est-à-dire une effusion inapte à convaincre quiconque, lancée aux espaces infinis et silencieux autant que muets. Confession intérieure disant l'intolérable de vivre *et* de mourir, dont le Christ vient à point en sujet incarné, elle évolue vers un plaidoyer pour renaître mieux, autrement, sans conflit.

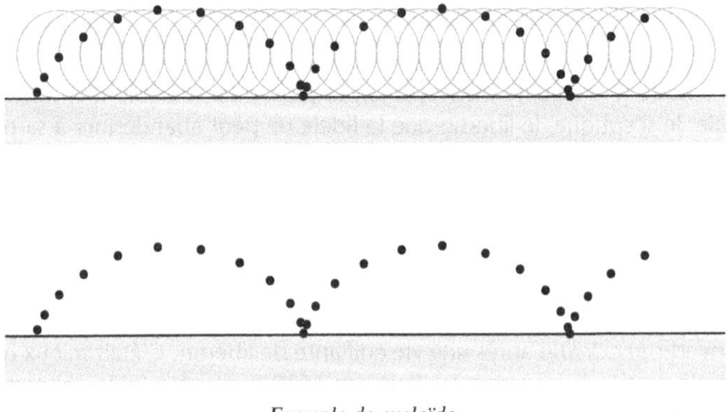

Exemple de cycloïde

Problématiques essentielles

1. Ma religion est la meilleure. Je le sais bien car c'est la mienne

Pascal ne se borne pas, comme les philosophes, à montrer Dieu par des raisons traditionnelles, telle la nécessité d'une cause première à la nature ou la providence visible dans la création, ou encore la rétribution exigible du bien et du mal. Au contraire, il coupe résolument avec ces approches. Il est plus essentiel à ses yeux de placer une religion particulière, de la faire choisir de préférence sur un marché où s'offre un choix de produits concurrents. Et dans l'enchevêtrement des idées dispersées sur ce thème, on distingue à travers ses notes au moins trois directions difficiles à concilier :

– Celle du fragment 482, étonnamment défensive : « On ne doit pas refuser, en considérant ce que c'est que la vie, et que cette religion, de suivre l'inclination de la suivre, si elle nous vient au cœur et il est certain qu'il n'y a nul lieu de se moquer de ceux qui la suivent ». Or, « Il n'y a que la religion chrétienne qui rende l'homme heureux et aimable » (fr. 426).

– D'autre part, cela est très clair, « la vraie nature de l'homme son vrai bien et la vraie religion sont choses dont la connaissance sont inséparables » (fr. 393).

– Pourtant : « Reconnaissez donc la vérité de la religion, dans l'obscurité même de la religion, dans le peu de lumière que nous en avons, dans l'indifférence que nous avons de la connaître » (fr. 439).

Pour augmenter la perplexité, voici le cahier de charges de la vraie religion, la religion idéale, offerte comme étant à construire : « il faudrait que la véritable religion enseignât la grandeur, la misère, portât à l'estime et au mépris de soi, à l'amour et à la haine » (fr. 450). Résurgence de la vieille méthode philosophique qui consiste à se demander d'une chose ce qu'elle est, voire ce qu'elle doit être, avant de savoir si elle est. Méthode mathématique aussi. D'où vient cette connaissance *a priori* de l'essence de la religion ? De la description empirique de la condition humaine. Conclusion : seule réponse au chaos et à la confusion de l'homme, par des qualités quasi techniques de gestion des contradictions propres à l'homme, « il n'appartient qu'à elle d'instruire et de corriger les hommes ». En somme, ce serait par une meilleure aptitude à prendre en charge les ensembles humains d'un point de vue psychopolitique, que le christianisme se recommanderait comme la meilleure offre en matière de religion et son instauration comme principe totalitaire d'organisation : « Toute la conduite des choses doit avoir pour objet l'établissement et la grandeur de la religion » (fr. 449). « L'histoire de l'Église doit être proprement appelée histoire de la vérité » (fr. 776).

• Une religion ou plusieurs ?

Que faire alors de la pluralité, phénomène anthropologique des religions ? Remarquons qu'il s'agit de vraie religion, mais jamais de vrai Dieu. Comme chez Augustin, la vraie religion a besoin d'un cortège de fausses religions pour resplendir. Quel est le poids de cette distinction ? « Je vois donc des faiseurs de religion en plusieurs endroits du monde et dans tous les temps mais ils n'ont ni la morale qui peut me plaire, ni les preuves qui peuvent m'arrêter. [...] La raison ne peut pencher plutôt vers l'une que vers l'autre ». Par le même paradoxe dédoublé, selon lequel l'obscurité voire l'absurdité était preuve contre la raison, pour la vraie religion, le fait qu'elle ne soit pas unique, loin de la contester est nécessaire à illustrer sa prééminence. « Tant s'en faut que ce soit une raison qui fasse croire qu'elle n'est pas la véritable, qu'au contraire c'est ce qui fait voir qu'elle l'est » (fr. 747). Type, voire stéréotype du raisonnement pascalien, comme on le verra plus en détail.

La religion des chrétiens est donc à la fois vraie religion – les autres étant fausses – et une religion vraie, correspondant à la nature objective et à l'histoire. Comment le savant Pascal conciliait-il l'usage du mot vérité à propos de la religion et au moment où il établissait sur le Puy de Dôme, le fait de la pesanteur de l'air ?

• Les fausses religions

Qu'en est-il des religions fausses ? Un passage étrange, fugitif et très isolé semble accepter l'idée qu'elles sont toutes vraies (fr. 480). Il faut être sincère avec celle qu'on a et cela suffit. Deux lignes qui ruineraient tout l'édifice. Mais il y a l'ensemble des autres. Donc les fausses, se résument aux païens, à Mahomet et aux Juifs. Les païens renvoient alors à une question académique à propos de l'Antiquité ; comment pouvaient ils être moraux ? Pascal écarte Mahomet sans se donner la peine d'une information sérieuse, qui n'est pas courante à l'époque, sous l'unique argument qu'il s'était autoproclamé et n'avait pas été prédit. L'Islam protesterait justement du contraire, évoquant une malversation qui aurait censuré ces prédictions là où elles auraient du se trouver. Sans le savoir, Pascal avait la même argumentation. Plus, en y regardant de près, il aurait pu être troublé par la proximité entre sa propre soumission à la volonté de Dieu avec celle de l'Islam. Ou encore par la parenté entre la sujétion qu'il opère de la raison à la foi et la pensée d'Al Ghazali au XIe siècle : philosophe connu et traduit depuis longtemps. Mais l'actualité n'était pas alors à l'ouverture, ni à la curiosité de l'autre.

Restent les juifs. Les juifs se définissant avant tout comme problème, Pascal éprouve à l'égard de ce problème une vraie perplexité. Peut-être d'avoir habité rue aux Juifs, à sa première arrivée à Paris en novembre 1631, n'y est-il pas pour rien. Pour résumer, il reprend l'explication dominante de l'Église depuis Augustin ; elle le restera longtemps, influençant même la philosophie. Les juifs dispersés à travers le monde, subsistant contre vents et marées, avec l'image de leur souffrance et de leur opprobre, sont les témoins providentiels de la vraie religion qu'ils ont refusée. Vraie, parce qu'ils l'ont refusée. Image placée partout, visible partout, tableau vivant de ce qu'on est quand on refuse le Christ, et vice versa. « Il faut ou bien que les juifs ou bien que les chrétiens soient méchants » (fr. 102). Sans ironie, à la différence de Montesquieu, qui aura une même réflexion à propos des noirs un demi-siècle plus tard (*L'Esprit des lois*, XV, V).

Pourtant des textes comme le fragment 453, « Pour montrer que les juifs et les chrétiens n'ont qu'une même religion », et le fragment 451, « Avantages du peuple juif », semblent traduire une irrépressible fascination pour cette fausse vraie religion qui complique toute la beauté du raisonnement en y contribuant : la religion de Moïse dont Pascal ne peut se détacher et non pas seulement comme annonciation du Christ. Pour se tirer de ce mauvais pas, il projette ingénieusement sur l'opposition juifs/chrétiens, l'opposition charnel/spirituel. Entre les juifs, il y a des spirituels, qui sont comme les chrétiens des juifs et parmi les chrétiens, des mauvais qui sont les juifs des chrétiens (fr. 286).

2. Ton Dieu sera mon Dieu

La clé de cette équivoque résiderait peut-être dans quelques notes du compte-rendu consigné par Pascal, après sa nuit illuminée de novembre 1654. « Dieu d'Abraham, d'Isaac et de Jacob », y écrit-il, puis « Dieu de Jésus-Christ ». Deux lignes plus loin, deux citations, l'une du livre de Ruth (I, 16) où une jeune veuve décide de suivre sa belle-mère Noémie et d'adopter sa nation et son Dieu, le Dieu d'Israël. L'autre référence est tirée de l'Évangile de Jean (XX, 17) : c'est le Christ lui-même, après sa résurrection qui s'adresse à quelques-uns de ses disciples qui l'ont reconnu, pour leur dire qu'ils ont même père et même Dieu que lui. Paroles lourdes et étranges, ainsi que l'insistance sur l'idée. Dieu est toujours le Dieu de quelqu'un, avant d'être le mien ; c'est toujours un Dieu d'emprunt, adopté, transmis, approprié. Origine difficile à penser, à supporter, au point que Pascal (fr. 449) ira jusqu'à dénier aux Juifs le Dieu d'Abraham, Isaac et Jacob, qui devient par expropriation, ou métamorphose, Dieu des Chrétiens, d'amour et de consolation. Les premiers cités n'auraient eu qu'une portion congrue et déformée de leur Dieu qu'ils ne savaient mériter.

• Pensées sous la religion

C'est en ce sens qu'on pourrait parler de penser *sous* la religion, pour désigner dans l'apologétique un discours passionnel, aveuglé *sous* la coupe, l'évidence, l'emprise ou la passion d'une religion. Aussi peut-on se demander s'il faut voir de l'ironie dans ce fragment 817 : « On a beau dire : il faut avouer que la religion chrétienne a quelque chose d'étonnant. C'est parce que vous y êtes né dira-t-on. Tant s'en faut que je me roidis contre par cette raison-là même, de peur que cette prévention ne me suborne, mais quoi que j'y sois né je ne laisse pas de le trouver ainsi ». Le « quoique » renvoie-t-il ici au comble de l'ingénuité ou à la subtilité la plus retorse ?

Mais la *vraie religion*, est-ce le christianisme courant, ou cette exigence de vérité jamais encore atteinte (comme les jansénistes croient en faire l'expérience) ?

Toujours est-il que cette question de la vraie religion et plus encore, toute réponse qu'on y risque, est indéfendable. C'est là l'épine du rapport entre foi et raison. Pascal ne l'ignorait pas. Il faut donc s'en tenir à cette suggestion qu'il a choisi l'indéfendable et tenter de comprendre ce que ce choix implique.

3. Le christianisme, alternative ou prolongement à une vision désespérée du monde ?

La part la plus forte de la pensée de Pascal, celle qui traverse le mieux le temps, est peut-être dans la virulence de ce constat : l'homme ne se sent pas bien dans ce monde, pas à l'aise. Ce monde ne lui va pas, il est trop grand ou trop petit. Il n'y a pas sa place. Le temps ne passe pas, ou bien si vite qu'on ne le voit pas passer. Disproportion, absence d'harmonie, inadaptation irrémédiable. Il est éclairant de regrouper quatre fragments disséminés, qui ont en commun d'atteindre la caractérisation extrême de l'existence comme tragique, sans espoir, nihiliste. La mort même n'est pas un recours, mais une blessure ultime. En un mot, cette condition est, elle aussi, indéfendable.

« Tous se plaignent : princes, sujets ; nobles roturiers ; vieux, jeunes ; forts, faibles ; savants, ignorants ; sains, malades ; de tous les pays, de tous les temps : de tous âges et de toutes conditions [...]. Et ainsi, le présent ne nous satisfaisant jamais, l'expérience nous pipe et de malheur en malheur nous mène jusqu'à la mort qui en est le comble éternel » (fr. 148). Le ton semble être celui du démagogue qui cherche l'unanimité antagoniste des mécontents pour les rallier à sa cause, sans la dévoiler tout de suite.

Accentuation dramatique du thème : « Un homme dans un cachot, ne sachant si son arrêt est donné, n'ayant plus qu'une heure pour l'attendre, cette heure suffisant, s'il sait qu'il est donné pour le faire révoquer. Il est contre-nature qu'il emploie cette heure-là, non à s'informer si l'arrêt est donné, mais à jouer au piquet » (fr. 165). En tout cas cela ne manquerait pas d'allure, sinon de naturel.

Le pessimisme s'aggrave : « Le dernier acte est sanglant, quelque belle que soit la comédie en tout le reste ; on jette enfin de la terre sur la tête et en voilà pour jamais » (fr. 165). C'est sans doute un des rares fragments où est envisagée l'éventualité qu'il puisse se trouver du bon dans la vie. Cette comédie serait mieux nommée tragédie. Encore ce thème est-il un lieu commun ressassé de la prédication, comme par exemple, le Père Senant, général de l'Oratoire en donnait des modèles dans son recueil, *L'Homme criminel ou la corruption de la nature*. Mais Pascal y ajoute à l'idée de vanité de l'existence, celle d'une issue assassine ; toute mort est meurtrière. Le point culminant du fantasme dans l'allégorie se trouve avec le fragment 434 (hantise ou manipulation rhétorique?): «Qu'on s'imagine un nombre d'hommes dans les chaînes et tous condamnés à la mort, dont les uns étant chaque jour égorgés à la vue des autres, ceux qui restent voient leur propre condition dans celle de leurs semblables et se regardant les uns et les autres avec douleur et sans espérance, attendent à leur tour. C'est l'image de la condition des hommes». L'innocente caverne platonicienne, où l'on se contentait entravé, de se divertir (comme devant la télévision) se trouve ici transformée prophétiquement, avec trois siècles d'anticipation, en camp d'extermination. Si c'est la condition ordinaire des hommes, on ne saurait y redire ni s'en horrifier: la pire atrocité des hommes ne ferait qu'imiter le traitement usuel que leur réserve la divinité.

• Au bout du compte: terreur ou consolation?

Comment, dès lors, après s'être convaincu d'une telle noirceur de la réalité, une fois débarrassé des illusions, pensera-t-on qu'aucun messie libérateur, médiateur, consolateur compense suffisamment un tel surcroît de douleur infligée par la vie? Certes, la description appuyée de Pascal est peut-être irréfutable et alors «notre besoin de consolation est impossible à rassasier», comme le notait dans un texte sublime l'écrivain suédois Stig Dagerman avant de se suicider en 1954. Quel christianisme peut-il s'articuler sur une telle vision préalable du monde? Est-ce bien dans l'exigence d'échapper à ce malheur sans fond que s'échafaude le rêve substitut de l'autre monde? «Il n'y aurait de bien en cette vie qu'en l'espérance d'une autre vie» (fr. 427). L'équation ou le marché, pourrait alors se formuler ainsi: vérité du christianisme = horreur de la vie terrestre, voire de la création sans doute présumée corrompue. Ou alors plus subtilement, le Christ ne figurerait-il pas l'ultime compassion, la consolation inconsolable, le prolongement de cette souffrance sans nom et dénuée de sens, érigée en divinité, agonie sans fin et adorable? Vérité de la vie.

Cette position religieuse n'est certes pas rare et renverrait à un questionnement psycho-anthropologique sur l'origine des religions.

La seule note discordante dans cette monotonie de l'horreur, se trouve peut-être dans une lettre de décembre 1656 à Charlotte de Roannez, pour qui Pascal avait une tendresse de frère, plus encore peut-être que pour Jacqueline: «Ne nous laissons donc pas abattre à la tristesse et ne croyons pas que la piété ne consiste qu'en une amertume sans consolation... On ne quitte les plaisirs que pour d'autres plus grands». Il y aurait malgré tout occasion de se réjouir du salut plus tard. Mais ce qui donne à cette recherche une urgence mortelle, c'est la menace sous laquelle elle s'effectue, elle-même comme argument, prise dans le dispositif rhétorique pesant du poids d'un sort ou d'un arrêt fatal. On n'est plus là dans la simple réflexion raisonnée: «Vous devez vous mettre en peine de rechercher la vérité, car si vous mourez sans adorer le vrai principe vous êtres perdu» (fr. 158). Cette dialectique de la terreur et de l'erreur est beaucoup plus explicite que le raisonnement édulcoré et accommodant connu comme « le pari ». Perdre ou avoir tort est mortel. Que dire de cette pression créée sans doute pour tirer le libertin de son indolence, mais restituant au fait religieux son ambiance d'effroi la plus archaïque ? Pourtant, dans le fragment 172, Pascal pressent et dénonce ce danger de mettre la terreur dans l'esprit et dans le cœur au lieu de la religion. Contradiction ? Non, car seul Dieu peut par la grâce infuse dans le cœur, économiser ce détour de la terreur.

S'il ne nous aide pas vraiment à choisir la « meilleure religion », Pascal ne nous amène-t-il pas à mieux comprendre par quels cheminements et sur quelles expériences universelles se constitue le religieux ?

PENSÉES
DE
M. PASCAL
SUR LA RELIGION,
ET SUR QUELQUES
AUTRES SUJETS.

I.

Contre l'Indifference des Athées.

QUE ceux qui combattent la Religion apprennent au moins quelle elle eſt avant que de la combattre. Si cette Religion ſe vantoit d'avoir une

A

Résumé - Guide de lecture

1. Description de l'œuvre

• Un postulat fondamental : le péché originel

L'édition Lafuma qui sert de référence (édition dite du Tricentenaire, Seuil, 1962) reproduit donc une des deux copies de sauvegarde prises effectuées à partir des papiers de Pascal en l'état au moment de sa mort. Bien que rangées, les pensées y sont malgré tout éparpillées, sous des formes variables : certaines sont réduites à une phrase ou à quelques mots, notes pour un développement ultérieur ; d'autres sont de véritables discours charpentés. Leur suite semble obéir à l'association spontanée des idées ou des mots qui viennent à l'esprit ou sous la plume mais en outre, à deux stratégies argumentatives entremêlées. Dans les deux cas, le seul lien visible qui rattache au jansénisme est le postulat hypertrophié du péché originel et de la corruption de la nature qui en découle. Tout ce à quoi nous avons affaire, désigné sous le nom de « nature humaine », est la dégradation pour l'instant sans remède qui a été le résultat de la désobéissance d'Adam. Conséquence qui ne fait qu'un avec la désobéissance elle-même, plus qu'elle n'en est la sanction. Sans ce principe incompréhensible, répète Pascal, rien n'est compréhensible.

Dans le livre biblique de la *Genèse* où ce mythe connu de tous est exposé, la faute d'Adam entraîne précisément la malédiction du travail, la reproduction sexuée, l'enfantement dans la douleur et la mort, ce qui n'est pas rien outre quelques difficultés dans les rapports avec les reptiles, qui pour leur part, en perdent leurs pieds. Le christianisme, dès ses premiers temps, aggrave la déchéance ainsi survenue, au point que le mal apparaisse comme la détermination inévitable de toutes choses dans le monde.

• Misère de l'homme livré à lui-même

Dès lors on ne peut se détacher du mal sans se détacher du monde par une purification radicale. Dans cette optique qui passe d'Augustin au protestantisme puis au jansénisme, la liberté n'a plus de place. Le seul choix d'interprétation subsiste entre un monde comportant des plaisirs illusoires dont Dieu tire offense, ou n'en offrant pas même l'ombre, car il est déjà expiation et pénitence : tableau d'un tragique sans recours qui appelle un secours surnaturel.

Pascal joue aussi bien sur une logique que sur l'autre selon l'occasion, avec une préférence pour la seconde.

À partir de cette présupposition, la trajectoire débutera par la présentation d'un tableau où s'illustre la misère de l'homme en cet état, sans exception. Cette misère, en témoigne l'ennui, sentiment de vide ou désespoir lucide que le divertissement, c'est-à-dire toute activité humaine est impuissant à contrecarrer. De même, autant qu'ils sont, les philosophes présomptueux et vains ne parviennent ni à expliquer cet état ni à lui porter remède. L'égarement dont ces derniers font preuve dans la recherche du souverain bien, comme dans celle de la Justice, montre une raison incapable, qui doit donc s'effacer devant une instance supérieure. D'ailleurs la raison elle-même se désavoue comme l'établit le scepticisme, appelé en renfort, jusqu'à un certain point.

• Connaître la vraie religion et y retrouver Jésus-Christ

Cette instance, c'est le cœur, autrement dit le sentiment, l'intuition, la conviction irraisonnée. Un désir s'épanouissant en connaissance, ou une connaissance portée par le désir. On ne peut pas plus rendre compte de la croyance en Dieu dont on est pourtant convaincu que de l'amour pour un être.

Ainsi connaître Dieu est impossible et insatisfaisant. Il s'éprouve dans un abîme, à partir de l'horreur et de l'effroi inspiré par notre condition, liée par l'obsession de la mort, à la faveur d'un truchement, symbole lui-même de souffrance et de sacrifice, l'homme Dieu, Jésus-Christ. Voilà donc une religion désirable et sûre, celle qui le propose à propos, à l'encontre de plusieurs autres qui manifestement ne font pas aussi bien.

Voyons donc si l'on ne pourrait pas en obtenir quelques assurances supplémentaires. Justement c'est écrit : dans des textes auxquels s'attache un témoignage autant historique que surnaturel sur l'origine et la naissance de cette religion. Marque qu'elle existe depuis toujours, son récit commence par la création du monde et se transmet sans faille.

Plus qu'une preuve, plus qu'une narration, cette écriture fournit des prophéties réitérées de l'avènement d'un libérateur, où en définitive s'enracine la crédibilité du Christ. Puisqu'au sens figuré et à mots couverts, on l'annonçait depuis toujours. Les rabbins eux-mêmes servent de relais. Prophéties et miracles, signes surnaturels, certes trop peu pour croire, mais pas assez incroyables pour ne pas croire. La raison consultée ici à la sauvette, pour cette petite expertise, n'a pas d'objection. Entre fuir ou suivre l'un des deux partis déterminants, la raison dans les deux cas n'est de nul poids, non plus que la liberté. C'est la grâce seule qui aura joué, dans le bon choix, la concupiscence[1] dans l'autre.

Dans ce parcours démonstratif, les sections suivantes paraissent broder des digressions, des traverses et des enluminures qui l'enrichissent et le compliquent, comme un canevas ou un thème orchestral, sans en modifier le tracé essentiel. Paradoxalement Pascal écrit sans référence ou presque,

1. Voir **Dossier : Concepts clés**, Concupiscence, p. 136 et **Lexique**, p. 173.

comme il le sent. Ses sources sont au minimum : Augustin (*Les Confessions, La Vraie religion* et *La Cité de Dieu*) ; les *Essais* de Montaigne – récemment réédités – à travers lesquels il retrouve sceptiques et stoïciens ; pour le judaïsme, *Le poignard de la foi*, livre de polémique du XIIIe siècle retraduit en 1651 ; et le père Senaud comme inspiration de rhétorique religieuse... sans oublier la dose de cartésianisme indispensable.

2. Une référence doctrinale au centre : Augustin

Tout le XVIIe siècle français, philosophique et religieux, se retrouve à invoquer Augustin. Aussi est-ce à peine un signe de distinction pour le jansénisme de se mettre sous la bannière de *L'Augustinus*, commentaire théologique que l'évêque d'Ypres publiait en 1643. Paradoxe aussi, la levée de soupçons et d'anathèmes suscitée par cette relecture.

• L'influence de Platon

Augustin, philosophe afro-romain du Ve siècle joue à trois titres un rôle primordial. Étant le plus philosophe des Pères de l'Église, il crée l'articulation entre la théologie chrétienne et la philosophie antique, particulièrement avec Platon. Il lui emprunte l'idée fondamentale de l'immortalité de l'âme et de l'autre monde voué à la rétribution du bien et du mal, la patrie céleste perdue et la nostalgie du retour, thèmes récurrents chez Pascal. En revanche, il rompt avec l'éthique socratique, disant que nul n'est méchant volontairement et qu'on s'éduque au bien par la raison. Là se creuse le fossé qui sépare aussi bien une vision chrétienne du cartésianisme, de l'humanisme et des Lumières au sens large. Les *Confessions* scandent cette conviction qu'on ne fait ni ne sait ce qu'on veut.

Pascal pourra à la fois écrire : « Platon, pour disposer au christianisme » (fr. 617) et « Jamais on ne fait le mal si pleinement et si gaiement que quand on le fait par conscience » (fr. 135). Diable !

• Les vestiges du manichéisme

Par ailleurs, Augustin garde avec les hérésies contemporaines qu'il a contribué à condamner un contact insidieux. C'est vrai en particulier pour les gnoses manichéennes ou l'hérésie de Marcion, plus ancienne. Pour ces dérives du christianisme primitif, le monde radicalement mauvais ne pouvait être que l'œuvre parodique d'un concurrent de Dieu, démiurge malfaisant et pas même une création impeccable dégradée par la faute de l'homme. Augustin remplace ce dogme irrémédiable, par l'importance accrue donnée au péché d'Adam, déchéance identifiée à l'amour de soi, au choix du monde : mais seule une grâce injustifiable et la médiation du Christ peuvent opérer un retour. Il y a donc travail d'interprétation, d'intellectualisation du récit de la *Genèse* et instauration d'une logique à l'intérieur du mythe fantasmagorique. (Logique dont les manichéens n'étaient pas exempts, puisqu'il s'agissait pour eux, comme ce sera le cas pour Pascal de trouver des explications à l'inexplicable. C'est la logique qui sera chez Pascal, entièrement modernisée, comme on le verra.) Le péché n'est plus que le mauvais choix initial mais irrémédiable sans l'aide de Dieu : l'amour porté sur la cité terrestre, au lieu de la cité de Dieu (« Sur moi au lieu de Dieu » dira Pascal).

Enfin et ce n'est pas le moins surprenant, Augustin va constituer le fond présupposé commun entre les partis mortellement ennemis alors, que forment réformés et catholiques. Il creusera en revanche une frontière avec les chrétiens orientaux, dont Pascal ne se soucie guère.

Mais la particularité d'Augustin sera de dépasser par sa profondeur philosophique, sa richesse d'information et son audace littéraire, tous les usages doctrinaux.

• Montaigne, un double en négatif

Quant à la pensée de Montaigne, sur laquelle Pascal travaille pour en entretenir Monsieur De Saci qui ne perdait pas une occasion de s'instruire, elle sera l'occasion de rencontrer le stoïcisme, école de grandeur, et surtout le Pyrrhonisme, philosophie du doute, allié inattendu de la foi contre la Raison. Cette identification opportune avec Montaigne, « ce n'est pas dans Montaigne mais en moi, dit-il, que j'y découvre tout ce que j'y vois » (fr. 718) lui permet de citer des pages entières des *Essais*, plus ou moins littéralement et sans nom d'auteur, ni guillemets : notamment à propos de l'imagination, de la coutume, sans compter les propres citations utilisées par Montaigne qu'il reprend souvent. Il n'a pas de temps à perdre. Mais au nom de ce même principe, les livres qu'il cite, avoue-t-il, il ne les a pas lus ou à peine. Le lecteur est maintes fois au risque de prendre du Montaigne pour du Pascal. Il est vrai que Pascal n'est pas responsable de la publication de ses notes telles quelles. Mais il en demeure pour ce texte un statut assez exceptionnel, d'écrit pluriel, à plusieurs mains irresponsables.

Reste à comprendre : « Les défauts de Montaigne sont grands [...]. Cela ne vaut rien [...]. Il ne pense qu'à mourir lâchement et mollement par tout son livre » (fr. 680).

Remarque étrange, comme si cette pensée renvoyait à un avenir indéfiniment différé, par l'écriture, dans lequel l'existence de Montaigne resterait suspendue et sa mort à venir. « Je ne sais » disent les gens comme lui, quand on leur parle de « l'après ». Mais surtout, « le sot projet qu'il a de se peindre et cela par ses propres maximes et par un dessein premier et principal, c'est ce qui est insupportable. »

Quel dépit, ou quelle admiration rentrée dans une rage si excessive et si injustifiable ! Toujours est-il que ni Augustin ni Montaigne ne lui paraissent à la hauteur de son propos, le premier pour ignorer le calcul des probabilités, le second pour ne pas comprendre le fond des choses, ni pourquoi le continu est divisible à l'infini...

Fragments classés sur la religion et la condition de l'homme (1657-1662)

BLAISE PASCAL

Section 1 : Papiers classés
Texte conforme à la Copie, correspondant au manuscrit *BnF 9203*.
(Les passages transcrits entre parenthèses et en italique sont des textes rayés dans les originaux. Pour les numéros 84, 102, 191, 196,197, il s'agit de fragments destinés à d'autres dossiers. Les numérotations correspondent à des séparations nettement marquées par Pascal, d'un trait de plume ou d'une ligne de blanc sensible.)

Les liasses classées

Ordre
Vanité
Misère
Ennui
Raison des effets
Grandeur
Contrariétés
Divertissement
Philosophes
Le Souverain Bien
A.P.R.
Commencement
Soumission et usage de la raison
Excellence
Transition
La nature est corrompue
Fausseté des autres religions
Rendre la Religion aimable
Fondements
Loi figurative
Rabbinage
Perpétuité
Preuves de Moïse
Peuves de Jésus-Christ
Prophéties
Figures particulières
Morale chrétienne
Conclusion

I. ORDRE

1. Les psaumes chantés par toute la terre. Qui rend témoignage de Mahomet? Lui-même. J.-C. veut que son témoignage ne soit rien. La qualité de témoins fait qu'il faut qu'ils soient toujours, et partout, et misérables. Il est seul.

2. Ordre par dialogues. Que dois-je faire. Je ne vois partout qu'obscurités. Croirai-je que je ne suis rien? Croirai-je que je suis Dieu?

3. Toutes choses changent et se succèdent. Vous vous trompez, il y a... Et quoi ne dites-vous pas vous-même que le ciel et les oiseaux prouvent Dieu? Non. Et votre religion ne le dit-elle pas? Non. Car encore que cela est vrai en un sens pour quelques âmes à qui Dieu donna cette lumière, néanmoins cela est faux à l'égard de la plupart.

4. Lettre pour porter à rechercher Dieu. Et puis le faire chercher chez les philosophes, pyrrhoniens et dogmatistes qui travailleront celui qui le recherche.

5. Ordre. Une lettre d'exhortation à un ami pour le porter à chercher. Et il répondra: mais à quoi me servira de chercher, rien ne paraît. Et lui répondre: ne désespérez pas. Et il répondrait qu'il serait heureux de trouver quelque lumière. Mais que selon cette religion même quand il croirait ainsi cela ne lui servirait de rien. Et qu'ainsi il aime autant ne point chercher. Et à cela lui répondre: la machine[1].

1. Il s'agit ici du travail méthodique, quasi-automatique, du raisonnement. Voir **Dossier : Concepts clés,** Machine, p. 139.

6. 1re partie. Misère de l'homme sans Dieu.

2e partie. Félicité de l'homme avec Dieu.

Autrement

1re partie. Que la nature est corrompue, par la nature même.

2e partie. Qu'il y a un Réparateur, par l'Écriture.

7. Lettre qui marque l'utilité des preuves. Par la machine. La foi est différente de la preuve. L'une est humaine et l'autre est un don de Dieu. *Justus ex fide vivit.* C'est de cette foi que Dieu lui-même met dans le cœur, dont la preuve est souvent l'instrument, *fides ex auditu*[1], mais cette foi est dans le cœur et fait dire non *scio* mais *credo.*

8. Ordre. Voir ce qu'il y a de clair dans tout l'état des Juifs et d'incontestable.

9. Dans la lettre[2] de l'injustice peut venir.

La plaisanterie des aînés qui ont tout. Mon ami vous êtes né de ce côté de la montagne, il est donc juste que votre aîné ait tout.

Pourquoi me tuez-vous?

10. Les misères de la vie humaine ont fondé tout cela. Comme ils ont vu cela ils ont pris le divertissement.

11. Ordre. Après la lettre qu'on doit chercher Dieu, faire la lettre d'ôter les obstacles qui est le discours de la machine, de préparer la machine, de chercher par raison.

12. Ordre. Les hommes ont mépris pour la religion. Ils en ont haine et peur qu'elle soit vraie. Pour guérir cela il faut commencer par montrer que la religion n'est point contraire à la raison. Vénérable, en donner respect.

La rendre ensuite aimable[3], faire souhaiter aux bons qu'elle fut vraie et puis montrer qu'elle est vraie. Vénérable parce qu'elle a bien connu l'homme. Aimable parce qu'elle promet le vrai bien.

II. VANITÉ

13. Deux visages semblables, dont aucun ne fait rire en particulier font rire ensemble par leur ressemblance.

14. Les vrais chrétiens obéissent aux folies néanmoins, non pas qu'ils respectent les folies, mais l'ordre de Dieu qui pour la punition des hommes les a asservis à ces folies, *omnis creatura subjective est vanitati liberabitur*[4]. Ainsi Saint Thomas explique le lieu de Saint-Jacques pour la préférence des riches, que s'ils ne le font dans la vue de Dieu ils sortent de l'ordre de la religion.

1. Paul Rom., I, 17. Le juste vient de la foi. La foi vient par l'écoute. La preuve fait dire « je sais » et la foi « je crois ».

2. Allusion à un projet de ce qu'aurait pu être une Apologie par lettres, à la manière des *Provinciales*.

3. Mot souvent employé: Pascal sous-entend que la religion est objet de répulsion pour tous en un premier temps. Elle est avec Dieu la seule chose digne d'être aimée.

4. Paul Rom., VIII, 20-21. Toute créature est assujettie à la vanité et en sera libérée.

15. Persée, roi de Macédoine. Paul Émile. On reprochait à Persée de ce qu'il ne se tuait pas[1].

16. Vanité. Qu'une chose aussi visible qu'est la vanité du monde soit si peu connue, que ce soit une chose étrange et surprenante de dire que c'est une sottise de chercher les grandeurs[2]. Cela est admirable.

17. Inconstance et bizarrerie. Ne vivre que de son travail et régner sur le plus puissant état du monde sont choses très opposées. Elles sont unies dans la personne du Grand Seigneur des Turcs[3].

18. Un bout de capuchon arme 25 000 moines[4].

19. Il a quatre laquais.

20. Il demeure au-delà de l'eau.

21. Si on est trop jeune on ne juge pas bien, trop vieil de même. Si on n'y songe pas assez, si on y songe trop on s'entête et on s'en coiffe. Si on considère son ouvrage incontinent après l'avoir fait on en est encore tout prévenu, si trop longtemps après on (n')y entre plus. Ainsi les tableaux vus de trop loin et de trop près. Et il n'y a qu'un point indivisible qui soit le véritable lieu. Les autres sont trop près, trop loin, trop haut ou trop bas. La perspective l'assigne dans l'art de la peinture, mais dans la vérité et dans la morale qui l'assignera ?

22. La puissance des mouches, elles gagnent des batailles, empêchent notre âme d'agir, mangent notre corps.

23. Vanité des sciences. La science des choses extérieures ne me consolera pas de l'ignorance de la morale au temps d'affliction, mais la science des mœurs me consolera toujours de l'ignorance des sciences extérieures.

24. Condition de l'homme. Inconstance, ennui, inquiétude.

25. La coutume de voir les rois accompagnés de gardes, de tambours, d'officiers et de toutes les choses qui ploient la machine vers le respect et la terreur fait que leur visage, quand il est quelquefois seul et sans ses accompagnements imprime dans leurs sujets le respect et la terreur parce qu'on ne sépare point dans la pensée leurs personnes d'avec leurs suites qu'on y voit d'ordinaire jointes. Et le monde qui ne sait pas que cet effet vient de cette coutume, croit qu'il vient d'une force naturelle. Et de là viennent ces mots : le caractère de la divinité est empreint sur son visage, etc.

1. Voir aussi le fragment 15. Persée, roi de Macédoine et prisonnier de Paul Émile est un exemple de frustration extrême.
2. Ici, satisfaction d'orgueil, objet de concupiscence. À distinguer du sens de la liasse VI, Grandeur, où la concupiscence est la valeur spirituelle de l'homme.
3. Légende infondée à l'origine incertaine.
4. L'ordre des frères mineurs fut agité de controverse au Moyen Âge sur la forme de leur capuchon. Voir **Dossier : Grandes Thèses**, L'écriture d'une logique « baroque » ?, p. 153.

26. La puissance des rois est fondée sur la raison et sur la folie du peuple, et bien plus sur la folie. La plus grande et importante chose du monde a pour fondement la faiblesse. Et ce fondement est admirablement sûr, car il n'y a rien de plus que cela, que le peuple sera faible. Ce qui est fondé sur la saine raison est bien mal fondé, comme l'estime de la sagesse.

27. La nature de l'homme n'est pas d'aller toujours; elle a ses allées et venues. La fièvre a ses frissons et ses ardeurs. Et le froid montre aussi bien la grandeur de l'ardeur de la fièvre que le chaud même. Les inventions des hommes de siècle en siècle vont de même, la bonté et la malice du monde en général en est de même. *Plerumque gratae principiels vices*[1].

28. Faiblesse. Toutes les occupations des hommes sont à avoir du bien et ils ne sauraient avoir de titre pour montrer qu'ils le possèdent par justice, car ils n'ont que la fantaisie des hommes, ni force pour le posséder sûrement. Il en est de même de la science. Car la maladie l'ôte. Nous sommes incapables et de vrai et de bien.

29. *Ferox gens nullam esse vitam sine armis rati*[2]. Ils aiment mieux la mort que la paix, les autres aiment mieux la mort que la guerre. Toute opinion peut être préférable à la vie, dont l'amour paraît si fort et si naturel.

30. On ne choisit pas pour gouverner un vaisseau celui des voyageurs qui est de la meilleure maison.

31. Les villes par où on passe on ne se soucie pas d'y être estimé. Mais quand on y doit demeurer un peu de temps on s'en soucie. Combien de temps faut-il? Un temps proportionné à notre durée vaine et chétive.

32. Vanité. Les respects signifient: incommodez-vous.

33. Ce qui m'étonne le plus est de voir que tout le monde n'est pas étonné de sa faiblesse. On agit sérieusement et chacun suit sa condition, non pas parce qu'il est bon en effet de la suivre, puisque la mode en est, mais comme si chacun savait certainement où est la raison et la justice. On se trouve déçu à toute heure et par une plaisante humilité on croit que c'est sa faute et non pas celle de l'art qu'on se vante toujours d'avoir. Mais il est bon qu'il y ait tant de ces gens-là au monde qui ne soient pas pyrrhoniens pour la gloire du pyrrhonisme, afin de montrer que l'homme est bien capable des plus extravagantes opinions, puisqu'il est capable de croire qu'il n'est pas dans cette faiblesse naturelle et inévitable, et de croire, qu'il est au

1. Horace cité par Montaigne (1, 48). Les changements sont agréables aux puissants le plus souvent.

2. Tite Live, d'après Montaigne (1, 40). Pour ce peuple violent, il n'est pas de vie sans armes.

contraire dans la sagesse naturelle. Rien ne fortifie plus le pyrrhonisme que ce qu'il y en a qui ne sont point pyrrhoniens[1]. Si tous l'étaient ils auraient tort.

1. Philosophes sceptiques qui dévaluent la raison mais la supposent.

34. Cette secte se fortifie par ses ennemis plus que par ses amis, car la faiblesse de l'homme paraît bien davantage en ceux qui ne la connaissent pas qu'en ceux qui la connaissent.

35. Talon de soulier. Ô que cela est bien tourné ! Que voilà un habile ouvrier ! Que ce soldat est hardi ! Voilà la source de nos inclinations et du choix des conditions. Que celui-là boit bien, que celui-là boit peu : voilà ce qui fait les gens sobres et ivrognes, soldats, poltrons, etc.

36. Qui ne voit pas la vanité du monde est bien vain lui-même. Aussi qui ne la voit, excepté de jeunes gens qui sont tous dans le bruit, dans le divertissement et dans la pensée de l'avenir. Mais ôtez leur divertissement vous les verrez se sécher d'ennui. Ils sentent alors leur néant sans le connaître, car c'est bien être malheureux que d'être dans une tristesse insupportable, aussitôt qu'on est réduit à se considérer, et à n'en être point diverti.

37. Métiers. La douceur de la gloire est si grande qu'à quelque objet qu'on l'attache, même à la mort, on l'aime.

38. Trop et trop peu de vin. Ne lui en donnez pas : il ne peut trouver la vérité. Donnez-lui en trop : de même.

39. Les hommes s'occupent à suivre une balle et un lièvre : c'est le plaisir même des rois.

40. Quelle vanité que la peinture qui attire l'admiration par la ressemblance des choses, dont on n'admire point les originaux !

41. Deux infinis, milieu. Quand on lit trop vite ou trop doucement on n'entend rien.

42. Combien de royaumes nous ignorent !

43. Peu de chose nous console parce que peu de chose nous afflige.

44. Imagination. C'est cette partie dominante de l'homme, cette maîtresse d'erreur et de fausseté, et d'autant plus fourbe qu'elle ne l'est pas toujours, car elle serait règle infaillible de vérité, si elle l'était infaillible du mensonge. Encore.

Mais étant le plus souvent fausse elle ne donne aucune marque de sa qualité marquant du même caractère le vrai et le faux. Je ne parle pas des fous, je parle des plus sages, et c'est parmi eux que l'imagination a le grand droit de persuader les hommes. La raison a beau crier, elle ne peut mettre le prix aux choses.

Cette superbe puissance ennemie de la raison, qui se plaît à la contrôler et à la dominer, pour montrer combien elle peut en toutes choses, a établi dans l'homme une seconde nature. Elle a ses heureux, ses malheureux, ses sains, ses malades, ses riches, ses pauvres. Elle fait croire, douter, nier la raison. Elle suspend les sens, elle les fait sentir. Elle a ses fous et ses sages. Et rien ne nous dépite davantage que de voir qu'elle remplit ses hôtes d'une satisfaction bien autrement pleine et entière que la raison. Les habiles par imagination se plaisent tout autrement à eux-mêmes que les prudents ne se peuvent raisonnablement plaire. Ils regardent les gens avec empire, ils disputent avec hardiesse et confiance les autres avec crainte et défiance et cette gaieté de visage leur donne souvent l'avantage dans l'opinion des écoutants, tant les sages imaginaires ont de faveur auprès des juges de même nature. Elle ne peut rendre sages les fous mais elle les rend heureux, à l'envi de la raison qui ne peut rendre ses amis que misérables, l'une les couvrant de gloire, l'autre de honte.

Qui dispense la réputation, qui donne le respect et la vénération aux personnes, aux ouvrages, aux lois, aux grands, sinon cette faculté imaginante. Toutes les richesses de la terre insuffisantes sans son consentement. Ne diriez-vous pas que ce magistrat dont la vieillesse vénérable impose le respect à tout un peuple se gouverne par une raison pure et sublime, et qu'il juge des choses par leur nature sans s'arrêter à ces vaines circonstances qui ne blessent que l'imagination des faibles. Voyez le entrer dans un sermon, où il apporte un zèle tout dévot renforçant la solidité de sa raison par l'ardeur de sa charité ; le voilà prêt à l'ouïr avec un respect exemplaire. Que le prédicateur vienne à paraître, si la nature lui a donné une voix enrouée et un tour de visage bizarre, que son barbier l'ait mal rasé, si le hasard l'a encore barbouillé de surcroît, quelque grandes vérités qu'il annonce je parie la perte de la gravité de notre sénateur.

Le plus grand philosophe du monde sur une planche plus large qu'il ne faut, s'il y a au-dessous un précipice, quoique sa raison le convainque de sa sûreté, son imagination prévaudra. Plusieurs n'en sauraient soutenir la pensée sans pâlir et suer.

Je ne veux pas rapporter tous ses effets ; qui ne sait que la vue des chats, des rats, l'écrasement d'un charbon, etc. Emportent la raison hors des gonds. Le ton de voix impose aux plus sages et change un discours et un poème de force.

L'affection ou la haine, changent la justice de face, et combien un avocat bien payé par avance trouve(-t-)il plus juste la cause qu'il plaide. Combien son geste hardi la fait-il paraître meilleure aux juges dupés par cette apparence. Plaisante raison qu'un vent manie et à tous sens. Je rapporterais presque toutes les actions des hommes qui ne branlent presque que par ses secousses. Car la raison a été obligée de céder, et la plus sage prend pour ses principes ceux que l'imagination des hommes a témérairement introduits en chaque lieu. *(Qui voudrait ne suivre que la raison serait fou prouvé. Il faut, puisqu'il y a plu, travailler tout le jour pour des biens reconnus imaginaires et quand le sommeil nous a délassés des fatigues de notre raison il faut incontinent se lever en sursaut pour aller courir après les fumées et essuyer les impressions de cette maîtresse du monde.)*

(Voilà un des principes d'erreur, mais ce n'est pas le seul.)

(L'homme a bien eu raison d'allier ces deux puissances, quoique dans cette paix l'imagination ait bien amplement l'avantage, car dans la guerre elle l'a bien plus entier. Jamais la raison (ne surmonte) totalement l'imagination, (mais le) contraire est ordinaire.)

Nos magistrats ont bien connu ce mystère. Leurs robes rouges, leurs hermines dont ils s'emmaillotent en chaffourés, les palais où ils jugent, les fleurs de lys, tout cet appareil auguste était fort nécessaire, et si les médecins n'avaient des soutanes et des mules, et que les docteurs n'eussent des bonnets carrés et des robes trop amples de quatre parties, jamais ils n'auraient dupé le monde qui ne peut résister à cette montre si authentique. S'ils avaient la véritable justice, et si les médecins avaient le vrai art de guérir ils n'auraient que faire de bonnets carrés. La majesté de ces sciences serait assez vénérable d'elle-même, mais n'ayant que des sciences imaginaires il faut qu'ils prennent ces vains instruments qui frappent l'imagination à laquelle ils ont affaire et par là en effet ils s'attirent le respect.

Les seuls gens de guerre ne se sont pas déguisés de la sorte parce qu'en effet leur part est plus essentielle. Ils s'établissent par la force, les autres par grimace.

C'est ainsi que nos rois n'ont pas recherché ces déguisements. Ils ne se sont pas masqués d'habits extraordinaires pour paraître tels. Mais ils se sont accompagnés de gardes, de *troupes*, de hallebardes. Ces troupes armées qui n'ont de mains et de force que pour eux, les trompettes et les tambours qui marchent au-devant et ces légions qui les environnent font trembler les plus fermes. Ils n'ont pas l'habit, seulement ils ont la force. Il faudrait avoir une raison bien épurée pour regarder comme un autre homme le grand seigneur environné dans son superbe sérail de quarante mille janissaires.

Nous ne pouvons pas seulement voir un avocat en soutane et le bonnet en tête sans une opinion avantageuse de sa suffisance.

L'imagination dispose de tout; elle fait la beauté, la justice et le bonheur qui est le tout du monde. Je voudrais de bon cœur voir le livre italien dont je ne connais que le titre, qui vaut lui seul bien des livres, *Dell'opinione regina del mondo*. J'y souscris sans le connaître, sauf le mal s'il y en a.

Voilà à peu près les effets de cette faculté trompeuse qui semble nous être donnée exprès pour nous induire à une erreur nécessaire. Nous en avons bien d'autres principes.

Les impressions anciennes ne sont pas seules capables de nous abuser, les charmes de la nouveauté ont le même pouvoir. De là vient toute la dispute des hommes, qui se reprochent ou de suivre leurs fausses impressions de l'enfance, ou de courir témérairement après les nouvelles. Qui tient le juste milieu qu'il paraisse et qu'il le prouve. Il n'y a principe, quelque naturel qu'il puisse être, même depuis l'enfance, fasse passer pour une fausse impression soit de l'instruction, soit des sens.

Parce, dit-on, que vous avez cru dès l'enfance qu'un coffre était vide, lorsque vous n'y voyiez rien, vous avez cru le vide possible. C'est une illusion de vos sens, fortifiée par la coutume, qu'il faut que la science corrige. Et les autres disent, parce qu'on vous a dit dans l'école qu'il n'y a point de vide on a corrompu votre sens commun qui le comprenait si nettement avant cette mauvaise impression, qu'il faut corriger en recourant à votre première nature. Qui a donc trompé? Les sens ou l'instruction[1]?

Nous avons un autre principe d'erreur: les maladies. Elles nous gâtent le jugement et le sens. Et si les grandes l'altèrent sensiblement, je ne doute pas que les petites n'y fassent impression à leur proportion.

Notre propre intérêt est encore un merveilleux instrument pour nous crever les yeux agréablement. Il n'est pas

1. Pascal prend position bien sûr pour la seconde hypothèse mais n'épouse pas pour autant l'idée que les sens nous font connaître le vide.

permis au plus équitable homme du monde d'être juge en sa cause. J'en sais qui, pour ne pas tomber dans cet amour-propre, ont été les plus injustes du monde à contre-biais. Le moyen sûr de perdre une affaire toute juste était de la leur faire recommander par leurs proches parents. La justice et la vérité sont deux pointes si subtiles que nos instruments sont trop mousses pour y toucher exactement. S'ils y arrivent ils en écachent la pointe et appuient tout autour plus sur le faux que sur le vrai.

(L'homme est donc si heureusement fabriqué qu'il n'a aucun principe juste du vrai, et plusieurs excellents du faux. Voyons maintenant combien. Mais la plus plaisante cause de ses erreurs est la guerre qui est entre les sens et la raison.)

45. L'homme n'est qu'un sujet plein d'erreur naturelle, et ineffaçable sans la grâce[1]. Rien ne lui montre la vérité. Tout l'abuse. Ces deux principes de vérité, la raison et les sens, outre qu'ils manquent chacun de sincérité, s'abusent réciproquement l'un l'autre; les sens abusent la raison par de fausses apparences. Et cette même piperie qu'ils apportent à l'âme, ils la reçoivent d'elle à leur tour; elle s'en revanche. Les passions de l'âme les troublent et leur font des impressions fausses. Ils mentent et se trompent à l'envi. Mais outre cette erreur qui vient par accident et par le manque d'intelligence entre ces facultés hétérogènes... (Il faut commencer par là le chapitre des puissances trompeuses.)[2]

46. Vanité. La cause et les effets de l'amour. Cléopâtre[3].

47. Nous ne nous tenons jamais au temps présent. Nous rappelons le passé; nous anticipons l'avenir comme trop lent à venir, comme pour hâter son cours, ou nous rappelons le passé pour l'arrêter comme trop prompt, si imprudents que nous errons dans des temps qui ne sont point nôtres, et ne pensons point au seul qui nous appartient, et si vains que nous songeons à ceux qui ne sont rien, et échappons sans réflexion le seul qui subsiste. C'est que le présent d'ordinaire nous blesse. Nous le cachons à notre vue parce qu'il nous afflige, et s'il nous est agréable nous regrettons de le voir échapper. Nous tâchons de le soutenir par l'avenir, et pensons à disposer les choses qui ne sont pas en notre puissance pour un temps où nous n'avons aucune assurance d'arriver.

Que chacun examine ses pensées. Il les trouvera toutes occupées au passé ou à l'avenir. Nous ne pensons presque point au présent, et si nous y pensons ce n'est que pour en

1. Cette introduction de la grâce, notion théologique, don de dieu qui influence l'homme dans la connaissance est propre à Pascal.

2. Tout ce passage est strictement démarqué de Montaigne. Pascal y rajoute l'exemple du vide et du débat qu'il provoque avec les adversaires aristotéliciens de l'Université.

3. Il s'agit de son nez et de la séduction qu'il exerça sur Antoine, par quoi le destin du monde fut, dit-on, changé.

prendre la lumière pour disposer de l'avenir. Le présent n'est jamais notre fin.

Le passé et le présent sont nos moyens; le seul avenir est notre fin. Ainsi nous ne vivons jamais, mais nous espérons de vivre, et nous disposant toujours à être heureux il est inévitable que nous ne le soyons jamais.

48. L'esprit de ce souverain juge du monde n'est pas si indépendant qu'il ne soit sujet à être troublé par le premier tintamarre qui se fait autour de lui. Il ne faut pas le bruit d'un canon pour empêcher ses pensées. Il ne faut que le bruit d'une girouette ou d'une poulie. Ne vous étonnez point s'il ne raisonne pas bien à présent une mouche bourdonne à ses oreilles: c'en est assez pour le rendre incapable de bon conseil. Si vous voulez qu'il puisse trouver la vérité chassez cet animal qui tient sa raison en échec et trouble cette puissante intelligence qui gouverne les villes et les royaumes.

Le plaisant dieu, que voilà. Ô ridicolosissime heroe[1] !

49. César était trop vieil, ce me semble, pour s'aller amuser à conquérir le monde. Cet amusement était bon à Auguste et à Alexandre. C'étaient des jeunes gens qu'il est difficile d'arrêter, mais César devait être plus mûr.

50. Les suisses s'offensent d'être dits gentilshommes et prouvent leur roture de race pour être jugés dignes des grands emplois.

51. Pourquoi me tuez vous à votre avantage? Je n'ai point d'armes – et quoi ne demeurez vous pas de l'autre côté de l'eau[2]? Mon ami, si vous demeuriez de ce côté je serais un assassin, et cela serait injuste de vous tuer de la sorte. Mais puisque vous demeurez de l'autre côté je suis un brave et cela est juste.

52. Le bon sens. Ils sont contraints de dire: vous n'agissez pas de bonne foi, nous ne dormons pas, etc. Que j'aime à voir cette superbe raison humiliée et suppliante[3]. Car ce n'est pas le langage d'un homme, à qui on dispute son droit, et qui le défend les armes et la force à la main. Il ne s'amuse pas à dire qu'on n'agit pas de bonne foi, mais il punit cette mauvaise foi par la force.

III. MISÈRE

53. Bassesse de l'homme jusqu'à se soumettre aux bêtes, jusques à les adorer.

54. Inconstance. Les choses ont diverses qualités et l'âme diverses inclinations, car rien n'est simple de ce qui s'offre

1. Toujours inspiré de Montaigne où le ton est moins emphatique.

2. Explication laconique. Voir le fragment 20 p. 44.

3. Pascal prend parti dans une vraie guerre contre la raison qu'il se plaît à représenter vaincue et implorante, comme Persée.

à l'âme, et l'âme ne s'offre jamais simple à aucun sujet. De là vient qu'on pleure et qu'on rit d'une même chose.

55. Inconstance. On croit toucher des orgues ordinaires en touchant l'homme. Ce sont des orgues à la vérité, mais bizarres, changeantes, variables. *(Ceux qui ne savent toucher que les ordinaires)* ne seraient pas d'accord sur celles-là. Il faut savoir où sont les (touches).

56. Nous sommes si malheureux que nous ne pouvons prendre plaisir à une chose qu'à condition de nous fâcher si elle réussit mal, ce que mille choses peuvent faire et font à toute heure. (Qui) aurait trouvé le secret de se réjouir du bien sans se fâcher du mal contraire aurait trouvé le point. C'est le mouvement perpétuel.

57. Il n'est pas bon d'être trop libre. Il n'est pas bon d'avoir toutes les nécessités[1].

58. La tyrannie consiste au désir de domination universel et hors de son ordre.

Diverses chambres de forts, de beaux, de bons esprits, de pieux dont chacun règne chez soi, non ailleurs. Et quelquefois ils se rencontrent et le fort et le beau se battent sottement à qui sera le maître l'un de l'autre, car leur maîtrise est de divers genre. Ils ne s'entendent pas. Et leur faute est de vouloir régner partout. Rien ne le peut, non pas même la force : elle ne fait rien au royaume des savants, elle n'est maîtresse que des actions extérieures. Ainsi ces discours sont faux...

58. Tyrannie. La tyrannie est de vouloir avoir par une voie ce qu'on ne peut avoir que par une autre. On rend différents devoirs aux différents mérites, devoir d'amour à l'agrément, devoir de crainte à la force, devoir de créance à la science.

On doit rendre ces devoirs-là, on est injuste de les refuser, et injuste d'en demander d'autres. Ainsi ces discours sont faux, et tyranniques : je suis beau, donc on doit me craindre, je suis fort donc on doit m'aimer, je suis... et c'est de même être faux et tyrannique de dire : il n'est pas fort, donc je ne l'estimerai pas, il n'est pas habile, donc je ne le craindrai pas.

59. Quand il est question de juger si on doit faire la guerre et tuer tant d'hommes, condamner tant d'Espagnols[2] à la mort, c'est un homme seul qui en juge, et encore intéressé : ce devrait être un tiers indifférent.

60. *(En vérité, la vanité des lois il s'en délivrerait, il est donc utile de l'en abuser.)* Sur quoi fondera(-t-)il l'économie du

1. Contrainte, oppression.

2. La très longue guerre contre les Espagnols ne se termine qu'en 1659.

monde qu'il veut gouverner ? Sera-ce sur le caprice de chaque particulier ? Quelle confusion ! Sera-ce sur la justice ? Il l'ignore. Certainement s'il la connaissait il n'aurait pas établi cette maxime, la plus générale de toutes celles qui sont parmi les hommes, que chacun suive les mœurs de son pays. L'éclat de la véritable équité aurait assujetti tous les peuples. Et les législateurs n'auraient pas pris pour modèle, au lieu de cette justice constante, les fantaisies et les caprices des Perses et Allemands. On la verrait plantée par tous les états du monde, et dans tous les temps, au lieu qu'on ne voit rien de juste ou d'injuste qui ne change de qualité en changeant de climat, trois degrés d'élévation du pôle renversent toute la jurisprudence, un méridien décide de la vérité. En peu d'années de possession les lois fondamentales changent, le droit a ses époques, l'entrée de Saturne au Lion nous marque l'origine d'un tel crime. Plaisante justice qu'une rivière borne. Vérité au deçà des Pyrénées, erreur au delà[1].

Ils confessent que la justice n'est pas dans ces coutumes, mais qu'elle réside dans les lois naturelles communes en tout pays. Certainement ils le soutiendraient opiniâtrement si la témérité du hasard qui a semé les lois humaines en avait rencontré au moins une qui fût universelle. Mais la plaisanterie est telle que le caprice des hommes s'est si bien diversifié qu'il n'y en a point.

Le larcin, l'inceste, le meurtre des enfants et des pères, tout a eu sa place entre les actions vertueuses. Se peut-il rien de plus plaisant qu'un homme ait droit de me tuer parce qu'il demeure au delà de l'eau et que son prince a querelle contre le mien, quoique je n'en aie aucune avec lui. Il y a sans doute des lois naturelles, mais cette belle raison corrompue a tout corrompu. *Nihil amplius nostrum est, quod nostrum dicimus artis est. Ex senatus – consultis et plebiscitis crimina exercentur*[2]. *Ut olim vitiis sic nunc legibus laboramus*[3].

De cette confusion arrive que l'un dit que l'essence de la justice est l'autorité du législateur, l'autre la commodité du souverain, l'autre la coutume présente, et c'est le plus sûr. Rien suivant la seule raison n'est juste de soi, tout branle avec le temps. La coutume (est) toute l'équité, par cette seule raison qu'elle est reçue. C'est le fondement mystique de son autorité. Qui la ramènera à son principe l'anéantit. Rien n'est si fautif que ces lois qui redressent les fautes. Qui leur obéit parce qu'elles sont justes, obéit à

1. Toujours le thème du fragment 20 mais allusion à l'astrologie judiciaire très pratiquée encore (par exemple Robert Fludd est un vestige de la Renaissance).

2. Cicéron, (*De finibus*, V, 21) : « Rien ne nous appartient vraiment (dans la vertu) que ». Sénèque (Lettre 95) : « C'est en vertu de décrets et de plébiscites qu'on commet des crimes ».

3. Tacite (*Annales* III, 9) cité par Montaigne : « Autrefois nous souffrions de nos vices, maintenant nous souffrons de nos lois ».

la justice qu'il imagine, mais non pas à l'essence de la loi. Elle est toute ramassée en soi. Elle est loi et rien davantage. Qui voudra en examiner le motif le trouvera si faible et si léger que s'il n'est accoutumé à contempler les prodiges de l'imagination humaine, il admirera qu'un siècle lui ait tant acquis de pompe et de révérence. L'art de fronder, bouleverser les états est d'ébranler les coutumes établies en sondant jusque dans leur source pour marquer leur défaut d'autorité et de justice. Il faut, dit-on, recourir aux lois fondamentales et primitives de l'état qu'une coutume injuste a abolies. C'est un jeu sûr pour tout perdre ; rien ne sera juste à cette balance. Cependant le peuple prête aisément l'oreille à ces discours, ils secouent le joug dès qu'ils le reconnaissent, et les grands en profitent à sa ruine, et à celle de ces curieux examinateurs des coutumes reçues. C'est pourquoi le plus sage des législateurs disait que pour le bien des hommes, il faut souvent les piper, et un autre bon politique. *Cum veritatem qua libertinage ignoret, expedit quod fallatur*[1]. Il ne faut pas qu'il sente la vérité de l'usurpation ; elle a été introduite autrefois sans raison, elle est devenue raisonnable. Il faut la faire regarder comme authentique, éternelle et en cacher le commencement, si on ne veut qu'elle ne prenne bientôt fin.

61. Justice. Comme la mode fait l'agrément aussi fait-elle la justice.

62. Qui aurait eu l'amitié du roi d'Angleterre, du roi de Pologne et de la reine de Suède, aurait-il cru manquer de retraite et d'asile au monde ?

63. La gloire. L'admiration gâte tout dès l'enfance. Ô que cela est bien dit ! ô qu'il a bien fait, qu'il est sage, etc. Les enfants de P. R.[2] auxquels on ne donne point cet aiguillon d'envie et de gloire tombent dans la nonchalance.

64. Mien, tien. Ce chien est à moi, disaient ces pauvres enfants. C'est là ma place au soleil. Voilà le commencement et l'image de l'usurpation de toute la terre.

65. Diversité. La théologie est une science, mais en même temps combien est-ce de sciences ? Un homme est un suppôt[3], mais si on l'anatomise que sera-ce ? La tête, le cœur, l'estomac, les veines, chaque veine, chaque portion de veine, le sang, chaque humeur de sang. Une ville, une campagne, de loin c'est une ville et une campagne, mais à mesure qu'on s'approche, ce sont des maisons, des arbres,

1. Augustin, *Cité de Dieu*, cité par Montaigne : « Quand il s'enquiert de cette vérité qui doit le délivrer, on estime qu'il lui est bon d'être trompé ».

2. Les jansénistes avaient eu à cœur de créer des lieux d'enseignement qui se distinguent de ceux des jésuites. Pascal travaillait à un manuel de géométrie pour les petites écoles. La pédagogie y était moins directive et coercitive que chez les jésuites, laissant chaque enfant se développer à son rythme et selon ses moyens. Pascal montre ici qu'il n'est pas un inconditionnel de Port-Royal.

3. Support unitaire, individu ou substance, susceptible d'être habité par un esprit. Allusion aux premières observations à la lunette depuis l'invention de Galilée en 1602.

des tuiles, des feuilles, des herbes, des fourmis, des jambes de fourmis, à l'infini. Tout cela s'enveloppe sous le nom campagne[1].

66. Injustice. Il est dangereux de dire au peuple que les lois ne sont pas justes, car il n'y obéit qu'à cause qu'il les croit justes. C'est pourquoi il lui faut dire en même temps qu'il y faut obéir parce qu'elles sont lois, comme il faut obéir aux supérieurs non pas parce qu'ils sont justes, mais parce qu'ils sont supérieurs. Par là voilà toute sédition prévenue, si on peut faire entendre cela et que proprement (c'est) la définition de la justice.

67. Injustice. La juridiction ne se donne pas pour (le) juridiciant mais pour le juridicié : il est dangereux de le dire au peuple, mais le peuple a trop de croyance en vous ; cela ne lui nuira pas et peut vous servir. Il faut donc le publier. *Pasce oves meas non tuas*[2]. Vous me devez pâture.

68. Quand je considère la petite durée de ma vie absorbée dans l'éternité précédente et suivante – *memoria hospitis unius diei praetereuntis*[3] – le petit espace que je remplis et même que je vois abîmé dans l'infinie immensité des espaces que j'ignore et qui m'ignorent, je m'effraye et m'étonne de me voir ici plutôt que là, car il n'y a point de raison pourquoi ici plutôt que là, pourquoi à présent plutôt que lors. Qui m'y a mis ? Par l'ordre et la conduite de qui ce lieu et ce temps a(-t-)il été destiné à moi ?

69. Misère. Job et Salomon[4].

70. Si notre condition était véritablement heureuse il ne faudrait pas nous divertir d'y penser.

71. Contradiction. Orgueil contrepesant toutes les misères, ou il cache ses misères, ou il les découvre ; il se glorifie de les connaître.

72. Il faut se connaître soi-même. Quand cela ne servirait pas à trouver le vrai cela au moins sert à régler sa vie, et il n'y a rien de plus juste.

73. Le sentiment de la fausseté des plaisirs présents et l'ignorance de la vanité des plaisirs absents cause l'inconstance.

74. Injustice. Ils n'ont point trouvé d'autre moyen de satisfaire leur concupiscence sans faire tort aux autres. Job et Salomon.

75. L'Ecclésiaste montre que l'homme sans Dieu est dans l'ignorance de tout et dans un malheur inévitable, car c'est être malheureux que de vouloir et ne pouvoir. Or

1. Fascination de Pascal pour la dissolution de ce qu'on croyait maîtriser sous des idées générales, quand on voit de plus près. Voir **Dossier : Grandes Thèses**, Le point d'une juste perspective : le Souverain Bien, p. 151 et suiv.

2. C'est Jésus qui parle à Saint Pierre.

3. Souvenir de l'hôte passant d'un seul jour (*Livre de la Sagesse*).

4. Job et l'Ecclésiaste, auteurs présumés de deux textes particulièrement pessimistes dans la Bible.

il veut être heureux et assuré de quelque vérité. Et cependant il ne peut ni savoir ni ne désirer point de savoir. Il ne peut même douter.

76. *(Mais peut-être que ce sujet passe la portée de la raison. Examinons donc ces inventions sur les choses de sa force. S'il y a quelque chose que son intérêt propre ait dû à faire appliquer de son plus sérieux, c'est à la recherche de son Souverain Bien. Voyons donc où ces âmes fortes et clairvoyantes l'ont placé. Et si elles en sont d'accord.*

L'un dit que le souverain bien est dans la vertu, l'autre à suivre la nature, l'autre en la vérité – felix qui potuit rerum cognescere causas – *l'autre à l'ignorance totale, l'autre à l'indolence, d'autres à résister aux apparences, l'autre à n'admirer rien* – nihil mirari prope res una quae possit facere et servare beatum –, *et les braves pyrhonnien en leur ataraxie, doute et suspension perpétuels. Et d'autres plus sages qu'on ne le peut trouver, n'ont pas même par souhait. Nous voilà bien payés*

Transposer après les lois article suivant:

Faut-il voir si cette belle philosophie n'a rien acquis de certain par un travail si long et si tendu, peut-être qu'au moins l'âme se connaîtra soi-même. Écoutons les régents du monde sur ce sujet. Qu'ont-ils pensé de sa substance?

Ont-ils été plus heureux à la loger?

Qu'ont-ils trouvé de son origine, de sa durée, de son départ?

Est-ce donc que l'âme est encore un sujet trop noble pour ses faibles lumières? Abaissons-la donc à la matière, voyons si elle sait de quoi est fait le propre corps qu'elle anime et les autres qu'elle contemple ou qu'elle remue à son grès.

Qu'en ont-ils connu ces grands dogmatistes qui n'ignorent rien?

Harum sententiarum.

Cela suffirait sans doute si la raison était raisonnable.

Elle l'est bien assez pour avouer qu'elle n'a pu encore trouver rien de ferme. Mais elle ne désespère pas encore d'y arriver; au contraire elle est aussi ardente que jamais dans cette recherche et s'assure d'avoir en soi les forces nécessaires pour cette conquête.

Il faut donc l'achever et après avoir examiné ces puissances dans leurs effets, reconnaissons-les en elles-mêmes. Voyons si elle quelques forces et quelques prises capables de saisir la vérité.)

IV. ENNUI[1]

77. Orgueil. Curiosité n'est que vanité. Le plus souvent on ne veut savoir que pour en parler, autrement on ne voyagerait pas sur la mer pour ne jamais en rien dire et

1. A un sens plus fort qu'aujourd'hui. Voir **Lexique**, p. 173.

pour le seul plaisir de voir, sans espérance d'en jamais communiquer.

78. Description de l'homme. Dépendance, désir d'indépendance, besoins.

79. L'ennui qu'on a de quitter les occupations où l'on s'est attaché. Un homme vit avec plaisir en son ménage; qu'il voie une femme qui lui plaise, qu'il joue cinq ou six jours avec plaisir, le voilà misérable s'il retourne à sa première occupation. Rien n'est plus ordinaire que cela.

V. RAISONS DES EFFETS[1]

80. Le respect est: incommodez-vous. Cela est vain en apparence mais très juste, car c'est dire: je m'incommoderais bien si vous en aviez besoin, puisque je le fais bien sans que cela vous serve, outre que le respect est pour distinguer les grands. Or si le respect était d'être en fauteuil on respecterait tout le monde et ainsi on ne distinguerait pas. Mais étant incommodé on distingue fort bien.

81. Les seules règles universelles sont les lois du pays aux choses ordinaires et la pluralité aux autres. D'où vient cela? De la force qui y est.

Et de là vient que les rois qui ont la force d'ailleurs ne suivent pas la pluralité de leurs ministres. Sans doute l'égalité des biens est juste mais ne pouvant faire qu'il soit forcé d'obéir à la justice on a fait qu'il soit juste d'obéir à la force. Ne pouvant fortifier la justice on a justifié la force, afin que le juste et le fort fussent ensemble et que la paix fût, qui est le souverain bien.

82. La sagesse nous envoie à l'enfance. *Nisi efficiamini sicut parvuli*[2].

83. Le monde juge bien des choses, car il est dans l'ignorance naturelle qui est le vrai siège de l'homme. Les sciences ont deux extrémités qui se touchent, la première est la pure ignorance naturelle où se trouvent tous les hommes en naissant, l'autre extrémité est celle où arrivent les grandes âmes qui ayant parcouru tout ce que les hommes peuvent savoir trouvent qu'ils ne savent rien et se rencontrent en cette même ignorance d'où ils étaient partis, mais c'est une ignorance savante[3] qui se connaît. Ceux d'entre deux qui sont sortis de l'ignorance naturelle et n'ont pu arriver à l'autre, ont quelque teinture de cette science suffisante, et font les entendus. Ceux-là troublent le monde et jugent mal de tout.

1. L'expression est employée par Madame de Sévigné (*Lettre à sa fille*, nov. 1671). Elle est renvoyée au domaine de la philosophie pour expliquer, par exemple, pourquoi on peut délicieusement verser des pleurs de joie. Étrange coïncidence.

2. Matthieu, XVIII, 3: Si vous ne vous rendez pas comme des tout petits (sous entendu: le royaume des cieux vous sera fermé).

3. Référence à *La Docte ignorance* de Nicolas de Cues; extension mystique de la sagesse socratique qui sait qu'elle ne sait rien. Pascal détourne ici ce concept afin de déconsidérer l'espoir cartésien en la science et les lumières des demi-habiles.

Le peuple et les habiles composent le train du monde ; ceux-là le méprisent et sont méprisés. Ils jugent mal de toutes choses, et le monde en juge bien[1].

84. Descartes[2].

(Il faut dire en gros : cela se fait par figure et mouvement. Car cela est vrai, mais de dire quelles et composer la machine, cela est ridicule. Car cela est inutile et pénible. Et quand cela serait vrai, nous n'estimons pas que toute la philosophie vaille une heure de peine.)

85. *Summum jus, summa injuria*[3].

La pluralité est la meilleure voie parce qu'elle est visible et qu'elle a la force pour se faire obéir. Cependant c'est l'avis des moins habiles.

Si l'on avait pu l'on aurait mis la force entre les mains de la justice, mais comme la force ne se laisse pas manier comme on veut parce que c'est une qualité palpable, au lieu que la justice est une qualité spirituelle dont on dispose comme on veut. On l'a mise entre les mains de la force et ainsi on appelle juste ce qu'il est force d'observer.

(De là) vient le droit de l'épée, car l'épée donne un véritable droit.

Autrement on verrait la violence d'un côté et la justice de l'autre. Fin de la douzième *Provinciale*[4].

De là vient l'injustice de la Fronde, qui élève sa prétendue justice contre la force.

Il n'en est pas de même dans l'Église, car il y a une justice véritable et nulle violence.

86. Nous n'en avons plus. Si nous en avions nous ne prendrions pas pour règle de justice de suivre les mœurs de son pays.

C'est là que ne pouvant trouver le juste on a trouvé le fort, etc.

87. Le chancelier est grave et revêtu d'ornements. Car son poste est faux et non le roi. Il a la force, il n'a que faire de l'imagination. Les juges, médecins, etc., n'ont que l'imagination.

88. C'est l'effet de la force, non de la coutume, car ceux qui sont capables d'inventer sont rares. Les plus forts en nombre ne veulent que suivre et refusent la gloire à ces inventeurs qui la cherchent par leurs inventions et s'ils s'obstinent à la vouloir obtenir et mépriser ceux qui n'inventent pas, les autres leur donneront des noms ridicules, leur donneraient des coups de bâtons. Qu'on ne se pique donc pas de cette subtilité, ou qu'on se contente en soi-même.

1. Les demi-habiles sont des gens de bel esprit, voire honnêtes hommes, public raisonnable et cultivé, à qui Pascal dénie le droit à la vérité au profit du peuple et de lui-même, représentant les esprits supérieurs. Juger mal et troubler l'ordre, c'est le critiquer.

2. Cette diatribe contre Descartes porte surtout sur sa théorie physique que Pascal juge dépassée ou vaine. Mais son jugement péremptoire à l'égard de la philosophie est à prendre au sens plus général.

3. Le célèbre aphorisme : « le sommet du droit c'est le sommet de l'injustice » pointe les conséquences négatives d'une trop grande confiance dans le droit.

4. « Tous les efforts de la violence ne peuvent affaiblir la vérité... Toutes les lumières de la vérité ne peuvent rien pour arrêter la violence. » Dire que l'épée donne un véritable droit, suppose que le droit se définisse en vérité comme ce que l'épée peut faire respecter. La Fronde comme rébellion contre le pouvoir ne pouvait que rebuter Pascal, même s'il pouvait parfois être de cœur avec certains de ses partisans. N'oublions pas que son père avait participé à des protestations et contribué à en réprimer d'autres en Normandie.

89. Raison des effets. Cela est admirable : on ne veut pas que j'honore un homme vêtu de brocatelle et suivi de sept ou huit laquais. Et quoi ! Il me fera donner des étrivières si je ne le salue. Cet habit c'est une force. C'est bien de même qu'un cheval bien enharnaché à l'égard d'un autre. Montaigne est plaisant de ne pas voir quelle différence il y a et d'admirer qu'on y en trouve et d'en demander la raison[1]. De vrai, dit-il, d'où vient, etc.

90. Raison des effets. Gradation. Le peuple honore les personnes de grande naissance, les demi-habiles les méprisent disant que la naissance n'est pas un avantage de la personne mais du hasard. Les habiles les honorent, non par la pensée du peuple mais par la pensée de derrière. Les dévots qui ont plus de zèle que de science les méprisent malgré cette considération qui les fait honorer par les habiles, parce qu'ils en jugent par une nouvelle lumière que la piété leur donne, mais les chrétiens parfaits les honorent par un(e) autre lumière supérieure.

Ainsi se vont les opinions succédant du pour au contre selon qu'on a de lumière.

91. Raison des effets. Il faut avoir une pensée de derrière, et juger de tout par là, en parlant cependant comme le peuple[2].

92. Raison des effets. Il est donc vrai de dire que tout le monde est dans l'illusion, car encore que les opinions du peuple soient saines, elles ne le sont pas dans sa tête, car il pense que la vérité est où elle n'est pas. La vérité est bien dans leurs opinions, mais non pas au point où ils se figurent. Il est vrai qu'il faut honorer les gentilshommes, mais non pas parce que la naissance est un avantage effectif, etc.

93. Raison des effets. Renversement continuel du pour au contre.

Nous avons donc montré que l'homme est vain par l'estime qu'il fait des choses qui ne sont point essentielles. Et toutes ces opinions sont détruites.

Nous avons montré ensuite que toutes ces opinions sont très saines, et qu'ainsi toutes ces vanités étant très bien fondées, le peuple n'est pas si vain qu'on dit. Et ainsi nous avons détruit l'opinion qui détruisait celle du peuple.

Mais il faut détruire maintenant cette dernière proposition et montrer qu'il demeure toujours vrai que le peuple est vain, quoique ces opinions soient saines, parce qu'il n'en sent pas la vérité où elle est et que la mettant où elle

1. Montaigne, visé ici comme demi-habile, qui raille l'absurdité des apparences sociales, et ne la dépasse pas pour voir la raison qui est au fond des choses.

2. L'habile n'est pas dupe mais il se rencontre avec le peuple. Sagesse supérieure ou prudence ?

n'est pas, ses opinions sont toujours très fausses et très mal saines[1].

94. Opinions du peuple saines.

Le plus grand des maux est les guerres civiles.

Elles sont sûres si on veut récompenser les mérites, car tous diront qu'ils méritent. Le mal à craindre d'un sot qui succède par droit de naissance n'est ni si grand, ni si sûr.

95. Opinions du peuple saines.

Être brave n'est pas trop vain, car c'est montrer qu'un grand nombre de gens travaillent pour soi. C'est montrer par ses cheveux qu'on a un valet de chambre, un parfumeur, etc., par son rabat, le fil, le passement, etc. Or ce n'est pas une simple superficie, ni un simple harnais d'avoir plusieurs bras. Plus on a de bras, plus on est fort. être brave c'est montrer sa force.

96. Raison des effets. La faiblesse de l'homme est la cause de tant de beautés qu'on établit, comme de savoir bien jouer du luth n'est un mal qu'à cause de notre faiblesse.

97. Raison des effets. La concupiscence et la force sont les sources de toutes nos actions. La concupiscence fait les volontaires, la force les involontaires.

98. D'où vient qu'un boiteux ne nous irrite pas et un esprit boiteux nous irrite ? à cause qu'un boiteux reconnaît que nous allons droit et qu'un esprit boiteux dit que c'est nous qui boitons. Sans cela nous en aurions pitié et non colère.

Épictète demande bien plus fortement : pourquoi ne nous fâchons-nous pas si on dit que nous avons mal à la tête, et que nous nous fâchons de ce qu'on dit que nous raisonnons mal ou que nous choisissons mal.

99. Ce qui cause cela est que nous sommes bien certains que nous n'avons pas mal à la tête, et que nous ne sommes pas boiteux, mais nous ne sommes pas si assurés que nous choisissons le vrai. De sorte que n'en ayant d'assurance qu'à cause que nous le voyons de toute notre vue, quand un autre voit de toute sa vue le contraire, cela nous met en suspens et nous étonne. Et encore plus quand mille autres se moquent de notre choix, car il faut préférer nos lumières à celles de tant d'autres. Et cela est hardi et difficile. Il n'y a jamais cette contradiction dans les sens touchant un boiteux. L'homme est ainsi fait qu'à force de lui dire qu'il est un sot il le croit. Et à force de se le dire à soi-même on se le fait croire, car l'homme fait lui seul une conversation

1. Comment peut-on recommander de parler comme le peuple si au fond il est vain et ses opinions malsaines ? Voir **Dossier : Grandes Thèses**, p. 146 et **Concepts clés**, Contrariété(s) p. 136.

intérieure, qu'il importe de bien régler. *Corrumpunt bonos mores colloquia prava.* Il faut se tenir en silence autant qu'on peut et ne s'entretenir que de Dieu qu'on sait être la vérité, et ainsi on se le persuade à soi-même[1].

100. Raison des effets. Épictète. Ceux qui disent: vous (avez) mal à la tête, ce n'est pas de même. On est assuré de la santé, et non pas de la justice, et en effet la sienne était une niaiserie.

Et cependant il la croyait démontrer en disant ou en notre puissance ou non.

Mais il ne s'apercevait pas qu'il n'est pas en notre pouvoir de régler le cœur, et il avait tort de le conclure de ce qu'il y avait des chrétiens[2].

101. Le peuple a les opinions très saines. Par exemple :

1. D'avoir choisi le divertissement, et la chasse plutôt que la prise. Les demi-savants s'en moquent et triomphent à montrer là-dessus la folie du monde, mais par une raison qu'ils ne pénètrent pas. On a raison :

2. D'avoir distingué les hommes par le dehors, comme par la noblesse ou le bien. Le monde triomphe encore à montrer combien cela est déraisonnable. Mais cela est très raisonnable. Cannibales se rient d'un enfant roi[3].

3. De s'offenser pour avoir reçu un soufflet ou de tant désirer la gloire, mais cela est très souhaitable à cause des autres biens essentiels qui y sont joints. Et un homme qui a reçu un soufflet sans s'en ressentir est accablé d'injures et de nécessités.

4. Travailler pour l'incertain, aller sur mer, passer sur une planche.

102. *(Il faut que les Juifs ou les chrétiens soient méchants*[4].*)*

103. Justice, force. Il est juste que ce qui est juste soit suivi; il est nécessaire que ce qui est le plus fort soit suivi.

La justice sans la force est impuissante, la force sans la justice est tyrannique. La justice sans force est contredite, parce qu'il y a toujours des méchants.

La force sans la justice est accusée. Il faut donc mettre ensemble la justice et la force, et pour cela faire que ce qui est juste soit fort ou que ce qui est fort soit juste.

La justice est sujette à dispute. La force est très reconnaissable et sans dispute. Aussi on n'a pu donner la force à la justice, parce que la force a contredit la justice et a dit qu'elle était injuste, et a dit que c'était elle qui était juste.

Et ainsi ne pouvant faire que ce qui est juste fût fort on a fait que ce qui est fort fût juste.

1. Paul aux Corinthiens, XV, 35: « Les mauvais entretiens gâtent les bonnes mœurs ».

2. Allusion à la morale stoïcienne qui a pour base la distinction entre ce qui dépend de nous ou non. Jugement pour le moins cavalier sur cette philosophie à laquelle il emprunte beaucoup. La référence aux chrétiens est beaucoup moins claire dans Épictète (*Dissertations d'Arrien*, IV, 7, 6) qui parle de Galiléens agissant par folie ou coutume, pour ignorer la tyrannie.

3. Allusion au fameux passage de Montaigne sur la visite des Cannibales à Rouen, par lequel il déstabilise le conformisme des idées reçues. Pour Pascal, c'est une critique superficielle car il y a de bonnes raisons si elles sont reçues.

4. Pensée particulièrement retorse: il est impossible de décider si Pascal suppose sincèrement l'alternative ouverte ou si la réponse est acquise d'avance. En tout cas faute de contexte l'ironie ne semble pas jouer ici (comme plus tard dans un texte analogue de Montesquieu sur l'âme des nègres au livre XV de *L'Esprit des lois*).

104. Que la noblesse est un grand avantage qui dès 18 ans met un homme en passe, connu et respecté comme un autre pourrait avoir mérité à cinquante ans. C'est trente ans gagnés sans peine.

VI. GRANDEUR

105. Si un animal faisait par esprit ce qu'il fait par instinct, et s'il parlait par esprit ce qu'il parle par instinct pour la chasse et pour avertir ses camarades que la proie est trouvée ou perdue, il parlerait bien aussi pour des choses où il a plus d'affection, comme pour dire : rongez cette corde qui me blesse et où je ne puis atteindre.

106. Grandeur. Les raisons des effets marquent la grandeur de l'homme, d'avoir tiré de la concupiscence un si bel ordre[1].

107. Le bec du perroquet qu'il essuie, quoiqu'il soit net.

108. Qu'est-ce qui sent du plaisir en nous ? Est-ce la main, est-ce le bras, est-ce la chair, est-ce le sang ? On verra qu'il faut que ce soit quelque chose d'immatériel.

109. Contre le pyrrhonisme. *(C'est donc une chose étrange qu'on ne peut définir ces choses sans les obscurcir. Nous en parlons à toute heure.)*[2] Nous supposons que tous les conçoivent de même sorte. Mais nous le supposons bien gratuitement, car nous n'en avons aucune preuve. Je vois bien qu'on applique ces mots dans les mêmes occasions, et que toutes les fois que deux hommes voient un corps changer de place ils expriment tous deux la vue de ce même objet par le même mot, en disant l'un et l'autre qu'il s'est mu, et de cette conformité d'application on tire une puissante conjecture d'une conformité d'idée, mais cela n'est pas absolument convainquant de la dernière conviction quoiqu'il y ait bien à parier pour l'affirmative, puisqu'on sait qu'on tire souvent les mêmes conséquences des suppositions différentes.

Cela suffit pour embrouiller au moins la matière, non que cela éteigne absolument la clarté naturelle qui nous assure de ces choses. Les académiciens[3] auraient gagé, mais cela la ternit et trouble les dogmatistes, à la gloire de la cabale pyrrhonienne qui consiste à cette ambiguïté ambiguë, et dans une certaine obscurité douteuse dont nos doutes ne peuvent ôter toute la clarté, ni nos lumières naturelles en chasser toutes les ténèbres. Verso *(La moindre chose est de cette nature. Dieu est le commencement et la fin.* Eccl.*)*

1. L'ordre social issu de compositions humaines, pourtant détestables, est admirable dans son équilibre où la raison n'est pour rien. Mais il y manque la charité (fr. 118).

2. Comme par exemple ce qu'Augustin dit du temps.

3. Disciples de Platon, dont l'école est l'Académie.

I. La raison.

110. Nous connaissons la vérité non seulement par la raison mais encore par le cœur[1]. C'est de cette dernière sorte que nous connaissons les premiers principes et c'est en vain que le raisonnement, qui n'y a point de part essaie de les combattre. Les pyrrhoniens, qui n'ont que cela pour objet, y travaillent inutilement. Nous savons que nous ne rêvons point. Quelque impuissance où nous soyons de le prouver par raison, cette impuissance ne conclut autre chose que la faiblesse de notre raison, mais non pas l'incertitude de toutes nos connaissances, comme ils le prétendent. Car l(es) connaissances des premiers principes: espace, temps, mouvement, nombres, sont aussi fermes qu'aucune de celles que nos raisonnements nous donnent et c'est sur ces connaissances du cœur et de l'instinct qu'il faut que la raison s'appuie et qu'elle y fonde tout son discours. Le cœur sent qu'il y a trois dimensions dans l'espace et que les nombres sont infinis et la raison démontre ensuite qu'il n'y a point deux nombres carrés dont l'un soit double de l'autre. Les principes se sentent, les propositions se concluent et le tout avec certitude quoique par différentes voies et il est aussi inutile et aussi ridicule que la raison demande au cœur des preuves de ses premiers principes pour vouloir y consentir, qu'il serait ridicule que le cœur demandât à la raison un sentiment de toutes les propositions qu'elle démontre pour vouloir les recevoir.

Cette impuissance ne doit donc servir qu'à humilier la raison-qui voudrait juger de tout mais non pas à combattre notre certitude. Comme s'il n'y avait que la raison capable de nous instruire, plût à dieu que nous n'en eussions au contraire jamais besoin et que nous connussions toutes choses par instinct et par sentiment, mais la nature nous a refusé ce bien; elle ne nous a au contraire donné que très peu de connaissances de cette sorte; toutes les autres ne peuvent être acquis que par raisonnement.

Et c'est pourquoi ceux à qui Dieu a donné la religion par sentiment de cœur sont bienheureux et bien légitimement persuadés, mais ceux qui ne l'ont pas nous ne pouvons la donner que par raisonnement, en attendant que Dieu la leur donne par sentiment de cœur, sans quoi la foi n'est qu'humaine et inutile pour le salut[2].

111. Je puis bien concevoir un homme sans mains, pieds, tête, car ce n'est que l'expérience qui nous

1. Principe central dans la théorie pascalienne de la connaissance (fr. 45). Dieu et le cœur sont la base de la raison, qui n'est pas maîtresse d'elle-même.

2. Une des rares propositions vraiment jansénistes. Non seulement l'évidence du cœur ne nous appartient pas et vient de Dieu par grâce, mais la foi en dépend.

apprend que la tête est plus nécessaire que les pieds. Mais je ne puis concevoir l'homme sans pensée. Ce serait une pierre ou une brute.

112. Instinct et raison, marques de deux natures.

113. Roseau pensant. Ce n'est point de l'espace que je dois chercher ma dignité, mais c'est du règlement de ma pensée. Je n'aurai point d'avantage en possédant des terres. Par l'espace l'univers me comprend et m'engloutit comme un point: par la pensée je le comprends.

114. La grandeur de l'homme est grande en ce qu'il se connaît misérable; un arbre ne se connaît pas misérable.

C'est donc être misérable que de (se) connaître misérable, mais c'est être grand que de connaître qu'on est misérable.

115. Immatérialité de l'âme. Les philosophes qui ont dompté leurs passions, quelle matière l'a pu faire?

116. Toutes ces misères-là même prouvent sa grandeur. Ce sont misères de grand seigneur. Misères d'un roi dépossédé[1].

1. Persée et Paul Émile (voir fr. 117).

117. La grandeur de l'homme. La grandeur de l'homme est si visible qu'elle se tire même de sa misère, car ce qui est nature aux animaux nous l'appelons misère en l'homme par où nous reconnaissons que sa nature étant aujourd'hui pareille à celle des animaux il est déchu d'une meilleure nature qui lui était propre autrefois.

Car qui se trouve malheureux de n'être pas roi sinon un roi dépossédé. Trouvait-on Paul Émile malheureux de n'être pas consul? Au contraire tout le monde trouvait qu'il était heureux de l'avoir été, parce que sa condition n'était pas de l'être toujours. Mais on trouvait Persée si malheureux de n'être plus roi, parce que sa condition était de l'être toujours qu'on trouvait étrange de ce qu'il supportait la vie. Qui se trouve malheureux de n'avoir qu'une bouche et qui ne se trouverait malheureux de n'avoir qu'un œil? On ne s'est peut-être jamais avisé de s'affliger de n'avoir pas trois yeux, mais on est inconsolable de n'en point avoir.

118. Grandeur de l'homme dans sa concupiscence même, d'en avoir su tirer un règlement admirable et en avoir fait un tableau de charité.

VII. CONTRARIÉTÉS

119. Contrariétés. Après avoir montré la bassesse et la grandeur de l'homme. Que l'homme maintenant s'estime son prix. Qu'il s'aime, car il y a en lui une nature capable de bien ; mais qu'il n'aime pas pour cela les bassesses qui y sont. Qu'il se méprise, parce que cette capacité est vide ; mais qu'il ne méprise pas pour cela cette capacité naturelle. Qu'il se haïsse, qu'il s'aime : il a en lui la capacité de connaître la vérité et d'être heureux ; mais il n'a point de vérité, ou constante, ou satisfaisante.

Je voudrais donc porter l'homme à désirer d'en trouver, à être prêt et dégagé des passions, pour la suivre où il la trouvera, sachant combien sa connaissance s'est obscurcie par les passions ; je voudrais bien qu'il haït en soi la concupiscence qui le détermine d'elle-même, afin qu'elle ne l'aveuglât point pour faire son choix, et qu'elle ne l'arrêtât point quand il aura choisi.

120. Nous sommes si présomptueux que nous voudrions être connus de toute la terre et même des gens qui viendront quand nous ne serons plus. Et nous sommes si vains que l'estime de cinq ou six personnes qui nous environnent nous amuse et nous contente.

121. Il est dangereux de trop faire voir à l'homme combien il est égal aux bêtes, sans lui montrer sa grandeur. Et il est encore dangereux de lui trop faire voir sa grandeur sans sa bassesse. Il est encore plus dangereux de lui laisser ignorer l'un et l'autre, mais il est très avantageux de lui représenter l'un et l'autre.

Il ne faut pas que l'homme croie qu'il est égal aux bêtes, ni aux anges, ni qu'il ignore l'un et l'autre, mais qu'il sache l'un et l'autre.

122. A.P.R.[1] Grandeur et misère. La misère se concluant de la grandeur et la grandeur de la misère, les uns ont conclu la misère d'autant plus qu'ils en ont pris pour preuve la grandeur, et les autres concluant la grandeur avec d'autant plus de force qu'ils l'ont conclue de la misère même. Tout ce que les uns ont pu dire pour montrer la grandeur n'a servi que d'un argument aux autres pour conclure la misère, puisque c'est être (d')autant plus misérable qu'on est tombé de plus haut, et les autres au contraire. Ils se sont portés les uns sur les autres, par un cercle sans fin, étant certain qu'à mesure que les hommes ont de lumière ils trouvent et grandeur et misère en l'homme. En un mot l'homme connaît qu'il est misérable. Il est donc misérable puisqu'il l'est, mais il est bien grand puisqu'il le connaît.

123. Contradiction, mépris de notre être, mourir pour rien, haine de notre être.

1. On suppose à Port-Royal. Certains commentateurs croient y voir une allusion à la conférence de 1658 que Pascal y fit sur l'illustration de la religion.

124. Contrariétés[1]. L'homme est naturellement crédule, incrédule, timide, téméraire.

125. Qu'est-ce que nos principes naturels sinon nos principes accoutumés. Et dans les enfants ceux qu'ils ont reçu de la coutume de leurs pères comme la chasse dans les animaux.

Une différente coutume en donnera d'autres principes naturels. Cela se voit par expérience et s'il y en a d'ineffaçables, à la coutume. Il y en a aussi de la coutume contre la nature ineffaçables à la nature et à une seconde coutume. Cela dépend de la disposition.

126. Les pères craignent que l'amour naturel des enfants ne s'efface. Quelle est donc cette nature sujette à être effacée.

La coutume est une seconde nature qui détruit la première. Mais qu'est-ce que nature? Pourquoi la coutume n'est-elle pas naturelle? J'ai grand peur que cette nature ne soit elle-même qu'une première coutume, comme la coutume est une seconde nature.

127. La nature de l'homme se considère en deux manières, l'une selon la fin, et alors il est grand et incomparable; l'autre selon la multitude, comme on juge de la nature du cheval et du chien par la multitude, d'y voir la course *et animum arcendi*, et alors l'homme est abject et vil. Et voilà les deux voies qui en font juger diversement et qui font tant disputer les philosophes.

Car l'un nie la supposition de l'autre. L'un dit: il n'est point né à cette fin, car toutes ses actions y répugnent, l'autre dit: il s'éloigne de la fin quand il fait ces basses actions.

128. Deux choses instruisent l'homme de toute sa nature: l'instinct et l'expérience.

129. Métier. Pensées. Tout est un, tout est divers. Que de natures en celle de l'homme. Que de vacations. Et par quel hasard chacun prend d'ordinaire ce qu'il a ouï estimé. Talon bien tourné[2].

130. S'il se vante je l'abaisse.
S'il s'abaisse je le vante.
Et le contredis toujours.
Jusqu'à ce qu'il comprenne.
Qu'il est un monstre incompréhensible.

131. Les principales forces des pyrrhoniens, je laisse les moindres, sont que nous n'avons aucune certitude de la vérité de ces principes, hors la foi et la révélation, sinon

1. S'oppose à contradiction, car elle est un ressort de mobilité féconde de la pensée, sur lequel Pascal s'entend à jouer, alors que la première la brise. Comme est brisé ici l'amour de soi de la nature déchue.

2. Étrange talon qui renvoie au fragment 35 pour évoquer une virtuosité futile – peut-être comme une pensée trop bien tournée pour être sincère – ou bien le goût des Solitaires pour les activités manuelles.

en (ce) que nous les sentons naturellement en nous. Or ce sentiment naturel n'est pas une preuve convaincante de leur vérité, puisque n'y ayant point de certitude hors la foi[1], si l'homme est créé par un dieu bon, par un démon méchant ou à l'aventure. Il est en doute si ces principes nous sont donnés ou véritables, ou faux, ou incertains selon notre origine.

De plus que personne n'a d'assurance, hors de la foi – s'il veille ou s'il dort, vu que durant le sommeil on croit veiller aussi fermement que nous faisons. Comme on rêve souvent, qu'on rêve entassant un songe sur l'autre. Ne se peut-il faire que cette moitié de la vie n'est elle-même qu'un songe, sur lequel les autres sont entés, dont nous nous éveillons à la mort, pendant laquelle nous avons aussi peu les principes du vrai et du bien que pendant le sommeil naturel. Tout cet écoulement du temps, de la vie, et ces divers corps que nous sentons, ces différentes pensées qui nous y agitent n'étant peut-être que des illusions pareilles à l'écoulement du temps et aux vains fantômes de nos songes. On croit voir les espaces, les figures, les mouvements, on sent couler le temps, on le mesure, et enfin on agit de même qu'éveillé. De sorte que la moitié de la vie se passant en sommeil, par notre propre aveu ou quoi qu'il nous en paraisse. Nous n'avons aucune idée du vrai, tous nos sentiments étant alors des illusions. Qui sait si cette autre moitié de la vie où nous pensons veiller n'est pas un autre sommeil un peu différent du premier. *(Et qui doute sur lequel nos songes sont entés comme notre sommeil paraît dont nous nous éveillons quand nous pensons dormir et qui doute que si on rêvait en compagnie et que par hasard les songes s'accordassent ce qui est assez ordinaire et qu'on veillât en solitude on ne crût les choses renversées.)*[2]

Voilà les principales forces de part et d'autre, je laisse les moindres comme les discours qu'ont fait les pyrrhoniens contre les impressions de la coutume de l'éducation, des mœurs des pays, et les autres choses semblables qui quoiqu'elles entraînent la plus grande partie des hommes communs qui ne dogmatisent que sur ces vains fondements sont renversés par le moindre souffle des pyrrhoniens. On n'a qu'à voir leurs livres; si l'on n'en est pas assez persuadé on le deviendra bien vite, et peut-être trop.

Je m'arrête à l'unique fort des dogmatistes qui est qu'en parlant de bonne foi et sincèrement on ne peut douter des principes naturels.

1. Le mot renvoie ici à la croyance, au sens philosophique de certitude non démonstrative, et fait équivoque voulue avec la foi religieuse.

2. Tout ce passage plaide en faveur d'une imprégnation de Pascal par une sensibilité baroque dont les thèmes de rêve confondue avec la réalité et de l'écoulement universel sont emblématiques. Voir **Dossier: Concepts clés**, L'écriture d'une logique « baroque » ? p. 153.

Contre quoi les pyrrhoniens opposent, en un mot, l'incertitude de notre origine qui enferme celle de notre nature. À quoi les dogmatistes sont encore à répondre depuis que le monde dure.

(Qui voudra s'éclaircir plus au long du pyrrhonisme voir leurs livres. Il en sera bientôt persuadé, peut-être trop.)

Voilà la guerre ouverte entre les hommes, où il faut que chacun prenne parti, et se range nécessairement ou au dogmatisme ou au pyrrhonisme. Car qui pensera demeurer neutre sera pyrrhonien par excellence. Cette neutralité est l'essence de la cabale. Qui n'est pas contre eux est excellemment pour eux : en quoi paraît leur avantage. Ils ne sont pas pour eux-mêmes, ils sont neutres, indifférents, suspendus à tout sans s'excepter.

Que fera donc l'homme en cet état ? Doutera(-t-)il de tout, doutera(-t-)il s'il veille, si on le pince, si on le brûle, doutera(-t-)il s'il doute, doutera(-t-)il s'il est.

On n'en peut venir là, et je mets en fait qu'il n'y a jamais eu de pyrrhonien effectif parfait. La nature soutient la raison impuissante et l'empêche d'extravaguer jusqu'à ce point.

Dira(-t-)il donc au contraire qu'il possède certainement la vérité lui qui, si peu qu'on le pousse, ne peut en montrer aucun titre et est forcé de lâcher prise.

Quelle chimère est-ce donc que l'homme ? Quelle nouveauté, quel monstre, quel chaos, quel sujet de contradictions, quel prodige ? Juge de toutes choses, imbécile ver de terre, dépositaire du vrai, cloaque d'incertitude et d'erreur, gloire et rebut de l'univers.

Qui démêlera cet embrouillement ? *(Certainement cela passe le dogmatisme et pyrrhonisme, et toute la philosophie humaine. L'homme passe l'homme. Qu'on accorde donc aux pyrrhoniens ce qu'ils ont tant crié, que la vérité n'est pas de notre portée, ni de notre gibier, qu'elle ne demeure pas en terre, qu'elle est domestique du ciel, qu'elle loge dans le sein de Dieu, et que l'on ne la put connaître qu'à mesure qu'il lui plaît de la révéler. Apprenons donc de la vérité incarnée notre véritable nature.*

On ne peut éviter en cherchant la vérité par la raison, l'une de ces trois sectes. On ne peut être pyrrhonien ni académicien sans étouffer la nature, on ne peut être dogmatique sans renoncer à la raison.)

La nature confond les pyrrhoniens (et *les académiciens*) et la raison confond les dogmatiques. Que deviendrez-vous donc, ô homme qui cherchez quelle est votre véritable condition par votre raison naturelle, vous ne pouvez fuir une de ces sectes ni subsister dans aucune.

Connaissez donc, superbe, quel paradoxe vous êtes à vous-même. Humiliez-vous raison impuissante ! Taisez-vous nature imbécile apprenez que l'homme passe infiniment l'homme et entendez de votre maître votre condition véritable que vous ignorez.

Écoutez Dieu.

(N'est-il pas clair comme le jour que la condition de l'homme est double ?) Car enfin si l'homme n'avait jamais été corrompu[1] il jouirait dans son innocence et de la vérité et de la félicité avec assurance. Et si l'homme n'avait jamais été que corrompu il n'aurait aucune idée ni de la vérité, ni de la béatitude. Mais malheureux que nous sommes et plus que s'il n'y avait point de grandeur dans notre condition, nous avons une idée du bonheur et nous ne pouvons y arriver. Nous sentons une image de la vérité et ne possédons que le mensonge. Incapables d'ignorer absolument et de savoir certainement, tant il est manifeste que nous avons été dans un degré de perfection dont nous sommes malheureusement déchus. *(Concevons donc que l'home passe infiniment l'homme et qu'il était inconcevable à soi-même sans le secours de la foi. Car qui ne voit que sans la connaissance de cette double condition de la nature on était dans une ignorance invincible de la vérité de sa nature.)*

Chose étonnante cependant que le mystère le plus éloigné de notre connaissance qui est celui de la transmission du péché soit une chose sans laquelle nous ne pouvons avoir aucune connaissance de nous-même.

Car il est sans doute qu'il n'y a rien qui choque plus notre raison que de dire que le péché du premier homme ait rendu coupables ceux qui étant si éloignés de cette source semblent incapables d'y participer. Cet écoulement ne nous paraît pas seulement impossible. Il nous semble même très injuste car qu'y a(-t-)il de plus contraire aux règles de notre misérable justice que de damner éternellement un enfant[2] incapable de volonté pour un péché où il paraît avoir si peu de part, qu'il est commis six mille ans avant qu'il fût en être. Certainement rien ne nous heurte plus rudement que cette doctrine. Et cependant sans ce mystère, le plus incompréhensible de tous nous sommes incompréhensibles à nous-mêmes. Le nœud de notre condition prend ses replis et ses tours

1. Hypothèse centrale de l'apologétique pascalienne : le péché originel, incompréhensible à la raison, qui ne peut faire valoir sa critique. Car c'est le seul supposé qui rend compréhensible le monstre incompréhensible qu'est l'homme. Ce n'est pas si éloigné de Malebranche contre Descartes.

2. La doctrine janséniste – et ici Pascal avec elle – insiste étrangement sur la damnation inévitable des enfants morts, non prédestinés par la grâce, mystère qui fait « abîme ». Voir Lezlek Kolakowski, *Dieu ne nous doit rien*.

dans cet abîme. De sorte que l'homme est plus inconcevable sans ce mystère, que ce mystère n'est inconcevable à l'homme.

(D'où il paraît que Dieu voulant nous rendre la difficulté de notre inintelligible à nous-mêmes en a caché le nœud si haut ou pour mieux dire si bas que nous étions bien incapables d'y arriver. De sorte que ce n'est pas par les superbes agitations de notre raison mais par la simple soumission de la raison que nous pouvons véritablement nous connaître Ces fondements solidement établis sur l'autorité invincible de la religion nous font connaître qu'il y a deux vérités de foi également constantes.

L'une que l'homme dans l'état de la création, ou dans celui de la grâce est élevé au-dessus de toute la nature, rendu comme semblable à Dieu et participant à la divinité. L'autre qu'en l'état de la corruption, et du péché, il est déchu de cet état et rendu semblable aux bêtes. Ces deux propositions sont également fermes et certaines.

L'Écriture nous les déclare manifestement lorsqu'elle dit en quelques lieux deliciae meae esse cum filiis hominum effendam spiritum meum super omnem carnem, atc. dii estis. *Et qu'elle dit en d'autres :* omnis caro foenum, homo assimilatus est jumentis insipientibus et similis factus est illis in corde meo de filiis hominum. *Eccl. 3.*

Par où il paraît clairement que l'homme par la grâce il est censé semblable aux bêtes brutes.)

VIII. DIVERTISSEMENT

132. Divertissement – Si l'homme était heureux il le serait d'autant plus qu'il serait moins diverti, comme les saints et Dieu. Oui ; mais n'est-ce pas être heureux que de pouvoir être réjoui par le divertissement ?

– Non ; car il vient d'ailleurs et de dehors ; et ainsi il est dépendant, et partout, sujet à être troublé par mille accidents, qui font les afflictions inévitables.

133. Divertissement. Les hommes n'ayant pu guérir la mort, la misère, l'ignorance, ils se sont avisés, pour se rendre heureux, de n'y point penser.

134. Nonobstant ces misères il veut être heureux et ne veut être qu'heureux, et ne peut ne vouloir pas l'être.

Mais comment s'y prendra(-t-)il. Il faudrait pour bien faire qu'il se rendît immortel, mais ne le pouvant il s'est avisé de s'empêcher d'y penser.

135. Je sens que je puis n'avoir point été, car le moi consiste dans ma pensée ; donc moi qui pense n'aurais point été, si ma mère eût été tuée avant que j'eusse été animé[1], donc je ne suis pas un être nécessaire. Je ne suis pas aussi éternel ni infini, mais je vois bien qu'il y a dans la nature un être nécessaire, éternel et infini.

136. Divertissement. Quand je m'y suis mis quelquefois à considérer les diverses agitations des hommes, et les périls, et les peines où ils s'exposent dans la cour, dans la guerre d'où naissent tant de querelles, de passions, d'entreprises hardies et souvent mauvaises, etc., j'ai dit souvent que tout le malheur des hommes vient d'une seule chose, qui est de ne savoir pas demeurer en repos dans une chambre. Un homme qui a assez de bien pour vivre, s'il savait demeurer chez soi avec plaisir n'en sortirait pas pour aller sur la mer ou au siège d'une place; on n'achèterait une charge à l'armée si cher que parce qu'on trouverait insupportable de ne bouger de la ville et on ne recherche les conversations et les divertissements des jeux que parce qu'on ne demeure chez soi avec plaisir, etc. Mais quand j'ai pensé de plus près et qu'après avoir trouvé la cause de tous nos malheurs j'ai voulu en découvrir les raisons, j'ai trouvé qu'il y en a une bien effective qui consiste dans le malheur naturel de notre condition faible et mortelle et si misérable que rien ne peut nous consoler lorsque nous y pensons de près.

Quelque condition qu'on se figure où l'on assemble tous les biens qui peuvent nous appartenir. La royauté est le plus beau poste du monde et cependant qu'on s'en imagine, accompagné de toutes les satisfactions qui peuvent le toucher. S'il est sans divertissement et qu'on le laisse considérer et faire réflexion sur ce qu'il est – cette félicité languissante ne le soutiendra point-il tombera par nécessité dans les vues qui le menacent, des révoltes qui peuvent arriver et enfin de la mort et des maladies qui sont inévitables, de sorte que s'il est, sans ce qu'on appelle divertissement le voilà malheureux, et plus malheureux que le moindre de ses sujets qui joue et qui se divertit.

(L'unique bien des hommes consiste donc à être divertis de penser à leur condition ou par une occupation qui les en détourne, ou par quelque passion agréable et nouvelle qui les occupe, ou par le jeu, la chasse quelque spectacle attachant, et enfin par ce qu'on appelle divertissement.)

De là vient que le jeu et la conversation des femmes, la guerre, les grands emplois sont si recherchés. Ce n'est pas

1. Sophisme ou fantasme vertigineux au cœur du problème du Moi (voir **Dossier : Grandes Thèses**, Moi, angoisse, fuite et obsession, p. 147). Comment cette femme aurait-elle pu être sa mère si lui-même était empêché d'exister par sa mort ? « Animé » désigne-t-il ici la conception ou l'insertion de l'âme personnelle dans l'embryon ?

qu'il y ait en effet du bonheur, ni qu'on s'imagine que la vraie béatitude, soit d'avoir l'argent qu'on peut gagner au jeu, ou dans le lièvre qu'on court, on n'en voudrait pas s'il était offert. Ce n'est pas cet usage mol et paisible et qui nous laisse penser à notre malheureuse condition qu'on recherche ni les dangers de la guerre, ni la peine des emplois, mais c'est le tracas qui nous détourne d'y penser et nous divertit. Raison pourquoi on aime mieux la chasse que la prise. De là vient que les hommes aiment tant le bruit et le remuement. De là vient que la prison est un supplice si horrible, de là vient que le plaisir de la solitude est une chose incompréhensible. Et c'est enfin le plus grand sujet de félicité de la condition des rois, de ce qu'on essaie sans cesse à les divertir et à leur procurer toutes sortes de plaisirs. Le roi est environné de gens qui ne pensent qu'à divertir le roi et à l'empêcher de penser à lui. Car il est malheureux tout roi qu'il est s'il y pense. Voilà tout ce que les hommes ont pu inventer pour se rendre heureux et ceux qui font sur cela les philosophes et qui croient que le monde est bien peu raisonnable de passer tout le jour à courir après un lièvre qu'ils ne voudraient pas avoir acheté, ne connaissent guère notre nature. Ce lièvre ne nous garantirait pas de la vue de la mort et des misères qui nous en détourne, mais la chasse nous en garantit. Et ainsi le conseil qu'on donnait à Pyrrhus de prendre le repos qu'il allait chercher par tant de fatigues, recevait bien des difficultés.

(Dire à un homme qu'il soit en repos, c'est lui dire qu'il vive heureux. C'est lui conseiller A.

A. d'avoir condition toute heureuse et laquelle il puisse considérer à loisir, sans y trouver sujet d'affliction. Ce n'est donc pas entendre la nature. Aussi les hommes qui sentent naturellement leur condition n'évitent rien tant que le repos ; il n'y a rien qu'ils ne fassent pour chercher le trouble.

Ainsi on se prend mal pour les blâmer ; leur faute n'est pas en ce qu'ils cherchent le tumulte. S'ils ne le cherchaient que comme un divertissement, mais le mal est qu'ils le recherchent comme si possession des choses qu'ils recherchent les devait rendre véritablement heureux, et c'est ce en quoi on a raison d'accuser leur recherche de vanité de sorte qu'en tout cela et ceux qui blâment et ceux qui sont blâmés n'entendent la véritable nature de l'homme.)

Et ainsi quand on leur reproche que ce qu'ils recherchent avec tant d'ardeur ne saurait les satisfaire, s'ils répondaient comme ils devraient le faire, s'ils y pensaient bien, qu'ils ne recherchent en cela qu'une occupation violente et impétueuse qui les détourne de penser à soi et que c'est pour cela qu'ils se proposent un objet attirant qui les charme et les attire avec ardeur ils laisseraient leurs adversaires sans répartie... – la vanité le plaisir de la montrer aux autres. – la danse, il faut bien penser où l'on mettra ses pieds – mais ils ne répondent pas cela parce qu'ils ne se connaissent pas eux-mêmes. Ils ne savent pas que ce n'est que la chasse et non la prise qu'ils recherchent – le gentilhomme croit sincèrement que la chasse est un plaisir grand et un plaisir royal, mais son piqueur n'est pas de ce sentiment-là. – Ils s'imaginent que s'ils avaient obtenu cette charge, ils se reposeraient ensuite avec plaisir et ne sentent pas la nature insatiable de la cupidité. Ils croient chercher sincèrement le repos et ne cherchent en effet que l'agitation. Ils ont un instinct secret qui les porte à chercher le divertissement et l'occupation au dehors, qui vient du ressentiment de leurs misères continuelles. Et ils ont un autre instinct secret qui reste de la grandeur de notre première nature, qui leur fait connaître que le bonheur n'est en effet que dans le repos et non pas dans le tumulte. Et de ces deux instincts contraires il se forme en eux un projet confus qui se cache à leur vue dans le fond de leur âme qui les porte à tendre au repos par l'agitation et à se figurer toujours que la satisfaction qu'ils n'ont point leur arrivera si en surmontant quelques difficultés qu'ils envisagent ils peuvent s'ouvrir par là la porte au repos.

Ainsi s'écoule toute la vie; on cherche le repos en combattant quelques obstacles et si on les a surmontés le repos devient insupportable par l'ennui qu'il engendre. Il en faut sortir et mendier le tumulte.

Car ou l'on pense aux misères qu'on a ou à celles qui nous menacent. Et quand on se verrait même assez à l'abri de toutes parts l'ennui de son autorité privée ne laisserait pas de sortir du fond du cœur où il a des racines naturelles, et de remplir l'esprit de son venin.

B. Ainsi l'homme est si malheureux qu'il s'ennuierait même sans aucune cause d'ennui par l'état propre de sa complexion. Et il est si vain qu'étant plein de mille causes essentielles d'ennui la moindre chose comme un billard et une balle qu'il pousse, suffisent pour le divertir.

C. Mais direz-vous quel objet a(-t-)il en tout cela? Celui de se vanter demain entre ses amis de ce qu'il a mieux joué qu'un autre. Ainsi les autres suent dans leur cabinet pour montrer aux savants qu'ils ont résolu une question d'algèbre qu'on n'aurait pu trouver jusqu'ici, et tant d'autres s'exposent aux derniers périls pour se vanter ensuite d'une place qu'ils auront prise aussi sottement à mon gré. Et enfin les autres se tuent pour remarquer toutes ces choses, non pas pour en devenir plus sages, mais seulement pour montrer qu'ils les savent, et ceux-là sont les plus sots de la bande puisqu'ils le sont avec connaissance, au lieu qu'on peut penser des autres qu'ils ne le seraient plus s'ils avaient cette connaissance.

Tel homme passe sa vie sans ennui en jouant tous les jours peu de chose. Donnez-lui tous les matins l'argent qu'il peut gagner chaque jour, à la charge qu'il ne joue point, vous le rendez malheureux. On dira peut-être que c'est qu'il recherche l'amusement du jeu et non pas le gain. Faites-le donc jouer pour rien, il ne s'y échauffera pas et s'y ennuiera. Ce n'est donc pas l'amusement seul qu'il recherche. Un amusement languissant et sans passion l'ennuiera. Il faut qu'il s'y échauffe, et qu'il se pipe lui-même en s'imaginant qu'il serait heureux de gagner ce qu'il ne voudrait pas qu'on lui donnât à condition de ne point jouer, afin qu'il se forme un sujet de passion et qu'il excite sur cela son désir sa colère, sa crainte pour cet objet qu'il s'est formé comme les enfants qui s'effrayent du visage qu'ils ont barbouillé.

D'où vient que cet homme qui a perdu depuis peu de mois son fils unique et qui accablé de procès et de querelles était ce matin si troublé, n'y pense plus maintenant. Ne vous en étonnez pas, il est tout occupé à voir par où passera ce sanglier que ses chiens poursuivent avec tant d'ardeur depuis six heures. Il n'en faut pas davantage. L'homme quelque plein de tristesse qu'il soit, si on peut gagner sur lui de le faire entrer en quelque divertissement le voilà heureux pendant ce temps-là, et l'homme quelqu'heureux qu'il soit s'il n'est diverti et occupé par quelque passion ou quelque amusement, qui empêche l'ennui de se répandre, sera bientôt chagrin et malheureux. Sans divertissement il n'y a point de joie; avec le divertissement il n'y a point de tristesse. Et c'est aussi ce qui forme le bonheur des personnes.

D. De grande condition qu'ils ont un nombre de personnes qui les divertissent et qu'ils ont le pouvoir de se maintenir en cet état.

Prenez-y garde, qu'est-ce autre chose d'être surintendant, chancelier, premier président sinon d'être en une condition où l'on a le matin un grand nombre de gens qui viennent de tous côtés pour ne leur laisser pas une heure en la journée où ils puissent penser à eux-mêmes, et quand ils sont dans la disgrâce, et qu'on les renvoie à leurs maisons des champs où ils ne manquent ni de biens ni de domestiques pour les assister dans leur besoin ils ne laissent pas d'être misérables et abandonnés parce que personne ne les empêche de songer à eux.

137. Divertissement. La dignité royale n'est-elle pas assez grande d'elle-même pour celui qui la possède pour le rendre heureux par la seule vue de ce qu'il est ; faudra(-t-)il le divertir de cette pensée comme les gens du commun ? Je vois bien que c'est rendre un homme heureux de le divertir de la vue de ses misères domestiques pour remplir toute sa pensée du soin de bien danser, mais en sera(-t-)il de même d'un roi et sera(-t-)il plus heureux en s'attachant à ces vains amusements qu'à la vue de sa grandeur. Et quel objet plus satisfaisant pourrait-on donner à son esprit ? Ne serait-ce donc pas faire tort à sa joie d'occuper son âme à penser à ajuster ses pas à la cadence d'un air ou à placer adroitement une barre, au lieu de le laisser jouir en repos, de la contemplation de la gloire majestueuse qui l'environne. Qu'on en fasse les preuves, qu'on laisse un roi tout seul sans aucune satisfaction des sens, sans aucun soin dans l'esprit, sans compagnies et sans divertissements, penser à lui tout à loisir, et l'on verra qu'un roi sans divertissement est un homme plein de misères. Aussi on évite cela soigneusement et il ne manque jamais d'y avoir auprès des personnes des rois un grand nombre de gens qui veillent à faire succéder le divertissement à leurs affaires et qui observent tout le temps de leur loisir pour leur fournir des plaisirs et des jeux en sorte qu'il n'y ait point de vide. C'est-à-dire qu'ils sont environnés de personnes qui ont un soin merveilleux de prendre garde que le roi ne soit seul et en état de penser à soi, sachant bien qu'il sera misérable, tout roi qu'il est, s'il y pense.

Je ne parle point en tout cela des rois chrétiens comme chrétiens, mais seulement comme rois.

138. Divertissement. La mort est plus aisée à supporter sans y penser que la pensée de mort sans péril.

139. Divertissement. On charge les hommes dès l'enfance du soin de leur honneur, de leur bien, de leurs amis, et encore du bien et de l'honneur de leurs amis, on les accable d'affaires de l'apprentissage des langues et d'exercices, et on leur fait entendre qu'ils ne sauraient être heureux, sans que leur santé, leur honneur, leur fortune, et celles de leurs amis soient en bon état, et qu'une seule chose qui manque les rendra malheureux. Ainsi on leur donne des charges et des affaires qui les font tracasser dès la pointe du jour. Voilà direz-vous une étrange manière de les rendre heureux ; que pourrait-on faire de mieux pour les rendre malheureux ? Comment, ce qu'on pourrait faire : il ne faudrait que leur ôter tous ces soucis, car alors ils se verraient, ils penseraient à ce qu'ils sont, d'où ils viennent, où ils vont, et ainsi on ne peut trop les occuper et les détourner. Et c'est pourquoi, après leur avoir tant préparé d'affaires, s'ils ont quelque temps de relâche, on leur conseille de l'employer à se divertir, et jouer, et s'occuper toujours tout entiers.

Que le cœur de l'homme est creux et plein d'ordure.

IX. PHILOSOPHES

140. Quand Épictète aurait vu parfaitement bien le chemin, il dit aux hommes : vous en suivez un faux. Il montre que c'en est un autre, mais il n'y mène pas. C'est celui de vouloir ce que Dieu veut. J.-C. seul y mène. Les vices de Zénon même.

141. Philosophes. La belle chose de crier à un homme qui ne se connaît pas, qu'il aille de lui-même à Dieu. Et la belle chose de le dire à un homme qui se connaît.

142 *(Contre les philosophes qui ont Dieu sans Jésus-Christ)*

Philosophes. Ils croient que Dieu est seul digne d'être aimé et d'être admiré, et ont désiré d'être aimés et admirés des hommes, et ils ne connaissent pas leur corruption. S'ils se sentent pleins de sentiments pour l'aimer et l'adorer, et qu'ils y trouvent leur joie principale, qu'ils s'estiment bons, à la bonne heure ! Mais s'ils s'y trouvent répugnants s'(ils) n'(ont) aucune pente qu'à se vouloir établir dans l'estime des hommes, et que, pour toute perfection, ils fassent seulement que, sans forcer les hommes, ils leur fassent trouver leur bonheur à les aimer, je dirai que cette perfection est horrible. Quoi, ils ont connu Dieu et n'ont pas désiré uniquement que les hommes l'aimassent, que les hommes s'arrêtassent à eux. Ils ont voulu être l'objet du bonheur volontaire des hommes.

143. Philosophes. Nous sommes pleins de choses qui nous jettent au dehors.

Notre instinct nous fait sentir qu'il faut chercher notre bonheur hors de nous. Nos passions nous poussent au dehors, quand même les objets ne s'offriraient pas pour les exciter. Les objets du dehors nous tentent d'eux-mêmes et nous appellent quand même nous n'y pensons pas. Et ainsi les philosophes ont beau dire : rentrez-vous en vous-mêmes, vous y trouverez votre bien ; on ne les croit pas et ceux qui les croient sont les plus vides et les plus sots[1].

144. Ce que les stoïques proposent est si difficile et si vain.

Les stoïques posent : tous ceux qui ne sont point au haut degré de sagesse sont également fous, et vicieux, comme ceux qui sont à deux doigts dans l'eau.

145. Les trois concupiscences ont fait trois sectes et les philosophes n'ont fait autre chose que suivre une des trois concupiscences.

146. Stoïques. Ils concluent qu'on peut toujours ce qu'on peut quelquefois et que puisque le désir de la gloire fait bien faire à ceux qu'il possède quelque chose, les autres le pourront bien aussi.

Ce sont des mouvements fiévreux que la santé ne peut imiter.

Épictète conclut de ce qu'il y a des chrétiens constants que chacun le peut bien être.

X. LE SOUVERAIN BIEN

147. Le souverain bien. Dispute du souverain bien [...]. Il y a contradiction, car ils conseillent enfin de se tuer.

Ô quelle vie heureuse dont on se délivre comme de la peste !

148. Seconde partie. Que l'homme sans la foi ne peut connaître le vrai bien, ni la justice.

Tous les hommes recherchent d'être heureux. Cela est sans exception, quelques différents moyens qu'ils y emploient. Ils tendent tous à ce but. Ce qui fait que les uns vont à la guerre et que les autres n'y vont pas est ce même désir qui est dans tous les deux accompagné de

1 Repris de Montaigne d'après Socrate. Pascal expédie l'un et l'autre comme sottise.

différentes vues. La volonté fait jamais la moindre démarche que vers cet objet. C'est le motif de toutes les actions de tous les hommes, jusqu'à ceux qui vont se pendre.

Et cependant depuis un si grand nombre d'années jamais personne, sans la foi, n'est arrivé à ce point où tous visent continuellement. Tous se plaignent, princes, sujets, nobles, roturiers, vieux, jeunes, forts, faibles, savants, ignorants, sains, malades de tous pays, de tous les temps, de tous âges, et de toutes conditions. Une épreuve si longue si continuelle et si uniforme devrait bien nous convaincre de notre impuissance d'arriver au bien par nos efforts. Mais l'exemple nous instruit peu. Il n'est jamais si parfaitement semblable qu'il n'y ait quelque délicate différence et c'est de là que nous attendons que notre attente ne sera pas déçue en cette occasion comme en l'autre, et ainsi le présent ne nous satisfaisant jamais, l'expérience nous pipe, et de malheur en malheur nous mène jusqu'à la mort qui en est un comble éternel.

Qu'est-ce donc que nous crie cette avidité et cette impuissance sinon qu'il y a eu autrefois dans l'homme un véritable bonheur, dont il ne lui reste maintenant que la marque et la trace toute vide et qu'il essaye inutilement de remplir de tout ce qui l'environne, recherchant des choses absentes le secours qu'il n'obtient pas des présentes, mais qui en sont toutes incapables parce que ce gouffre infini ne peut être rempli que par un objet infini et immuable, c'est-à-dire que par Dieu même.

Lui seul est son véritable bien. Et depuis qu'il l'a quitté c'est une chose étrange qu'il n'y a rien dans la nature qui n'ait été capable de lui en tenir la place, astres, ciel, terre, éléments, plantes, choux, poireaux, animaux, insectes, veaux, serpents, fièvre, peste, guerre, famine, vices, adultère, inceste. Et depuis qu'il a perdu le vrai bien tout également peut lui paraître tel jusqu'à sa destruction propre, quoique si contraire à Dieu, à la raison et à la nature tout ensemble.

Les uns le cherchent dans l'autorité, les autres dans les curiosités et dans les sciences, les autres dans les voluptés.

D'autres qui en ont en effet plus approché ont considéré que il est nécessaire que ce bien universel que tous les hommes désirent ne soit dans aucune des choses particulières qui ne peuvent être possédées que par un seul et qui étant partagées affligent plus leurs possesseurs par le manque de la partie qu'ils n'ont pas, qu'elles ne les contentent par la jouissance de celle qui lui appartient. Ils ont compris que le vrai bien devait être tel que tous pussent le posséder à la fois sans diminution et sans envie, et que personne ne le pût perdre contre son gré, et leur raison est que ce désir étant naturel à l'homme puisqu'il est nécessairement dans tous et qu'il ne peut pas ne le pas avoir, ils en concluent...

XI. A.P.R.

149. A.P.R.[1] Commencement, après avoir expliqué l'incompréhensibilité.

Les grandeurs et les misères de l'homme sont tellement visibles qu'il faut nécessairement que la véritable religion nous enseigne et qu'il y a quelque grand principe de grandeur en l'homme et qu'il y a un grand principe de misère.

Il faut encore qu'elle nous rende raison de ces étonnantes contrariétés.

Il faut que pour rendre l'homme heureux elle lui montre qu'il y a un Dieu, qu'on est obligé de l'aimer, que notre vraie félicité est d'être en lui, et notre unique mal d'être séparé de lui, qu'elle reconnaisse que nous sommes pleins de ténèbres qui nous empêchent de le connaître et de l'aimer, et qu'ainsi nos devoirs nous obligeant d'aimer Dieu et nos concupiscences nous en détournant nous sommes pleins d'injustice. Il faut qu'elle nous rende raison de ces oppositions que nous avons à Dieu et à notre propre bien. Il faut qu'elle nous enseigne les remèdes à ces impuissances et les moyens d'obtenir ces remèdes. Qu'on examine sur cela toutes les religions du monde et qu'on voie s'il y en a une autre que la chrétienne qui y satisfasse.

Sera-ce les philosophes qui nous proposent pour tout bien les biens qui sont en nous ? Ont-ils trouvé le remède à nos maux ? Est-ce avoir guéri la présomption de l'homme que de l'avoir mis à l'égal de Dieu ? Ceux qui nous ont égalé aux bêtes et les mahométans qui nous ont donné les plaisirs de la terre pour tout bien, même dans l'éternité, ont-ils apporté le remède à nos concupiscences ?

Quelle religion nous enseignera donc à guérir l'orgueil, et la concupiscence ? Quelle religion enfin nous enseignera notre bien, nos devoirs, les faiblesses qui nous en détournent, la cause de ces faiblesses, les remèdes qui les

1. Toute l'argumentation qui suit est une prosopopée, elle met dans la bouche de la vraie religion qui parle les arguments en sa faveur.

peuvent guérir, et le moyen d'obtenir ces remèdes. Toutes les autres religions ne l'ont pu. Voyons ce que fera la sagesse de Dieu.

N'attendez point, dit-elle, ô hommes, ni vérité, ni consolation des hommes. Je suis celle qui vous ai formés et qui puis seule vous apprendre qui vous êtes.

Mais, vous n'êtes plus maintenant en l'état où je vous ai formés. J'ai créé l'homme saint, innocent, parfait ; je l'ai rempli de lumière et d'intelligence, je lui ai communiqué ma gloire et mes merveilles. L'œil de l'homme voyait alors la majesté de Dieu. Il n'était pas alors dans les ténèbres qui l'aveuglent, ni dans la mortalité et dans les misères qui l'affligent.

Mais il n'a pu soutenir tant de gloire sans tomber dans la présomption. Il a voulu se rendre centre de lui-même et indépendant de mon secours. Il s'est soustrait de ma domination et s'égalant à moi par le désir de trouver sa félicité en lui-même je l'ai abandonné à lui, et révoltant les créatures qui lui étaient soumises, je les lui ai rendues ennemies, en sorte qu'aujourd'hui l'homme est devenu semblable aux bêtes, et dans un tel éloignement de moi qu'à peine lui reste(-t-)il une lumière confuse de son auteur tant toutes ses connaissances ont été éteintes ou troublées. Les sens indépendants de la raison et souvent maîtres de la raison l'ont emporté à la recherche des plaisirs. Toutes les créatures ou l'affligent ou le tentent, et dominent sur lui ou en le soumettant par leur force ou en le charmant par leur douceur, ce qui est une domination plus terrible et plus injurieuse. Voilà l'état où les hommes sont aujourd'hui. Il leur reste quelque instinct impuissant du bonheur de leur première nature, et ils sont plongés dans les misères de leur aveuglement et de leur concupiscence qui est devenue leur seconde nature.

De ce principe que je vous ouvre vous pouvez reconnaître la cause de tant de contrariétés qui ont étonné tous les hommes et qui les ont partagés en de si divers sentiments. Observez maintenant tous les mouvements de grandeur et de gloire que l'épreuve de tant de misères ne peut étouffer et voyez s'il ne faut pas que la cause en soit en une autre nature.

A. P. R. Pour demain. Prosopopée.

C'est en vain, ô hommes, que vous cherchez dans vous-même les remèdes à vos misères. Toutes vos lumières ne peuvent arriver qu'à connaître que ce n'est point dans vous-même que vous trouverez ni la vérité ni le bien.

Les philosophes vous l'ont promis et ils n'ont pu le faire.

Ils ne savent ni quel est votre véritable bien, ni quel est *(votre véritable état)*. Comment auraient-ils donné des remèdes à vos maux qu'ils n'ont pas seulement connus. Vos maladies principales sont l'orgueil qui vous soustrait de Dieu, la concupiscence qui vous attache à la terre [...] et ils n'ont fait autre chose qu'entretenir au moins l'une de ces maladies. S'ils vous ont donné Dieu pour objet ce n'a été que pour exercer votre superbe; ils vous ont fait penser que vous lui étiez semblables et conformes par votre nature. Et ceux qui ont vu la vanité de cette prétention vous ont jeté dans l'autre précipice en vous faisant entendre que votre nature était pareille à celle des bêtes et vous ont porté à chercher votre bien dans les concupiscences qui sont le partage des animaux. Ce n'est pas là le moyen de vous guérir de vos injustices que ces sages n'ont point connues. Je puis seule vous faire entendre qui vous êtes, ce...

(Je ne demande pas une créance aveugle.)

Adam, J.-C.

Si on vous unit à Dieu c'est par grâce, non par nature.

Si on vous abaisse c'est par pénitence, non par nature.

Ainsi cette double capacité.

Vous n'êtes pas dans l'état de votre création.

Ces deux états étant ouverts il est impossible que vous ne les reconnaissiez pas.

Suivez vos mouvements. Observez-vous vous-même et voyez si vous n'y trouverez pas les caractères vivants de ces deux natures.

Tant de contradictions se trouveraient-elles dans un sujet simple?

Incompréhensible.

Tout ce qui est incompréhensible ne laisse pas d'être. Le nombre infini, un espace infini égal au fini. Incroyable que Dieu s'unisse à nous. Cette considération n'est tirée que de la vue de notre bassesse, mais si vous l'avez bien sincère, suivez-la aussi loin que moi et reconnaissez que nous sommes en effet si bas que nous sommes par nous-mêmes incapables de connaître si sa miséricorde ne peut pas nous rendre capables de lui. Car je voudrais savoir d'où cet animal qui se reconnaît si faible a le droit de mesurer la miséricorde de Dieu et d'y mettre les bornes que sa fantaisie lui suggère. Il sait si peu ce que c'est que Dieu qu'il ne sait pas ce qu'il est lui-même. Et tout troublé de la vue de son propre état il ose dire que Dieu ne le peut pas rendre capable de sa communication. Mais je voudrais lui demander si Dieu demande autre chose de lui sinon qu'il l'aime et le connaisse, et pourquoi il croit que Dieu ne peut se rendre connaissable et aimable à lui puisqu'il est naturellement capable d'amour et de connaissance, il est sans doute qu'il connaît au moins qu'il est et qu'il aime quelques choses. Donc s'il voit quelque chose dans les ténèbres où il est et s'il trouve quelque sujet d'amour parmi les choses de la terre, pourquoi si Dieu lui découvre quelque rayon de son essence, ne sera(-t-)il pas capable de le connaître et de l'aimer en la manière qu'il lui plaira se communiquer à nous. Il y a donc sans doute une présomption insupportable dans ces sortes de raisonnements, quoiqu'ils paraissent fondés sur une humilité apparente, qui n'est ni sincère, ni raisonnable si elle ne nous fait confesser que ne sachant de nous-mêmes qui nous sommes nous ne pouvons l'apprendre que de Dieu.

Je n'entends pas que vous soumettiez votre créance à moi sans raison, et ne prétends pas vous assujettir avec tyrannie. Je ne prétends pas aussi vous rendre raison de toutes choses. Et pour accorder ces contrariétés j'entends vous faire voir clairement par des preuves convaincantes des marques divines en moi qui vous convainquent de ce que je suis et m'attirer autorité par des merveilles et des preuves que vous ne puissiez refuser et qu'ensuite vous croyiez les choses que je vous enseigne quand vous n'y trouverez autre sujet de les refuser, sinon que vous ne pouvez par vous-même connaître si elles sont ou non.

Dieu a voulu racheter les hommes et ouvrir le salut à ceux qui le chercheraient, mais les hommes s'en rendent si indignes qu'il est juste que Dieu refuse à quelques-uns, à cause de leur endurcissement, ce qu'il accorde aux autres par une miséricorde qui ne leur est pas due.

S'il eût voulu surmonter l'obstination des plus endurcis, il l'eût pu, en se découvrant si manifestement à eux qu'ils n'eussent pu douter de la vérité de son essence comme il paraîtra au dernier jour avec un tel éclat de foudres et un tel renversement de la nature que les morts ressusciteront et les plus aveugles le verront. Ce n'est pas en cette sorte qu'il a voulu paraître dans son avènement de douceur, parce que tant d'hommes se rendant indignes de sa clémence il a voulu les laisser dans la privation du bien qu'ils ne veulent pas. Il n'était donc pas juste qu'il parût d'une manière manifestement divine et absolument capable de convaincre tous les hommes, mais il n'était pas juste aussi qu'il vînt d'une manière si cachée qu'il ne pût être reconnu de ceux qui le chercheraient sincèrement. Il a voulu se rendre parfaitement connaissable à ceux-là, et ainsi voulant paraître à découvert à ceux qui le cherchent de tout leur cœur, et caché à ceux qui le fuient de tout leur cœur il a tempéré.

A. P. R. Pour demain. 2.

Tempéré sa connaissance, en sorte qu'il a donné des marques de soi visibles à ceux qui le cherchent et non à ceux qui ne le cherchent pas.

Il y a assez de lumière pour ceux qui ne désirent que de voir, et assez d'obscurité pour ceux qui ont une disposition contraire.

XII. COMMENCEMENT

150. Les impies qui font profession de suivre la raison doivent être étrangement forts en raison.

Que disent-ils donc ?

Ne voyons-nous pas, disent-ils, mourir et vivre les bêtes comme les hommes, et les Turcs comme les chrétiens ; ils ont leurs cérémonies, leurs prophètes, leurs docteurs, leurs saints, leurs religieux comme nous, etc.

Cela est-il contraire à l'Écriture ? Ne dit-elle pas tout cela ?

Si vous ne vous souciez guère de savoir la vérité, en voilà assez pour vous laisser en repos. Mais si vous désirez de tout votre cœur de la connaître ce n'est pas assez regardé au détail. C'en serait assez pour une question de philosophie, mais ici où il va de tout... et cependant après une réflexion légère de cette sorte on s'amusera, etc.

Qu'on s'informe de cette religion, même si elle ne rend pas raison de cette obscurité peut-être qu'elle nous l'apprendra.

151. Nous sommes plaisants de nous reposer dans la société de nos semblables, misérables comme nous, impuissants comme nous ; ils ne nous aideront pas : on mourra seul.

Il faut donc faire comme si on était seul. Et alors bâtirait-on des maisons superbes, etc. On chercherait la vérité sans hésiter. Et si on le refuse on témoigne estimer plus l'estime des hommes que la recherche de la vérité.

152. Entre nous et l'enfer ou le ciel il n'y a que la vie entre-deux qui est la chose du monde la plus fragile.

153. Que me promettez-vous enfin ? Car dix ans est le parti, sinon dix ans d'amour-propre, à bien essayer de plaire sans y réussir, outre les peines certaines ?

154. Partis[1]. Il faut vivre autrement dans le monde, selon ces diverses suppositions. 1. *(S'il est sûr qu'on y sera toujours.)* Si on pourrait y être toujours.

(2. s'il est incertain si on y sera toujours ou non.

3. s'il est sûr qu'on n'y sera pas toujours mais qu'on soit assuré d'y être longtemps.

4. s'il est certain qu'on n'y sera pas toujours et incertain si on y sera pas longtemps faux.)

5. S'il est sûr qu'on n'y sera pas longtemps, et incertain si on y sera une heure. Cette dernière supposition est la nôtre.

155. Cœur
Instinct
Principes.

156. Plaindre les athées qui cherchent, car ne sont-ils pas assez malheureux. Invectiver contre ceux qui en font vanité.

157. Athéisme marque de force d'esprit, mais jusqu'à un certain degré seulement.

158. Pour les partis vous devez vous mettre en peine de rechercher la vérité, car si vous mourrez sans adorer le vrai principe vous êtes perdu. Mais dites-vous, s'il avait voulu que je l'adorasse il m'aurait laissé des signes de sa volonté. Aussi a(-t-)il fait, mais vous les négligez. Cherchez les donc ; cela le vaut bien[2].

159. Si on doit donner huit jours de la vie on doit donner cent ans.

160. Il n'y a que trois sortes de personnes : les uns qui servent Dieu l'ayant trouvé, les autres qui s'emploient à le chercher ne l'ayant pas trouvé, les autres qui vivent sans le chercher ni l'avoir trouvé. Les premiers sont raisonnables et heureux, les derniers sont fous et malheureux. Ceux du milieu sont malheureux et raisonnables.

161. Les athées doivent dire des choses parfaitement claires. Or il n'est point parfaitement clair que l'âme soit matérielle.

162. Commencer par plaindre les incrédules, ils sont assez malheureux par leur condition. Il ne les faudrait injurier qu'au cas que cela servît, mais cela leur nuit.

1. Hypothèses entre lesquelles règne une incertitude, un choix aléatoire, un pari.

2. Principe implicite de toute l'argumentation de Pascal et notamment du « pari ». Il ne s'agit pas seulement de se couvrir contre une incertitude mais d'un prix à payer.

163. Un homme dans un cachot, ne sachant pas si son arrêt est donné, n'ayant plus qu'une heure pour l'apprendre, cette heure suffisant s'il sait qu'il est donné pour le faire révoquer. Il est contre nature qu'il emploie cette heure-là, non à s'informer si l'arrêt est donné, mais à jouer au piquet.

Ainsi il est surnaturel que l'homme, etc. C'est un appesantissement de la main de Dieu.

Ainsi non seulement le zèle de ceux qui le cherchent prouve Dieu, mais l'aveuglement de ceux qui ne le cherchent pas.

164. Commencement. Cachot. Je trouve bon qu'on n'approfondisse pas l'opinion de Copernic. Mais ceci : il importe à toute la vie de savoir si l'âme est mortelle ou immortelle.

165. Le dernier acte est sanglant quelque belle que soit la comédie en tout le reste. On jette enfin de la terre sur la tête et en voilà pour jamais.

166. Nous courons sans souci dans le précipice après que nous avons mis quelque chose devant nous pour nous empêcher de le voir.

XIII. SOUMISSION ET USAGE DE LA RAISON

167. Soumission et usage de la raison : en quoi consiste le vrai christianisme.

168. Que je hais ces sottises de ne pas croire l'Eucharistie, etc. Si l'Évangile est vrai, si J.-C. est Dieu, quelle difficulté y a(-t-)il là.

169. Je ne serais pas chrétien sans les miracles, dit saint Augustin.

170. Soumission. Il faut savoir douter où il faut, assurer où il faut, en se soumettant où il faut. Qui ne fait ainsi n'entend pas la force de la raison. Il y (en) a qui faillent contre ces trois principes, ou en assurant tout comme démonstratif, manque de se connaître en démonstration, ou en doutant de tout, manque de savoir où il faut se soumettre, ou en se soumettant en tout, manque de savoir où il faut juger. Pyrrhonien, géomètre, chrétien : doute, assurance, soumission[1].

171. *Susceperunt verbum cum omni aviditate scrutantes scripturas si ita se haberent*[2].

172. La conduite de Dieu, qui dispose toutes choses avec douceur, est de mettre la religion dans l'esprit par les raisons et dans le cœur par la grâce, mais de la vouloir

1. Pascal explicite ici trois stratégies majeures, qui comme les trois ordres ne peuvent empiéter l'une sur l'autre.

2. Actes des Apôtres, XVII, 11. Ils ont examiné la parole en toute avidité scrutant les Écritures pour voir s'il en était ainsi.

mettre dans l'esprit et dans le cœur par la force et par les menaces, ce n'est pas y mettre la religion mais la terreur.

173. Si on soumet tout à la raison notre religion n'aura rien de mystérieux et de surnaturel. Si on choque les principes de la raison notre religion sera absurde et ridicule.

174. Saint Augustin. La raison ne se soumettrait jamais si elle ne jugeait qu'il y a des occasions où elle se doit soumettre. Il est donc juste qu'elle se soumette quand elle juge qu'elle se doit soumettre.

175. Ce sera une des confusions des damnés de voir qu'ils seront condamnés par leur propre raison par laquelle ils ont prétendu condamner la religion chrétienne.

176. Ceux qui n'aiment pas la vérité prennent le prétexte de la contestation et de la multitude de ceux qui la nient, et ainsi leur erreur ne vient que de ce qu'ils n'aiment pas la vérité ou la charité. Et ainsi ils ne s'en sont pas excusés.

177. Contradiction est une mauvaise marque de vérité.

Plusieurs choses certaines sont contredites.

Plusieurs fausses passent sans contradiction.

Ni la contradiction n'est marque de fausseté ni l'incontradiction n'est marque de vérité[1].

178. Voyez les deux sortes d'hommes dans le titre: perpétuité.

179. Il y a peu de vrais chrétiens. Je dis même pour la foi. Il y en a bien qui croient mais par superstition. Il y en a bien qui ne croient pas, mais par libertinage; peu sont entre-deux. Je ne comprends pas en cela ceux qui sont dans la véritable piété de mœurs et tous ceux qui croient par un sentiment du cœur.

180. J.-C. a fait des miracles et les apôtres ensuite. Et les premiers saints en grand nombre, parce que les prophéties n'étant pas encore accomplies, et s'accomplissant par eux, rien ne témoignait que les miracles. Il était prédit que le messie convertirait les nations. Comment cette prophétie se fût-elle accomplie sans la conversion des nations, et comment les nations se fussent-elles converties, au messie, ne voyant pas ce dernier effet des prophéties qui le prouvent. Avant donc qu'il ait été mort, ressuscité et converti les nations tout n'était pas accompli et ainsi il a fallu des miracles pendant tout ce temps. Maintenant il n'en faut plus contre les juifs, car les prophéties accomplies sont un miracle subsistant.

1. Explication essentielle qui disqualifie le principe de non-contradiction, comme base exclusive de la vérité logique (propre à Aristote), et prépare son remplacement par la notion de contrariété.

181. La piété est différente de la superstition. Soutenir la piété jusqu'à la superstition c'est la détruire. Les hérétiques nous reprochent cette soumission superstitieuse; c'est faire ce qu'ils nous reprochent. Impiété de ne pas croire l'Eucharistie sur ce qu'on ne la voit pas. Superstition de croire des propositions, etc. Foi, etc.

182. Il n'y a rien de si conforme à la raison que ce désaveu de la raison.

183. Deux excès: exclure la raison, n'admettre que la raison.

184. On n'aurait point péché en ne croyant pas J.-C. sans les miracles.

185. La foi dit bien ce que les sens ne disent pas, mais non pas le contraire de ce qu'ils voient; elle est au dessus, et non pas contre.

186. Vous abusez de la créance que le peuple a en l'Église et leur faites accroire.

187. Ce n'est pas une chose rare qu'il faille reprendre le monde de trop de docilité. C'est un vice naturel comme l'incrédulité et aussi pernicieux. Superstition.

188. La dernière démarche de la raison est de reconnaître qu'il y a une infinité de choses qui la surpassent. Elle n'est que faible si elle ne va jusqu'à connaître cela. Que si les choses naturelles la surpassent, que dira(-t-)on des surnaturelles?

XIV. EXCELLENCE

189. Dieu par J.-C. Nous ne connaissons Dieu que par J.-C. Sans ce médiateur est ôtée toute communication avec Dieu. Par J.-C. nous connaissons Dieu. Tous ceux qui ont prétendu connaître Dieu et le prouver sans J.-C. n'avaient que des preuves impuissantes. Mais pour prouver J.-C. nous avons les prophéties qui sont des preuves solides et palpables. Et ces prophéties étant accomplies et prouvées véritables par l'événement marquent la certitude de ces vérités et partant la preuve de la divinité de J.-C. En lui et par lui nous connaissons donc Dieu. Hors de là et sans l'écriture, sans le péché originel, sans médiateur nécessaire, promis et arrivé, on ne peut prouver absolument Dieu, ni enseigner ni bonne doctrine, ni bonne morale. Mais par J.-C. et en J.-C. on prouve Dieu et on enseigne la morale et la doctrine. J.-C. est donc le véritable Dieu des hommes.

Mais nous connaissons en même temps notre misère, car ce Dieu là n'est autre chose que le réparateur de notre misère. Ainsi nous ne pouvons bien connaître Dieu qu'en connaissant nos iniquités. Aussi ceux qui ont connu Dieu sans connaître leur misère ne l'ont pas glorifié, mais s'en sont glorifiés. *Quia non cognovit per sapientiam, placuit deo per stultitiam predicationis salvos facere*[1].

190. Préface. Les preuves de Dieu métaphysiques sont si éloignées du raisonnement des hommes et si impliquées, qu'elles frappent peu et quand cela servirait à quelques-uns, cela ne servirait que pendant l'instant qu'ils voient cette démonstration, mais une heure après ils craignent de s'être trompés. *Quod curiositate cognoverit, superbia amiserunt*[2]. C'est ce que produit la connaissance de Dieu qui se tire sans J.-C. qui est de communiquer sans médiateur, avec le Dieu qu'on a connu sans médiateur. Au lieu que ceux qui ont connu Dieu par médiateur connaissent leur misère.

191. Il est non seulement impossible mais inutile de connaître Dieu sans J.-C. Ils ne s'en sont pas éloignés mais approchés ; ils ne se sont pas abaissés mais *Quo quisque optimus si hoc ipsum quod sit optimum ascribat sibi*[3].

192. La connaissance de Dieu sans celle de sa misère fait l'orgueil. La connaissance de sa misère sans celle de Dieu fait le désespoir. La connaissance de J.-C. fait le milieu parce que nous y trouvons, et Dieu et notre misère.

XV. TRANSITION

193. La prévention induisant en erreur. C'est une chose déplorable de voir tous les hommes ne délibérer que des moyens et point de la fin. Chacun songe comment il s'acquittera de sa condition, mais pour le choix de la condition, et de la patrie le sort nous le donne.

C'est une chose pitoyable de voir tant de turcs, d'hérétiques, d'infidèles, suivre le train de leurs pères, par cette seule raison qu'ils ont été prévenus chacun que c'est le meilleur et c'est ce qui détermine chacun à chaque condition de serrurier, soldat, etc.

C'est par là que les sauvages n'ont que faire de la Provence[4].

194. Pourquoi ma connaissance est-elle bornée, ma taille, ma durée à cent ans plutôt qu'à mille ? Quelle raison a eu la nature de me la donner telle et de choisir ce milieu plutôt qu'un autre dans l'infinité, desquels il n'y a pas plus de raison de choisir l'un que l'autre, rien ne tentant plus que l'autre ?

1. Paul aux Corinthiens, I, 21. Parce que l'homme ne l'a pas connu par sagesse, il a plu à Dieu d'opérer la folie de la prédication. Cette citation semble inspirer l'entreprise de Pascal.

2. Augustin, sermon 141 : « Ce qu'ils ont trouvé par leur curiosité, ils l'ont perdu par leur orgueil ».

3. Saint Bernard, *Sermons* : « Meilleur on est, pire on devient, si on s'attribue à soi ce par quoi on est bon ».

4. Souvenir déformé d'un passage de Montaigne. Il s'agit de sauvages d'Écosse et de Touraine. Peut-être un glissement vers une contraction pour Providence ?

195. *(Peu de tout. Puisqu'on ne peut être universel en sachant tout ce qui se peut savoir sur tout, il faut savoir peu de tout, car il est bien plus beau e savoir quelque chose de tout que de savoir tout d'une chose. Cette universalité est la plus belle. Si on pouvait avoir les deux encore mieux, mais s'il faut choisir il faut choisir celle-là. Et le monde le fait et le sait, car le monde est un bon juge souvent.)*

196. *(Ma fantaisie me fait haïr un coasseur et un qui souffle en mangeant. La fantaisie à grand poids. Que profiterons nous de là ? Que nous suivrons ce poids à cause qu'il est naturel, non, mais que nous y résisterons.)*

197. *(Rien ne montre mieux la vanité des hommes que de considérer quelque cause et quels effets de l'amour, car tout l'univers en est changé. Le nez de Cléopâtre.)*

198. En voyant l'aveuglement et la misère de l'homme, en regardant tout l'univers muet et l'homme sans lumière abandonné à lui-même, et comme égaré dans ce recoin de l'univers sans savoir qui l'y a mis, ce qu'il y est venu faire, ce qu'il deviendra en mourant, incapable de toute connaissance, j'entre en effroi comme un homme qu'on aurait porté endormi dans une île déserte et effroyable, et qui s'éveillerait sans connaître et sans moyen d'en sortir. Et sur cela j'admire comment on n'entre point en désespoir d'un si misérable état. Je vois d'autres personnes auprès de moi d'une semblable nature. Je leur demande s'ils sont mieux instruits que moi. Ils me disent que non et sur cela ces misérables égarés, ayant regardé autour d'eux et ayant vu quelques objets plaisants s'y sont donnés et s'y sont attachés. Pour moi je n'ai pu y prendre d'attache et considérant combien il y a plus d'apparence qu'il y a autre chose que ce que je vois j'ai recherché si ce Dieu n'aurait point laissé quelque marque de soi.

Je vois plusieurs religions contraires et partant toutes fausses, excepté une[1]. Chacune veut être crue par sa propre autorité et menace les incrédules. Je ne les crois donc pas là dessus. Chacun peut dire cela. Chacun peut se dire prophète mais je vois la chrétienne et je trouve des prophéties, et c'est ce que chacun ne peut pas faire.

1. Pétition de principe qui définit le vécu de toute croyance.

199. Disproportion de l'homme.

(Voilà où nous mènent les connaissances naturelles. Si celles-là ne sont véritables, il n'y a point de vérité dans l'homme, et si elles le sont il y trouve un grand sujet d'humiliation, forcé à s'abaisser d'une ou d'autre manière. Et puisqu'il ne peut subsister sans les croire je souhaite avant que d'entrer dans de plus grandes

recherches de la nature, qu'il la considère une fois sérieusement et à loisir, qu'il se regarde aussi soi-même et qu'il juge s'il a quelque proportion avec elle, par la comparaison qu'il fera de ces deux objets.)

Que l'homme contemple donc la nature entière dans sa haute et pleine majesté, qu'il éloigne la vue des objets bas qui l'environnent. Qu'il regarde cette éclatante lumière mise comme une lampe éternelle pour éclairer l'univers, que la terre lui paraisse comme un point au prix du vaste tour que cet astre décrit, et qu'il s'étonne de ce que ce vaste tour lui-même n'est qu'une pointe très délicate à l'égard de celui que ces astres, qui roulent dans le firmament, embrassent. Mais si notre vue s'arrête là que l'imagination passe outre, elle se lassera plutôt de concevoir que la nature de fournir. Tout ce monde visible n'est qu'un trait imperceptible dans l'ample sein de la nature. Nulle idée n'en approche, nous avons beau enfler nos conceptions au delà des espaces imaginables, nous n'enfantons que des atomes au prix de la réalité des choses. C'est une sphère infinie dont le centre est partout, la circonférence nulle part. Enfin c'est le plus grand caractère sensible de la toute puissance de Dieu que notre imagination se perde dans cette pensée.

Que l'homme étant revenu à soi considère ce qu'il est au prix de ce qui est, qu'il se regarde comme égaré, et que de ce petit cachot où il se trouve logé, j'entends l'univers, il apprenne à estimer, la terre, les royaumes, les villes, les maisons et soi-même, son juste prix.

Qu'est-ce qu'un homme, dans l'infini ?

Mais pour lui présenter un autre prodige aussi étonnant, qu'il recherche dans ce qu'il connaît les choses les plus délicates, qu'un ciron lui offre dans la petitesse de son corps des parties incomparablement plus petites, des jambes avec des jointures, des veines dans ses jambes, du sang dans ses veines, des humeurs dans ce sang, des gouttes dans ses humeurs, des vapeurs dans ces gouttes, que divisant encore ces dernières choses il épuise ses forces en ces conceptions et que le dernier objet où il peut arriver soit maintenant celui de notre discours. Il pensera peut-être que c'est là l'extrême petitesse de la nature.

Je veux lui faire voir là dedans un abîme nouveau. Je lui veux peindre non seulement l'univers visible, mais l'immensité qu'on peut concevoir de la nature dans l'enceinte de ce raccourci d'atome, qu'il y voie, une infinité d'univers, dont chacun a son firmament, ses planètes, sa terre, en la même proportion que le monde visible, dans cette terre des animaux, et enfin des cirons. Dans lesquels il retrouvera ce que les premiers ont donné, et trouvant encore dans les autres la même chose sans fin et sans repos, qu'il se perdra dans ces merveilles aussi étonnantes dans leur petitesse, que les autres par leur étendue, car qui n'admirera que notre corps, qui tantôt n'était pas perceptible dans l'univers imperceptible lui-même dans le sein du tout, soit à présent un colosse un monde ou plutôt un tout à l'égard du néant où l'on ne peut arriver. Qui se considérera de la sorte s'effraiera de soi-même et se considérant soutenu dans la masse que la nature lui a donnée entre ces deux abîmes de l'infini et du néant il tremblera dans la vue de ces merveilles et je crois que sa curiosité se changeant en admiration il sera plus disposé à les contempler en silence qu'à les rechercher avec présomption. Car enfin qu'est-ce que l'homme dans la nature ? Un néant à l'égard de l'infini, un tout à l'égard du néant, un milieu entre rien et tout, infiniment éloigné de comprendre les extrêmes ; la fin des choses et leurs principes sont pour lui invinciblement cachés dans un secret impénétrable.

Également incapable de voir le néant d'où il est tiré et l'infini où il est englouti.

Que fera(-t-)il donc sinon d'apercevoir quelque apparence du milieu des choses dans un désespoir éternel de connaître ni leur principe ni leur fin. Toutes choses sont sorties du néant et portées jusqu'à l'infini. Qui suivra ces étonnantes démarches ? L'auteur de ces merveilles les comprend. Tout autre ne le peut faire.

Manque d'avoir contemplé ces infinis les hommes se sont portés témérairement à la recherche de la nature comme s'ils avaient quelque proportion avec elle.

C'est une chose étrange qu'ils ont voulu comprendre les principes des choses et de là arriver jusqu'à connaître tout, par une présomption aussi infinie que leur objet. Car il est sans doute qu'on ne peut former ce dessein sans une présomption ou sans une capacité infinie, comme la nature.

Quand on est instruit on comprend que la nature ayant gravé son image et celle de son auteur dans toutes choses elles tiennent presque toutes de sa double infinité. C'est ainsi que nous voyons que toutes les sciences sont infinies en l'étendue de leurs recherches, car qui doute que la géométrie par exemple a une infinité d'infinités de propositions à exposer. Elles sont aussi infinies dans la multitude et la délicatesse de leurs principes, car qui ne voit que ceux qu'on propose pour les derniers ne se soutiennent pas d'eux-mêmes et qu'ils sont appuyés sur d'autres qui en ayant d'autres pour appui ne souffrent jamais de dernier.

Mais nous faisons des derniers qui paraissent à la raison, comme on fait dans les choses matérielles où nous appelons un point indivisible, celui au delà duquel nos sens n'aperçoivent plus rien, quoique divisible infiniment et par sa nature.

De ces deux infinis des sciences celui de grandeur est bien plus sensible, et c'est pourquoi il est arrivé à peu de personnes de prétendre connaître toutes choses. Je vais parler de tout, disait Démocrite.

Mais l'infinité en petitesse est bien moins visible. Les philosophes ont bien plutôt prétendu d'y arriver, et c'est là où tous ont achoppé. C'est ce qui a donné lieu à ces titres si ordinaires, *Des principes des choses, Des principes de la philosophie*, et aux semblables aussi fastueux en effet, quoique moins en apparence que cet autre qui crève les yeux : *De omni scibili.*

On se croit naturellement bien plus capable d'arriver au centre des choses que d'embrasser leur circonférence, et l'étendue visible du monde nous surpasse visiblement. Mais comme c'est nous qui surpassons les petites choses nous nous croyons plus capables de les posséder, et cependant, etc. Il ne faut pas moins de capacité pour aller jusqu'au néant que jusqu'au tout. Il la faut infinie pour l'un et l'autre, et il me semble que qui aurait compris les derniers principes des choses pourrait aussi arriver jusqu'à connaître l'infini. L'un dépend de l'autre et l'un conduit à l'autre. Ces extrémités se touchent et se réunissent à force de s'être éloignées et se retrouvent en Dieu, et en Dieu seulement. Connaissons donc notre portée. Nous sommes quelque chose et ne sommes pas tout. Ce que nous avons d'être nous dérobe la connaissance des premiers principes qui naissent du néant, et le peu que nous avons d'être nous cache la vue de l'infini.

Notre intelligence tient dans l'ordre des choses intelligibles le même rang que notre corps dans l'étendue de la nature.

Bornés en tout genre, cet état qui tient le milieu entre deux extrêmes se trouve en toutes nos puissances. Nos sens n'aperçoivent rien d'extrême, trop de bruit nous assourdit, trop de lumière éblouit, trop de distance et trop de proximité empêche la vue. Trop de longueur et trop de brièveté de discours l'obscurcit, trop de vérité nous étonne. J'en sais qui ne peuvent comprendre que qui de zéro ôte 4 reste zéro. Les premiers principes ont trop d'évidence pour nous; trop de plaisir incommode, trop de consonances déplaisent dans la musique, et trop de bienfaits irritent. Nous voulons avoir de quoi surpasser la dette. *Beneficia eo usque laeta sunt dum videntur exsolvi posse ubi multum antevenere pro gratia odium redditur*[1]. Nous ne sentons ni l'extrême chaud, ni l'extrême froid. Les qualités excessives nous sont ennemies et non pas sensibles, nous ne les sentons plus, nous les souffrons. Trop de jeunesse et trop de vieillesse empêche l'esprit; trop et trop peu d'instruction.

Enfin les choses extrêmes sont pour nous comme si elles n'étaient point et nous ne sommes point à leur égard; elles nous échappent ou nous à elles.

Voilà notre état véritable. C'est ce qui nous rend incapables de savoir certainement et d'ignorer absolument. Nous voguons sur un milieu vaste, toujours incertains et flottants, poussés d'un bout vers l'autre; quelque terme où nous pensions nous attacher et nous affermir, il branle, et nous quitte, et si nous le suivons il échappe à nos prises, nous glisse et fuit d'une fuite éternelle; rien ne s'arrête pour nous. C'est l'état qui nous est naturel et toutefois le plus contraire à notre inclination. Nous brûlons du désir de trouver une assiette ferme, et une dernière base constante pour y édifier une tour qui s'élève à (l')infini, mais tout notre fondement craque et la terre s'ouvre jusqu'aux abîmes.

Ne cherchons donc point d'assurance et de fermeté; notre raison est toujours déçue par l'inconstance des apparences: rien ne peut fixer le fini entre les deux infinis qui l'enferment et le fuient.

Cela étant bien compris je crois qu'on se tiendra en repos, chacun dans l'état où la nature l'a placé. Ce milieu qui nous est échu en partage étant toujours distant des extrêmes, qu'importe qu'un autre ait un peu plus d'intelligence des choses s'il en a et s'il les prend un peu de plus haut n'est-il pas toujours infiniment éloigné du bout et la

1. Tacite, d'après Montaigne, *Essais*, III, 8: les bienfaits sont agréables tant qu'on pense pouvoir les rendre. Là où ils outrepassent ce pouvoir, la haine fait place à la reconnaissance.

durée de notre vie n'est-elle pas également infime de l'éternité pour durer dix ans davantage.

Dans la vue de ces infinis tous les finis sont égaux et je ne vois pas pourquoi asseoir son imagination plutôt sur un que sur l'autre. La seule comparaison que nous faisons de nous au fini nous fait peine.

Si l'homme s'étudiait il verrait combien il est incapable de passer outre. Comment se pourrait-il qu'une partie connût le tout ? Mais il aspirera peut-être à connaître au moins les parties avec lesquelles il a de la proportion. Mais les parties du monde ont toutes un tel rapport et un tel enchaînement l'une avec l'autre que je crois impossible de connaître l'une sans l'autre et sans le tout.

L'homme par exemple a rapport à tout ce qu'il connaît. Il a besoin de lieu pour le contenir, de temps pour durer, de mouvement pour vivre, d'éléments pour le composer de chaleur et d'aliments pour se nourrir, d'air pour respirer. Il voit la lumière, il sent les corps, enfin tout tombe sous son alliance. Il faut donc pour connaître l'homme savoir d'où vient qu'il a besoin d'air pour subsister et pour connaître l'air, savoir par où il a ce rapport à la vie de l'homme, etc.

La flamme ne subsiste point sans l'air ; donc pour connaître l'un il faut connaître l'autre.

Donc toutes choses étant causées et causantes, aidées et aidantes, médiates et immédiates et toutes s'entretenant par un lien naturel et insensible qui lie les plus éloignées et les plus différentes, je tiens impossible de connaître les parties sans connaître le tout, non plus que de connaître le tout sans connaître particulièrement les parties[1].

(L'éternité des choses en elles-mêmes ou en Dieu doit encore étonner notre petite durée. L'immobilité fixe et constante de la nature, comparaison ou changement continuel qui se passe en nous doit faire le même effet.)

Et ce qui achève notre impuissance à connaître les choses est qu'elles sont simples en elles-mêmes et que nous sommes composés de deux natures opposées et de divers genres, d'âme et de corps. Car il est impossible que la partie qui raisonne en nous soit autre que spirituelle et quand on prétendrait que nous serions simplement corporels cela nous exclurait bien davantage de la connaissance des choses, n'y ayant rien de si inconcevable que de dire que la matière se connaît soi-même. Il ne nous est pas possible de connaître comment elle se connaîtrait.

1. Allusion à la théorie de la sympathie universelle, déjà chez les stoïciens et reprise à la Renaissance.

Et ainsi si nous *sommes* simples matériels nous ne pouvons rien du tout connaître, et si nous sommes composés d'esprit et de matière nous ne pouvons connaître parfaitement les choses simples spirituelles ou corporelles.

De là vient que presque tous les philosophes confondent les idées des choses et parlent des choses corporelles spirituellement et des spirituelles corporellement, car ils disent hardiment que les corps tend(ent) en bas, qu'ils aspirent à leur centre, qu'ils fuient leur destruction, qu'ils craignent le vide, qu'ils (ont) des inclinations, des sympathies, des antipathies, toutes choses qui n'appartiennent qu'aux esprits[1]. Et en parlant des esprits ils les considèrent comme en un lieu, et leur attribuent le mouvement d'une place à une autre, qui sont choses qui n'appartiennent qu'aux corps.

Au lieu de recevoir les idées de ces choses pures, nous les teignons de nos qualités et empreignons notre être composé (de) toutes les choses simples que nous contemplons.

Qui ne croirait à nous voir composer toutes choses d'esprit et de corps que ce mélange là nous serait bien compréhensible[2]. C'est néanmoins la chose qu'on comprend le moins; l'homme est à lui-même le plus prodigieux objet de la nature, car il ne peut concevoir ce que c'est que corps et encore moins ce que c'est qu'esprit, et moins qu'aucune chose comment un corps peut être uni avec un esprit. C'est là le comble de ses difficultés et cependant c'est son propre être. *Modus quo corporibus adherent spiritus comprehendi ab homine non potest, et hoc tamen homo est.*

Enfin pour consommer la preuve de notre faiblesse je finirai par ces deux considérations[3]...

200. L'homme n'est qu'un roseau, le plus faible de la nature, mais c'est un roseau pensant. Il ne faut pas que l'univers entier s'arme pour l'écraser; une vapeur, une goutte d'eau suffit pour le tuer. Mais quand l'univers l'écraserait, l'homme serait encore plus noble que ce qui le tue, puisqu'il sait qu'il meurt et l'avantage que l'univers a sur lui. L'univers n'en sait rien.

Toute notre dignité consiste donc en la pensée. C'est de là qu'il nous faut relever et non de l'espace et de la durée, que nous ne saurions remplir. Travaillons donc à bien penser: voilà le principe de la morale.

1. En revanche Pascal rompt ici avec la pensée de la Renaissance en s'appuyant sur Descartes et la séparation des substances.

2. Augustin, *Cité de Dieu*: la façon dont l'esprit est uni au corps ne peut être comprise par l'homme et pourtant, c'est l'homme même. Cité par Montaigne, repris et étayé par Descartes.

3. La coïncidence des extrêmes opposés se trouve chez Nicolas Krebs, cardinal de Cues (1401-1465), penseur des mathématiques, dans une symbolique mystique à la fin du XVe siècle. La pensée de l'univers infini est aussi chez Giordano Bruno, brûlé en 1600 à Rome pour cette audace.

201. Le silence éternel de ces espaces infinis m'effraie.

202. Consolez-vous ; ce n'est point de vous que vous devez l'attendre, mais au contraire en n'attendant rien de vous que vous devez l'attendre.

XV bis. LA NATURE EST CORROMPUE

Dossier vide.

XVI. FAUSSETÉ DES AUTRES RELIGIONS

203. Fausseté des autres religions.

Mahomet sans autorité.

Il faudrait donc que ses raisons fussent bien puissantes, n'ayant que leur propre force.

Que dit-il donc ? Qu'il faut le croire.

204. Fausseté des autres religions. Ils n'ont point de témoins. Ceux-ci en ont.

Dieu défie les autres religions de produire de telles marques. Etc.

205. S'il y a un seul principe de tout, une seule fin de tout – tout par lui, tout pour lui –, il faut donc que la vraie religion nous enseigne à n'adorer que lui et à n'aimer que lui. Mais comme nous nous trouvons dans l'impuissance d'adorer ce que nous ne connaissons pas et d'aimer autre chose que nous il faut que la religion qui instruit de ces devoirs nous instruise aussi de ces impuissances et qu'elle nous apprenne aussi les remèdes. Elle nous apprend que par un homme tout a été perdu et la liaison rompue entre Dieu et nous, et que par un homme la liaison est réparée.

Nous naissons si contraires à cet amour de Dieu et il est si nécessaire qu'il faut que nous naissions coupables, ou Dieu serait injuste.

206. *Rem videretur causam non viderunt*[1].

207. Contre Mahomet. L'Alcoran n'est pas plus de Mahomet que l'Évangile de saint Matthieu. Car il est cité de plusieurs auteurs de siècle en siècle. Les ennemis mêmes, Celse et Porphyre, ne l'ont jamais désavoué. L'Alcoran dit que saint Matthieu était homme de bien, donc il était faux prophète ou en appelant gens de bien des méchants, ou en ne demeurant pas d'accord de ce qu'ils ont dit de J.-C.[2].

208. Sans ces divines connaissances qu'ont pu faire les hommes sinon ou s'élever dans le sentiment intérieur qui leur reste de leur grandeur passée, ou s'abattre dans la vue de leur faiblesse présente. Car ne voyant pas la

1. Augustin : « Ils ont vu l'effet mais non la cause ». Voir **Dossier : Concepts clés**, Raison des effets, p. 141.

2. Cette affirmation, comme toutes celles sur l'Islam, est tirée du *De vera religione* de Grotius. Celse et Porphyre, auteurs néoplatoniciens, sont étrangers aux religions monothéistes.

vérité entière ils n'ont pu arriver à une parfaite vertu, les uns considérant la nature comme incorrompue, les autres comme irréparable, ils n'ont pu fuir ou l'orgueil ou la paresse qui sont les deux sources de tous les vices, puisqu'il ne peut sinon ou s'y abandonner par lâcheté, ou en sortir par l'orgueil. Car s'ils connaissaient l'excellence de l'homme, ils en ignorent la corruption de sorte qu'ils évitaient bien la paresse, mais ils se perdaient dans la superbe et s'ils reconnaissent l'infirmité de la nature ils en ignorent la dignité de sorte qu'ils pouvaient bien éviter la vanité mais c'était en se précipitant dans le désespoir.

De là viennent les diverses sectes des stoïques et des épicuriens, des dogmatistes et des académiciens, etc.

La seule religion chrétienne a pu guérir ces deux vices, non pas en chassant l'un par l'autre par la sagesse de la terre, mais en chassant l'un et l'autre par la simplicité de l'Évangile. Car elle apprend aux justes qu'elle élève jusqu'à la participation de la divinité même qu'en ce sublime état ils portent encore la source de toute la corruption qui les rend durant toute la vie sujets à l'erreur, à la misère, à la mort, au péché, et elle crie aux plus impies qu'ils sont capables de la grâce de leur rédempteur. Ainsi donnant à trembler à ceux qu'elle justifie et consolant ceux qu'elle condamne elle tempère avec tant de justesse la crainte avec l'espérance par cette double capacité qui est commune à tous et de la grâce et du péché. *C'est donc elle seule qui donne les vérités et les vertus pures*; qu'elle abaisse infiniment plus que la seule raison ne peut faire mais sans désespérer et qu'elle élève infiniment plus que l'orgueil de la nature, mais sans enfler, et que faisant bien voir par là qu'étant seule exempte d'erreur et de vice il n'appartient qu'à elle et d'instruire et de corriger les hommes. Qui peut donc refuser à ces célestes lumières de les croire et de les adorer. Car n'est-il pas plus clair que le jour que nous sentons en nous-mêmes des caractères ineffaçables d'excellence et n'est-il pas aussi véritable que nous éprouvons à toute heure les effets de notre déplorable condition.

Que nous crie donc ce chaos et cette confusion monstrueuse sinon la vérité de ces deux états avec une voix si puissante qu'il est impossible de résister ?

209. Différence entre J.-C. et Mahomet.

Mahomet non prédit, J.-C. prédit.

Mahomet en tuant, J.-C. en faisant tuer les siens. Mahomet en défendant de lire, les apôtres en ordonnant de lire.

Enfin cela est si contraire que si Mahomet a pris la voie de réussir humainement, J.-C. a pris celle de périr humainement et qu'au lieu de conclure que puisque Mahomet a réussi, J.-C. a bien pu réussir, il faut dire que puisque Mahomet a réussi, J.-C. devait périr[1].

210. Tous les hommes se haïssent naturellement l'un l'autre. On s'est servi comme on a pu de la concupiscence pour la faire servir au bien public. Mais ce n'est que feindre et une fausse image de la charité, car au fond ce n'est que haine[2].

211. On a fondé et tiré de la concupiscence des règles admirables de police, de morale, et de justice. Mais dans le fond, ce vilain fond de l'homme, ce *figmentum malum* n'est que couvert. Il n'est pas ôté.

212. J.-C. est un Dieu dont on s'approche sans orgueil et sous lequel on s'abaisse sans désespoir.

213. *Dignior plais quam osculis non timeo quia amo*[3].

214. La vraie religion doit avoir pour marque d'obliger à aimer son Dieu. Cela est bien juste et cependant aucune ne l'a ordonné, la nôtre l'a fait.

Elle doit encore avoir connu la concupiscence et l'impuissance, la nôtre l'a fait.

Elle doit y avoir apporté des remèdes, l'un est la prière. Nulle religion n'a demandé à Dieu de l'aimer et de le suivre.

215. Après avoir entendu toute la nature de l'homme il faut pour faire qu'une religion soit vraie qu'elle ait connu notre nature. Elle doit avoir connu la grandeur et la petitesse et la raison de l'une et de l'autre. Qui l'a connue que la chrétienne ?

216. La vraie religion enseigne nos devoirs, nos impuissances, orgueil et concupiscence, et les remèdes, humilité, mortification.

217. Il y a des figures claires et démonstratives, mais il y en a d'autres qui semblent un peu tirées par les cheveux, et qui ne prouvent qu'à ceux qui sont persuadés d'ailleurs. Celles-là sont semblables aux apocalyptiques.

Mais la différence qu'il y a c'est qu'ils n'en ont point d'indubitables tellement qu'il n'y a rien de si injuste que quand ils montrent que les leurs sont aussi bien fondées que quelques-unes des nôtres. Car ils n'en ont pas de démonstratives comme quelques-unes des nôtres.

1. Raisonnement typique des polémiques religieuses où chacun voit les absurdités de l'autre.

2. Reprise du fragment 118. L'idée de Hobbes de la haine universelle à l'état de nature est aggravée, car le politique n'est pas une issue. Et cette haine doit tourner en ordre.

3. Saint Bernard: « Méritant des coups plus que des baisers, je ne crains pas parce que j'aime. »

La partie n'est donc pas égale. Il ne faut pas égaler et confondre ces choses parce qu'elles semblent être semblables par un bout, étant si différentes par l'autre. Ce sont les clartés qui méritent, quand elles sont divines, qu'on révère les obscurités. *(C'est comme ceux entre lesquels il y a un certain langage obscur; ceux qui n'entendraient pas cela n'y comprendraient qu'un sot sens.)*

218. Ce n'est pas par ce qu'il y a d'obscur dans Mahomet et qu'on peut faire passer pour un sens mystérieux que je veux qu'on en juge, mais par ce qu'il y a de clair, par son paradis et par le reste. C'est en cela qu'il est ridicule. Et c'est pourquoi il n'est pas juste de prendre ses obscurités pour des mystères, vu que ses clartés sont ridicules. Il n'en est pas de même de l'Écriture. Je veux qu'il y ait des obscurités qui soient aussi bizarres que celles de Mahomet, mais il y a des clartés admirables et des prophéties manifestes et accomplies. La partie n'est donc pas égale. Il ne faut pas confondre et égaler les choses qui ne se ressemblent que par l'obscurité et non pas par la clarté qui mérite qu'on révère les obscurités.

219. Les autres religions, comme les païennes, sont plus populaires, car elles sont en extérieur, mais elles ne sont pas pour les gens habiles. Une religion purement intellectuelle serait plus proportionnée aux habiles, mais elle ne servirait pas au peuple. La seule religion chrétienne est proportionnée à tous, étant mêlée d'extérieur et d'intérieur. Elle élève le peuple à l'intérieur, et abaisse les superbes à l'extérieur, et n'est pas parfaite sans les deux, car il faut que le peuple entende l'esprit de la lettre et que les habiles soumettent leur esprit à la lettre.

220. Nulle autre religion n'a proposé de se haïr, nulle autre religion ne peut donc plaire à ceux qui se haïssent et qui cherchent un être véritablement aimable. Et ceux-là s'ils n'avaient jamais ouï parler de la religion d'un Dieu humilié l'embrasseraient incontinent.

XVII. RENDRE LA RELIGION AIMABLE

221. J.-C. pour tous. Moïse pour un peuple. Les Juifs bénis en Abraham. Je bénirai ceux qui te béniront, mais toutes nations bénies en sa semence. *Parum est ut, etc.*, Isaïe *Lumen ad revelationem gentium. Non fecit taliter omni nationi*[1], disait David, en parlant de la loi. Mais en parlant de J.-C. il faut dire : [...] Isaïe.

1. « Il n'a pas agi ainsi pour toute nation (C'est peu que tu serves à relever les tribus de Jacob). Je t'établis pour être la lumière en vue de la révélation des nations. »

Aussi c'est à J.-C. d'être universel ; l'Église même n'offre le sacrifice que pour les fidèles. J.-C. a offert celui de la croix pour tous.

222. Les juifs charnels et les païens ont des misères et les chrétiens aussi. Il n'y a point de rédempteur pour les païens, car ils (n')en espèrent pas seulement. Il n'y a point de rédempteur pour les juifs : ils l'espèrent en vain. Il n'y a de rédempteur que pour les chrétiens.

Voyez Perpétuité.

XVIII. FONDEMENTS

223. Il faut mettre au chap. Des *fondements* ce qui est en celui des *figuratifs* touchant la cause des figures. Pourquoi J.-C. prophétisé en son premier avènement ? Pourquoi prophétisé obscurément en la manière.

224. Incrédules les plus crédules, ils croient les miracles de Vespasien pour ne pas croire ceux de Moïse.

225. Comme J.-C. est demeuré inconnu parmi les hommes ; ainsi la vérité demeure parmi les opinions communes sans différence à l'extérieur. Ainsi l'Eucharistie parmi le pain commun.

226. Toute la foi consiste en J.-C. et en Adam et toute la morale en la concupiscence et en la grâce.

227. Qu'ont-ils à dire contre la résurrection, et contre l'enfantement d'une vierge. Qu'est-il plus difficile de produire un homme ou un animal, que de le reproduire. Et s'ils n'avaient jamais vu une espèce d'animaux pourraient-ils deviner s'ils se produisent sans la compagnie les uns des autres ?

228. Que disent les prophètes de J.-C. ? Qu'il sera évidemment Dieu ? Non mais qu'il est un Dieu véritablement caché, qu'il sera méconnu, qu'on ne pensera point que ce soit lui, qu'il sera une pierre d'achoppement, à laquelle plusieurs heurteront, etc.

Qu'on ne nous reproche donc plus le manque de clarté puisque nous en faisons profession. Mais, dit-on, il y a des obscurités et sans cela on ne serait pas aheurté à J.-C. Et c'est un des desseins formels des prophètes, etc.

229. Ce que les hommes par leurs plus grandes lumières avaient pu connaître, cette religion l'enseignait à ses enfants.

230. Tout ce qui est incompréhensible ne laisse pas d'être.

231. *(Si on veut dire que l'homme est trop peu pour mériter la communication avec Dieu, il faut être bien grand pour en juger.)*

232. On n'entend rien aux ouvrages de Dieu si on ne prend pour principe qu'il a voulu aveugler les uns et éclaircir les autres.

233. J.-C. ne dit pas qu'il n'est pas de Nazareth pour laisser les méchants dans l'aveuglement, ni qu'il n'est pas fils de Joseph.

234. Dieu veut plus disposer la volonté que l'esprit, la clarté parfaite servirait à l'esprit et nuirait à la volonté. Abaisser la superbe.

235. J.-C. est venu aveugler ceux qui voient clair et donner la vue aux aveugles, guérir les malades, et laisser mourir les sains appeler à pénitence et justifier les pêcheurs, et laisser les justes dans leurs péchés, remplir les indigents et laisser les riches vides[1].

236. *Aveugler. Éclaircir.* Saint Aug. Montag. Sebonde. Il y a assez de clarté pour éclairer les élus et assez d'obscurité pour les humilier. Il y a assez d'obscurité pour aveugler les réprouvés et assez de clarté pour les condamner et les rendre inexcusables.

La généalogie de J.-C. dans l'ancien testament est mêlée parmi tant d'autres inutiles, qu'elle ne peut être discernée. Si Moïse n'eut tenu registre que des ancêtres de J.-C. cela eut été trop visible ; s'il n'eût pas marqué celle de J.-C. cela n'eût pas été assez visible, mais après tout qui y regarde de près voit celle de J.-C. bien discernée par Thamar, Ruth, etc.

Ceux qui ordonnaient ces sacrifices en savaient l'inutilité et ceux qui en ont déclaré l'inutilité n'ont pas laissé de les pratiquer.

Si Dieu n'eût permis qu'une seule religion elle eût été trop reconnaissable. Mais qu'on y regarde de près on discerne bien la vraie dans cette confusion.

Principe : Moïse était habile homme. Si donc il se gouvernait par son esprit il ne devait rien mettre qui fût directement contre l'esprit.

Ainsi toutes les faiblesses très apparentes sont des forces. Exemple. Les deux généalogies de saint Matthieu et saint Luc. Qu'y a(-t-)il de plus clair que cela n'a pas été fait de concert.

237. Si J.-C. n'était venu que pour sanctifier, toute l'Écriture et toutes choses y tendraient et il serait bien aisé de convaincre les infidèles. Si J.-C. n'était venu que pour aveugler toute sa conduite serait confuse et nous n'aurions aucun moyen de convaincre les infidèles, mais

1. Cette dialectique de clarté et d'obscurité est l'axe de l'explication pascalienne de la religion, mais devient aussi une machine à vide.

comme il est venu, etc., comme dit Isaïe, nous ne pouvons convaincre les infidèles. Et ils ne peuvent nous convaincre, mais par là même nous les convainquons, puisque nous disons qu'il n'y a point de conviction dans toute sa conduite de part ni d'autre.

238. Figures. Dieu voulant priver les siens des biens périssables pour montrer que ce n'était pas par impuissance, il a fait le peuple juif.

239. L'homme n'est pas digne de Dieu mais il n'est pas incapable d'en être rendu digne. Il est indigne de Dieu de se joindre à l'homme misérable mais il n'est pas indigne de Dieu de le tirer de sa misère.

240. Preuve. Prophétie avec l'accomplissement.

Ce qui a précédé et ce qui a suivi J.-C.

241. Source des contrariétés. Un Dieu humilié et jusqu'à la mort de la croix. Deux natures en J.-C. Deux avènements. Deux états de la nature de l'homme. Un messie triomphant de la mort par sa mort.

242. Que Dieu s'est voulu cacher.

S'il n'y avait qu'une religion Dieu y serait bien manifeste. S'il n'y avait des martyrs qu'en notre religion de même.

Dieu étant ainsi caché toute religion qui ne dit pas que Dieu est caché n'est pas véritable, et toute religion qui n'en rend pas la raison n'est pas instruisante. La nôtre fait tout cela. *Vere tu es deus absconditus.*

243. *(Fondement de notre foi.)* La religion païenne est sans fondement. *(Aujourd'hui on dit qu'autrefois qu'elle (en) a eu par les oracles qui ont parlé. Mais quels sont les livres qui nous en assurent ? sont-ils si dignes de foi par la vertu de leurs auteurs ? Sont-ils conservés avec tant de soin ? Qu'on puisse s'assurer qu'ils ne sont point corrompus ?)* La religion mahométane a pour fondement l'Alcoran, et Mahomet. Mais ce prophète qui devait être la dernière attente du monde a(-t-)il été prédit ? Et quelle marque a(-t-)il que n'ait aussi tout homme qui se voudra dire prophète. Quels miracles dit-il lui-même avoir faits ? Quel mystère a(-t-)il enseigné selon sa tradition même ? Quelle morale et quelle félicité !

La religion juive doit être regardée différemment. Dans la tradition des livres saints et dans la tradition du peuple. La morale et la félicité en est ridicule dans la tradition du peuple mais elle est admirable dans celle de leurs saints. Le fondement en est admirable. C'est le plus ancien livre du monde et le plus authentique et au lieu que Mahomet pour faire subsister le sien a défendu de le lire, Moïse pour faire subsister le sien a ordonné à tout le monde de le lire. Et toute religion est de même. Car la chrétienne est bien différente dans les livres saints et dans les casuistes.

Notre religion est si divine qu'une autre religion divine n'en a que le fondement.

244. Objection des athées. Mais nous n'avons nulle lumière.

XIX. LOI FIGURATIVE

245. Que la loi était figurative.

246. Figures. Les peuples juif et égyptien visiblement prédits par ces deux particuliers, que Moïse rencontra : l'Égyptien battant le Juif, Moïse le vengeant et tuant l'Égyptien et le Juif en étant ingrat.

247. Figuratives. Fais toutes choses selon le patron qui t'a été montré en la montagne, sur quoi saint Paul dit que les Juifs ont peint les choses célestes.

248. Figures. Les prophètes prophétisaient par figures, de ceinture, de barbe et cheveux brûlés, etc.

249. Figuratives. Clef du chiffre. *Veri adoratores. Ecce agnus dei qui tollit peccata mundi*[1].

250. Figurat. Ces termes d'épée, d'écu, *potentissime.*

251. Qui veut donner le sens de l'Écriture et ne le prend point de l'Écriture est ennemi de l'Écriture. (Aug. d. d. Ch...).

252. Deux erreurs.

1. prendre tout littéralement.
2. prendre tout spirituellement.

253. Figures. J.-C. leur ouvrit l'esprit pour entendre les Écritures. Deux grandes ouvertures sont celles-là.

1. Toutes choses leur arrivaient en figures. *Vere Israelitae. Vere liberi*[2]. Vrai pain du ciel. 2. Un Dieu humilié jusqu'à la croix. Il a fallu que le Christ ait souffert pour entrer en sa gloire, qu'il vaincrait la mort par sa mort deux avènements.

254. Parler contre les trop grands figuratifs.

255. Dieu, pour rendre le messie connaissable aux bons et méconnaissable aux méchants, l'a fait prédire en cette sorte. Si la manière du messie eut été prédite clairement, il n'y eût point eu d'obscurité même pour les méchants.

Si le temps eut été prédit obscurément il y eut eu obscurité même pour les bons *(car la bonté de leur cœur)* ne leur

1. Jean, I, 2 : « Voici l'agneau de Dieu, celui qui ôte les péchés du monde ».

2. Allusion à l'argument employé dès l'origine, chez Paul, à l'égard du judaïsme : le vrai Israël c'est le christianisme. Les juifs subsistants sont de faux juifs, prisonniers des « figures », de la lettre de leur texte qu'ils ne comprennent pas.

eut pas fait entendre que par exemple *(le mem)* signifie six cents ans. Mais le temps a été prédit clairement et la manière en figures.

Par ce moyen les méchants prenant les biens promis pour matériels s'égarent malgré le temps prédit clairement et les bons ne s'égarent pas.

Car l'intelligence des biens promis dépend du cœur qui appelle bien ce qu'il aime, mais l'intelligence du temps promis ne dépend point du cœur. Et ainsi la prédiction claire du temps et obscure des biens ne déçoit que les seuls méchants.

256. Les juifs charnels n'entendaient ni la grandeur, ni l'abaissement du messie prédit dans leurs prophéties. Ils l'ont méconnu dans sa grandeur prédite, comme quand il dit que le messie sera seigneur de David, quoique son fils qu'il est devant qu'Abraham et qu'il l'a vu. Ils ne le croyaient pas si grand qu'il fût éternel, et ils l'ont méconnu de même dans son abaissement et dans sa mort. Le messie, disaient-ils, demeure éternellement et celui-ci dit qu'il mourra. Ils ne le croyaient donc ni mortel, ni éternel; ils ne cherchaient en lui qu'une grandeur charnelle.

257. Contradiction. On ne peut faire une bonne physionomie qu'en accordant toutes nos contrariétés et il ne suffit pas de suivre une suite de qualités accordantes sans accorder les contraires[1]; pour entendre le sens d'un auteur il faut accorder tous les passages contraires.

Ainsi pour entendre l'Écriture il faut avoir un sens dans lequel tous les passages contraires s'accordent; il ne suffit pas d'en avoir un qui convienne à plusieurs passages accordants, mais d'en avoir un qui accorde les passages même contraires.

Tout auteur a un sens auquel tous les passages contraires s'accordent ou il n'a point de sens du tout. On ne peut pas dire cela de l'Écriture et des prophètes: ils avaient assurément trop de bon sens. Il faut donc en chercher un qui accorde toutes les contrariétés.

Le véritable sens n'est donc pas celui des Juifs, mais en J.-C. toutes les contradictions sont accordées.

Les Juifs ne sauraient accorder la cessation de la royauté et principauté prédite par Osée, avec la prophétie de Jacob.

Si on prend la loi, les sacrifices et le royaume pour réalités on ne peut accorder tous les passages; il faut donc

1. Fond de la méthode pascalienne pour la compréhension des textes, des religions et de la réalité de l'homme, autrement dit de son herméneutique.

par nécessité qu'ils ne soient que figures. On ne saurait pas même accorder les passages d'un même auteur, ni d'un même livre, ni quelquefois d'un même chapitre, ce qui marque trop quel était le sens de l'auteur; comme quand Ézéchiel, ch. 20 dit qu'on vivra dans les commandements de Dieu et qu'on n'y vivra pas.

258. Il n'était point permis de sacrifier hors de Jérusalem, qui était le lieu que le seigneur avait choisi, ni même de manger ailleurs les décimes; Deut. XII, 5 et. Deut. XIV, 23, etc., XV, 20, XVI, 2, XI, 15. Osée a prédit qu'il serait sans roi, sans prince, sans sacrifice, etc., sans idoles, ce qui est accompli aujourd'hui, ne pouvant faire sacrifice légitime hors de Jérusalem.

259. Figure. Si la loi et les sacrifices sont la vérité il faut qu'elle plaise à Dieu et qu'elle ne lui déplaise point. S'ils sont figures il faut qu'ils plaisent et déplaisent.

Or dans toute l'Écriture ils plaisent et déplaisent. Il est dit que la loi sera changée, que le sacrifice sera changé, qu'ils seront sans roi, sans princes et sans sacrifices, qu'il sera fait une nouvelle alliance, que la loi sera renouvelée, que les préceptes qu'ils ont reçus ne sont pas bons, que leurs sacrifices sont abominables, que Dieu n'en a point demandé.

Il est dit au contraire que la loi durera éternellement, que cette alliance sera éternelle, que le sacrifice sera éternel, que le sceptre ne sortira jamais d'avec eux, puis qu'il n'en doit point sortir que le roi éternel n'arrive.

Tous ces passages marquent-ils que ce soit réalité? Non; marquent-ils aussi que ce soit figure? Non, mais que c'est réalité ou figure; mais les premiers excluant la réalité marque que ce n'est que figure.

Tous ces passages ensemble ne peuvent être dits de la réalité; tous peuvent être dits de la figure. Ils ne sont pas dits de la réalité mais de la figure.

Agnus occisus est ab origine mundi, juge sacrificium.

260. Un portrait porte absence et présence, plaisir et déplaisir. La réalité exclut absence et déplaisir. Figures[1].

Pour savoir si la loi et les sacrifices sont réalité ou figure il faut voir si les prophètes en parlant de ces choses y arrêtaient leur vue et leur pensée, en sorte qu'ils n'y vissent que cette ancienne alliance, ou s'ils y voient quelque autre chose dont elle fut la peinture. Car dans un portrait on voit la chose figurée. Il ne faut pour cela qu'examiner ce qu'ils en disent.

1. Chiffre à double sens, l'un qui montre, l'autre qui cache, absence et présence. Il s'appuie sur l'équivalence sémantique entre portrait et figure. C'est le problème de la lettre, du signifiant, du symbole, du tenant lieu, que privilégient les grammairiens et les logiciens de Port-Royal.

Quand ils disent qu'elle sera éternelle entendent-ils parler de l'alliance de laquelle ils disent qu'elle sera changée et de même des sacrifices, etc.

Le chiffre a deux sens. Quand on surprend une lettre importante où l'on trouve un sens clair, et où il est dit néanmoins que le sens en est voilé et obscurci, qu'il est caché en sorte qu'on verra cette lettre sans la voir et qu'on l'entendra sans l'entendre, que doit-on penser sinon que c'est un chiffre à double sens.

Et d'autant plus qu'on y trouve des contrariétés manifestes dans le sens littéral.

Les prophètes ont dit clairement qu'Israël serait toujours aimé de Dieu et que la loi serait éternelle et ils ont dit que l'on n'entendrait point leur sens et qu'il était voilé.

Combien doit-on donc estimer ceux qui nous découvrent le chiffre et nous apprennent à connaître le sens caché, et principalement quand les principes qu'ils en prennent sont tout à fait naturels et clairs ? C'est ce qu'a fait J.-C. et les apôtres. Ils ont levé le sceau. Il a rompu le voile et a découvert l'esprit. Ils nous ont appris pour cela que les ennemis de l'homme sont ses passions, que le rédempteur serait spirituel et son règne spirituel, qu'il y aurait deux avènements l'un de misère pour abaisser l'homme superbe, l'autre de gloire pour élever l'homme humilié, que J.-C. serait Dieu et homme.

261. Le temps du premier avènement sciemment prédit, le temps du second ne l'est point, parce que le premier devait être caché, le second devait être éclatant, et tellement manifeste que ses ennemis mêmes le devaient reconnaître, mais il ne devait venir qu'obscurément et que pour être connu de ceux qui sonderaient les Écritures.

262. Que pouvaient faire les Juifs, ses ennemis ? S'ils le reçoivent ils le prouvent par leur réception, car les dépositaires de l'attente du messie le recevaient et s'ils le renoncent ils le prouvent par leur renonciation.

263. Contrariétés. Le sceptre jusqu'au messie sans roi ni prince.

Loi éternelle, changée.

Alliance éternelle, alliance nouvelle.

Loi bonne, préceptes mauvais. Éze XX.

264. Les Juifs étaient accoutumés aux grands et éclatants miracles et ainsi ayant eu les grands coups de la mer rouge et la terre de Canaan comme un abrégé des grandes choses de leur messie ils en attendaient donc de plus éclatants, dont ceux de Moïse n'étaient que l'échantillon.

265. Figure porte absence et présence, plaisir et déplaisir. Chiffre à double sens. Un clair et où il est dit que le sens est caché.

266. On pourrait peut-être penser que quand les prophètes ont prédit que le sceptre ne sortirait point de Juda jusqu'au roi éternel ils auraient parlé pour flatter le peuple et que leur prophétie se serait trouvée fausse à Hérode. Mais pour montrer que ce n'est pas leur sens, et qu'ils savaient bien au contraire que ce royaume temporel devait cesser, ils disent qu'ils seront sans roi et sans prince. Et longtemps durant. Osée.

267. Figures. Dès qu'on a ouvert ce secret il est impossible de ne le pas voir. Qu'on lise le vieil testament en cette vue et qu'on voie si les sacrifices étaient vrais, si la parenté d'Abraham était la vraie cause de l'amitié de Dieu, si la terre promise était le véritable lieu de repos? Non, donc c'étaient des figures.

Qu'on voie de même toutes les cérémonies ordonnées et tous les commandements qui ne sont point pour la charité, on verra que c'en sont les figures.

Tous ces sacrifices et cérémonies étaient donc figures ou sottises, or il y a des choses claires trop hautes pour les estimer des sottises.

Savoir si les prophètes arrêtaient leur vue dans l'ancien testament ou s'ils y voyaient d'autres choses.

268. Figures. La lettre tue. Tout arrivait en figures. Il fallait que le Christ souffrît. Un Dieu humilié. Voilà le chiffre que saint Paul nous donne.

Circoncision du cœur, vrai jeûne, vrai sacrifice, vrai temple: les prophètes ont indiqué qu'il fallait que tout cela fût spirituel.

Non la viande qui périt, mais celle qui ne périt point. Vous serez vraiment libre; donc l'autre liberté n'est qu'une figure de liberté.

Je suis le vrai pain du ciel.

269. Il y en a qui voient bien qu'il n'y a pas d'autre ennemi de l'homme que la concupiscence qui les détourne de Dieu, et non pas des (ennemis), ni d'autre bien que Dieu, et non pas une terre grasse. Ceux qui croient que le bien de l'homme est en sa chair et le mal en ce qui le détourne des plaisirs des sens qu'il(s) s'en soûle(nt) et qu'il(s) y meure(nt). Mais ceux qui cherchent Dieu de tout leur cœur, qui n'ont de déplaisir que d'être privés de sa vue, qui n'ont de désir que pour le posséder et d'ennemis que ceux qui les en détournent, qui s'affligent de se voir environnés et dominés de tels ennemis, qu'ils se consolent, je leur annonce une heureuse nouvelle ; il y a un libérateur pour eux ; je le leur ferai voir ; je leur montrerai qu'il y a un Dieu pour eux ; je ne le ferai pas voir aux autres. Je ferai voir qu'un messie a été promis pour délivrer des ennemis, et qu'il en est venu un pour délivrer des iniquités, mais non des ennemis.

Quand David prédit que le messie délivrera son peuple de ses ennemis on peut croire charnellement que ce sera des Égyptiens, et alors je ne saurais montrer que la prophétie soit accomplie, mais on peut bien croire aussi que ce sera des iniquités. Car dans la vérité les Égyptiens ne sont point ennemis, mais les iniquités le sont.

Ce mot d'ennemis est donc équivoque, mais s'il dit ailleurs comme il fait qu'il délivrera son peuple de ses péchés, aussi bien qu'Isaïe et les autres, l'équivoque est ôtée, et le sens double des ennemis réduit au sens simple d'iniquités. Car s'il avait dans l'esprit les péchés il les pouvait bien dénoter par ennemis mais s'il pensait aux ennemis il ne les pouvait pas désigner par iniquités.

Or Moïse et David et Isaïe usaient de mêmes termes. Qui dira donc qu'ils n'avaient pas même sens et que le sens de David qui était manifestement d'iniquités lorsqu'il parlait d'ennemis, ne fut pas le même que Moïse en parlant d'ennemis.

Daniel IX, prie pour la délivrance du peuple de la captivité de leurs ennemis. Mais il pensait aux péchés, et pour le montrer, il dit que Gabriel lui vint dire qu'il était exaucé et qu'il n'y avait plus que soixante-dix semaines à attendre, après quoi le peuple serait délivré d'iniquité. Le péché prendrait fin et le libérateur, le saint des saints amènerait la justice éternelle, non la légale, mais l'éternelle.

270. A. Figures. Les Juifs avai(ent) vieilli dans ces pensées terrestres : que Dieu aimait leur père Abraham, sa chair et ce qui en sortait, que pour cela il les avait multipliés et distingués de tous les autres peuples sans souffrir qu'ils s'y mêlassent, que quand ils languissaient dans l'Égypte ils les en retira avec tous ses grands signes en leur faveur, qu'ils les nourrit de la manne dans le désert, qu'il les mena dans une terre bien grasse, qu'il leur donna des rois et un temple bien bâti pour y offrir des bêtes, et, par le moyen de l'effusion de leur sang qu'ils seraient purifiés, et qu'il leur devait enfin envoyer le messie pour les rendre maîtres de tout le monde, et il a prédit le temps de sa venue.

Le monde ayant vieilli dans ces erreurs charnelles. J.-C. est venu dans le temps prédit, mais non pas dans l'éclat attendu, et ainsi ils n'ont pas pensé que ce fut lui. Après sa mort saint Paul est venu apprendre aux hommes que toutes ces choses étaient arrivées en figure, que le royaume de Dieu ne consistait pas en la chair, mais en l'esprit, que les ennemis des hommes n'étaient pas le(ur)s babyloniens, mais leurs passions, que Dieu ne se plaisait pas aux temples faits de main, mais en un cœur pur et humilié, que la circoncision du corps était inutile, mais qu'il fallait celle du cœur, que Moïse ne leur avait pas donné le pain du ciel, etc.

Mais Dieu n'ayant pas voulu découvrir ces choses à ce peuple qui en était indigne et ayant voulu néanmoins les produire afin qu'elles fussent crues, il en a prédit le temps clairement (je ne dis pas bien) et les a quelquefois exprimées clairement mais abondamment en figures afin que ceux qui aimaient les choses figurantes s'y arrêtassent et que ceux qui aimaient les figurées les y vissent. Tout ce qui ne va point à la charité est figure[1].

L'unique objet de l'Écriture est la charité.

Tout ce qui ne va point à l'unique bien en est la figure. Car puisqu'il n'y a qu'un but tout ce qui n'y va point en mots propres est figure.

Dieu diversifie ainsi cet unique précepte de charité pour satisfaire notre curiosité qui recherche la diversité par cette diversité qui nous mène toujours à notre unique nécessaire. Car une seule chose est nécessaire et nous aimons la diversité, et Dieu satisfait à l'un et à l'autre par ces diversités qui mènent au seul nécessaire.

Les Juifs ont tant aimé les choses figurantes et les ont si bien attendues qu'ils ont méconnu la réalité quand elle est venue dans le temps et en la manière prédite.

Les rabbins prennent pour figure les mamelles de l'épouse et tout ce qui n'exprime pas l'unique but qu'ils ont des biens temporels.

Et les chrétiens prennent même l'Eucharistie pour figure de la gloire où ils tendent.

1. Nouvelle définition de la charité par la figure. Seule la charité permet la transparence du sens, sans détour, sans métaphore, sans signifiant.

271. J.-C. n'a fait autre chose qu'apprendre aux hommes qu'ils s'aimaient eux-mêmes, qu'ils étaient esclaves, aveugles, malades, malheureux et pécheurs; qu'il fallait qu'il les délivrât, éclairât, béatifiât et guérît, que cela se ferait en se haïssant soi-même et en le suivant par la misère et la mort de la croix[1].

272. Figures. Quand la parole de Dieu qui est véritable est fausse littéralement elle est vraie spirituellement. *(Sede a dextra mea...)*: cela est faux littéralement, donc cela est vrai spirituellement.

En ces expressions il est parlé de Dieu à la manière des hommes. Et cela ne signifie autre chose sinon que l'intention que les hommes ont en faisant asseoir à leur droite Dieu l'aura aussi. C'est donc une marque de l'intention de Dieu, non de sa manière de l'exécuter.

Ainsi quand il dit: Dieu a reçu l'odeur de vos parfums et vous donnera en récompense une terre grasse, c'est-à-dire la même intention qu'aurait un homme qui, agréant vos parfums, vous donnerait en récompense une terre grasse, Dieu aura la même intention pour vous parce que vous avez eu pour lu(i) même intention qu'un homme a pour celui à qui il donne des parfums.

Ainsi *iratus est*, Dieu jaloux, etc. Car les choses de Dieu étant inexprimables elles ne peuvent être dites autrement et l'Église d'aujourd'hui en use encore, *quia confortavit seras*, etc.

Il n'est pas permis d'attribuer à l'Écriture des sens qu'elle ne nous a pas révélé qu'elle a. Ainsi de dire que le (mem) d'Isaïe signifie 600 cela n'est pas révélé. Il n'est pas dit que les (tsadé) et les (hé) déficientes signifieraient des mystères. Il n'est donc pas permis de le dire. Et encore moins de dire que c'est la manière de la pierre philosophale. Mais nous disons que le sens littéral n'est pas le vrai parce que les prophètes l'ont dit eux-mêmes[2].

273. Ceux qui ont peine à croire cherchent un sujet en ce que les Juifs ne croient pas. Si cela était si clair, dit-on, pourquoi ne croiraient-ils pas? Et voudraient quasi qu'ils crussent afin de n'être point arrêtés par l'exemple de leur refus. Mais c'est leur refus même qui est le fondement de notre créance. Nous y serions bien moins disposés s'ils étaient des nôtres: nous aurions alors un bien plus ample prétexte[3].

Cela est admirable d'avoir rendu les Juifs grands amateurs des choses prédites et grands ennemis de l'accomplissement.

1. Noyau du christianisme de Pascal, identifié avec la haine de soi et la souffrance sur la croix.

2. Allusion à des lettres de l'alphabet hébreu, dotées de valeur numérique et interprétées symboliquement pour prophétiser. Pascal, comme Mersenne, récuse cette lecture chiffrée, vaguement dérivée de la Cabale (voir **Lexique**, p. 173) mais il en accepte le principe ailleurs.

3. Plus encore qu'au fragment 102, Pascal use d'une subtilité sophistique. Si les juifs devenaient chrétiens, ces derniers ne sauraient qu'être. Admirable en effet!

274. Preuves des deux testaments à la fois.

Pour prouver d'un coup tous les deux il ne faut que voir si les prophéties de l'un sont accomplies en l'autre.

Pour examiner les prophéties il faut les entendre.

Car si on croit qu'elles n'ont qu'un sens il est sûr que le messie ne sera point venu, mais si elles ont deux sens il est sûr qu'il sera venu en J.-C.

Toute la question est donc de savoir si elles ont deux sens.

Que l'Écriture a deux sens.

Que J.-C. et les apôtres ont donné(es) dont voici les preuves.

1. Preuve par l'Écriture même.

2. Preuves par les rabbins. Moïse Mammon dit qu'elle a deux faces prou(vées) et que les prophètes n'ont prophétisé que de J.-C.

3. Preuves par la Cabale[1].

4. Preuves par l'interprétation mystique que les rabbins mêmes donnent de l'Écriture.

5. Preuves par les principes des rabbins qu'il y a deux sens. Qu'il y a deux avènements du messie, glorieux ou abject selon leur mérite – que les prophètes n'ont prophétisé que du messie – la loi n'est pas éternelle, mais doit changer au messie – qu'alors on ne se souviendra plus de la Mer Rouge – que les Juifs et les gentils seront mêlés.

(6. *Preuves par la clef que J.-C. et les apôtres nous en donnent.*)

275. A. Figures. Isaïe – 51 la Mer Rouge image de la rédemption. *Ut sciatis quod filius hominis habet potestatem remittendi peccata tibi dico surge*[2].

Dieu voulant faire paraître qu'il pouvait former un peuple saint d'une sainteté invisible et le remplir d'une gloire éternelle a fait des choses visibles. Comme la nature est une image de la grâce il a fait dans les biens de la nature ce qu'il devait faire dans ceux de la grâce, afin qu'on jugeât qu'il pouvait faire l'invisible puisqu'il faisait bien le visible.

Il a donc sauvé le peuple du déluge ; il l'a fait naître d'Abraham, il l'a racheté d'entre ses ennemis et l'a mis dans le repos.

L'objet de Dieu n'était pas de sauver du déluge, et de faire naître tout un peuple d'Abraham pour nous introduire que dans une terre grasse.

Et même la grâce n'est que la figure de la gloire. Car elle n'est pas la dernière fin. Elle a été figurée par la loi et

1. Le mot est défini à la proposition suivante. Voir aussi **Lexique**, p. 173.

2. Marc, II, 10-11 : « Afin que vous sachiez que le fils de l'homme a le pouvoir de remettre les péchés, je te dis lève-toi ».

figure elle-même la grâce, mais elle en est la figure et le principe ou la cause.

La vie ordinaire des hommes est semblable à celle des saints. Ils recherchent tous leur satisfaction et ne diffèrent qu'en l'objet où ils la placent. Ils appellent leurs ennemis ceux qui les en empêchent etc. Dieu a donc montré le pouvoir qu'il a de donner les biens invisibles par celui qu'il a montré qu'il avait sur les visibles.

276. De deux personnes qui disent de sots contes, l'une qui voit double sens entendu dans la Cabale[1], l'autre qui n'a que ce sens, si quelqu'un n'étant pas du secret entend discourir les deux en cette sorte il en fera même jugement. Mais si ensuite dans le reste du discours l'un dit des choses angéliques et l'autre toujours des choses plates et communes il jugera que l'un parlait avec mystère et non pas l'autre, l'un ayant assez montré qu'il est incapable de telles sottises et capable d'être mystérieux, l'autre qu'il est incapable de mystère et capable de sottise.

Le vieux testament est un chiffre.

XX. RABBINAGE

277. Chronologie du rabbinisme. Les citations des pages sont du livre Pugio. P. 27 R Hakadosch. Auteur du Michna ou loi vocale, ou seconde loi – an 200.

Commentaires du Mischna l'un siphonal

Barajetot an 340

Talmud hyerosol

Tosiphot

Bereschit Rabah, par R. Osais Rabah, commentaire du Mischna.

Bereschit Rabah, Bar Nachoni sont des discours subtils, agréables, historiques et théologiques.

Ce même auteur a fait des livres appelés Rabot.

Cent ans après le Talmud hieros. fut fait le Talmud babylonique par R. Ase, par le consentement universel de tous les juifs qui sont nécessairement obligés d'observer tout ce qui y est contenu. L'addition de R. Ase s'appelle Gemara c'est-à-dire le commentaire du Mischna. Et le Talmud comprend ensemble le Mischna et le Gemara[2].

278. Tradition ample du péché originel selon les Juifs. Sur le mot de la Genèse, VIII : « La composition du cœur de l'homme est mauvaise dès son enfance. »

R. Moyse Haddarschan : « Ce mauvais levain est mis dans l'homme dès l'heure où il est formé. » Massachet Succa : « Ce

1. Ensemble de commentaires mystiques et symboliques par lesquels les juifs lisent les textes de la Bible. Depuis la Renaissance, beaucoup de chrétiens s'initiaient à cette approche des textes. Pascal n'en a qu'une information rudimentaire et erronée.

2. Ce qui précède et ce qui suit n'est que la reprise de notes tirées du livre de Raymond Martin, *Puggio fidei, Le poignard de la foi* (pour couper le pain de vérité et non pour agresser). Ce dominicain, peut-être juif converti, participait à une tradition de polémique judéo-chrétienne érudite et savante établie dans l'Europe médiévale, que Pascal prolonge malgré lui, car ce n'est pas son propos. L'obsession du judaïsme prend chez lui une autre dimension que dans la tradition. C'est une part du mystère incompréhensible sans quoi rien n'est compréhensible. Voir le fragment 280 : « Cela est divin ».

mauvais levain a sept noms : dans l'Écriture il est appelé mal, prépuce, immonde, ennemi, scandale, cœur de pierre, aquilon, tout cela signifie la malignité qui est cachée et empreinte dans le cœur de l'homme. » Misdrach Tillim dit la même chose et que Dieu délivrera la bonne nature de l'homme de la mauvaise.

Cette malignité se renouvelle tous les jours contre l'homme comme il est écrit Psaume XXXVIII : « L'impie observe le juste et cherche à le faire mourir, mais Dieu ne l'abandonnera point. »

Cette malignité tente le cœur de l'homme en cette vie et l'accusera en l'autre. Tout cela se trouve dans le Talmud.

Midrasch Tillim sur le Psaume IV : « Frémissez et vous ne pécherez point. Frémissez et épouvantez votre concupiscence et elle ne vous induira point à pécher. » Et sur le Psaume XXXVI : « L'impie a dit en son cœur que la crainte de Dieu ne soit point devant moi, c'est-à-dire que la malignité naturelle de l'homme a dit cela à l'impie. »

Midrasch et Kohelet : « Meilleur est l'enfant pauvre et sage que le roi vieux et fol qui ne sait pas prévoir l'avenir. » L'enfant est la vertu et le roi est la malignité de l'homme. Elle est appelée roi parce que tous les membres lui obéissent et vieux parce qu'il est dans le cœur de l'homme depuis l'enfance jusqu'à la vieillesse, et fol parce que il conduit l'homme dans la voie de (per)dition qu'il ne prévoit point.

La même chose est dans Midrasch Tillim.

Bereschit Rabba sur le Psaume XXXV : « Seigneur, tous mes os te béniront parce que tu délivres le pauvre du tyran et y a(-t)il un plus grand tyran que le mauvais levain ? »

Et sur les Proverbes, XXV. Si ton ennemi a faim donne-lui à manger, c'est-à-dire si le mauvais levain a faim donnez-lui du pain de la sagesse dont il est parlé Proverbe IX. Et s'il a soif donne-lui de l'eau dont il est parlé. Isaïe LV.

Midrasch Tillim dit la même chose et que l'Écriture en cet endroit, en parlant de notre ennemi entend le mauvais levain et qu'en lui *donnant* ce pain et cette eau on lui assemblera des charbons sur la tête.

Midrasch Kohelet sur l'Ecc. IX : « Un grand roi a assiégé une petite ville. Ce grand roi est le mauvais levain. Les grandes machines dont il l'environne sont les tentations, et il a été trouvé un homme sage et pauvre qui l'a délivrée, c'est-à-dire la vertu. » Et sur le Psaume XLI : « Bienheureux qui a égard aux pauvres. »

Et sur le Psaume LXXVIII : « L'esprit s'en va et ne revient plus, d'où quelques-uns ont pris sujet d'errer contre l'immortalité de l'âme ; mais le sens est que cet esprit est le mauvais levain, qui s'en va avec l'homme jusqu'à la mort et ne reviendra point en la résurrection. »

Et sur le Psaume CIII, la même chose.

Et sur le Psaume XVI. Principes des rabbins : deux Messies.

XXI. PERPÉTUITÉ

279. Un mot de David ou de Moïse, comme que Dieu circoncira leur cœur fait juger de leur esprit. Que tous leurs autres discours soient équivoques et douteux d'être philosophes ou chrétiens, enfin un mot de cette nature détermine tous les autres comme un mot d'Épictète détermine tout le reste au contraire. Jusque là l'ambiguïté dure et non pas après.

280. Les états périraient si on ne faisait ployer souvent les lois à la nécessité, mais jamais la religion n'a souffert cela et n'en a usé. Aussi il faut ces accommodements ou des miracles.

Il n'est pas étrange qu'on se conserve en ployant, et ce n'est pas proprement se maintenir, et encore périssent-ils enfin entièrement. Il n'y en a point qui ait duré mille ans. Mais que cette religion se soit toujours maintenue et inflexible... cela est divin.

281. Perpétuité. Cette religion qui consiste à croire que l'homme est déchu d'un état de gloire et de communication avec Dieu en un état de tristesse de pénitence et d'éloignement de Dieu, mais qu'après cette vie nous serons rétablis par un messie qui devait venir, a toujours été sur la terre. Toutes choses ont passé et celle-là a subsisté par laquelle sont toutes choses.

Les hommes dans le premier âge du monde ont été emportés dans toutes sortes de désordres, et il y avait cependant des saints comme Enoch, Lamech, et d'autres qui attendaient en patience le Christ promis dès le commencement du monde. Noé a vu la malice des hommes au plus haut degré et il a mérité de sauver le monde en sa personne par l'espérance du messie, dont il a été la figure. Abraham était environné d'idolâtres quand Dieu lui a fait connaître le mystère du messie qu'il a salué de loin ; au temps d'Isaac et de Jacob, l'abomination était répandue sur toute la terre, mais ces saints vivaient en leur foi, et Jacob mourant et bénissant ses enfants s'écrie par un transport qui lui fait interrompre son discours : j'attends, ô mon Dieu, le sauveur que vous avez promis, *salutare tuum expectabo domine.*

Les Égyptiens étaient infectés et d'idolâtrie et de magie, le peuple de Dieu même était entraîné par leur exemple. Mais cependant Moïse et d'autres voyaient celui qu'ils ne voyaient pas, et l'adoraient en regardant aux dons éternels qu'il leur préparait.

Les Grecs et les Latins ensuite ont fait régner les fausses déités, les poètes ont fait cent diverses théologies. Les philosophes se sont séparés en mille sectes différentes. Et cependant il y avait toujours au cœur de la Judée des hommes choisis qui prédisaient la venue de ce messie qui n'était connu que d'eux. Il est venu enfin en la consommation des temps et depuis on a vu naître tant de schismes et d'hérésies, tant renverser d'états, tant de changements en toutes choses, et cette église qui adore celui qui a toujours été a subsisté sans interruption et ce qui est admirable, incomparable et tout à fait divin, est que cette religion qui a toujours duré a toujours été combattue. Mille fois elle a été à la veille d'une destruction universelle, et toutes les fois qu'elle a été en cet état Dieu l'a relevée par des coups extraordinaires de sa puissance. Car ce qui est étonnant est qu'elle s'est maintenue sans fléchir et plier sous la volonté des tyrans, car il n'est pas étrange qu'un état subsiste lorsque l'on fait quelquefois céder ses lois à la nécessité ; mais que voyez le rond dans Montaigne[1].

1. On suppose une marque dans son exemplaire.

282. Perpétuité. Le messie a toujours été cru. La tradition d'Adam était encore nouvelle en Noé et en Moïse. Les prophètes l'ont prédit depuis en prédisant toujours d'autres choses dont les événements qui arrivaient de temps en temps à la vue des hommes marquaient la vérité de leur mission et par conséquent celle de leurs promesses touchant le messie. Jésus-Christ a fait des miracles et les apôtres aussi qui ont converti tous les païens et par là toutes les prophéties étant accomplies le messie est prouvé pour jamais.

283. Les six âges, les six pères des six âges, les six merveilles à l'entrée des six âges, les six orients à l'entrée des six âges.

284. La seule religion contre la nature, contre le sens commun, contre nos plaisirs est la seule qui ait toujours été.

285. Si l'ancienne Église était dans l'erreur l'Église est tombée. Quand elle y serait aujourd'hui ce n'est pas de même, car elle a toujours la maxime supérieure de la tradition de la créance de l'ancienne Église. Et ainsi cette soumission et cette conformité à l'ancienne Église prévaut et corrige tout. Mais l'ancienne Église ne supposait pas l'Église future et ne la regardait pas, comme nous supposons et regardons l'ancienne.

286. Deux sortes d'hommes en chaque religion. Parmi les païens des adorateurs de bêtes, et les autres adorateurs d'un seul Dieu dans la religion naturelle.

Parmi les juifs les charnels et les spirituels qui étaient les chrétiens de la loi ancienne.

Parmi les chrétiens les grossiers qui sont les juifs de la loi nouvelle.

Les Juifs charnels attendaient un messie charnel et les chrétiens grossiers croient que le messie les a dispensés d'aimer Dieu. Les vrais juifs et les vrais chrétiens adorent un messie qui leur fait aimer Dieu[1].

287. Qui jugera de la religion des juifs par les grossiers la connaîtra mal. Elle est visible dans les saints livres et dans la tradition des prophètes qui ont assez fait entendre qu'ils n'entendaient pas la loi à la lettre. Ainsi notre religion est divine dans l'Évangile, les apôtres et la tradition, mais elle est ridicule dans ceux qui la traitent mal.

Le messie selon les Juifs charnels doit être un grand prince temporel. J.-C. selon les chrétiens charnels est venu nous dispenser d'aimer Dieu, et nous donner des sacrements qui opèrent tout sans nous; ni l'un ni l'autre n'est la religion chrétienne, ni juive.

Les vrais juifs et les vrais chrétiens ont toujours attendu un Messie qui les ferait aimer Dieu et par cet amour triompher de leurs ennemis.

288. Moïse, Deut., XXX, promet que Dieu circoncira leur cœur pour les rendre capables de l'aimer.

289. Les juifs charnels tiennent le milieu entre les chrétiens et les païens. Les païens ne connaissent point Dieu et n'aiment que la terre, les juifs connaissent le vrai Dieu et n'aiment que la terre, les chrétiens connaissent le vrai Dieu et n'aiment point la terre. Les juifs et les païens aiment les mêmes biens. Les juifs et les chrétiens connaissent le même Dieu.

Les juifs étaient de deux sortes. Les uns n'avaient que les affections païennes, les autres avaient les affections chrétiennes.

1. Les vrais juifs et les vrais chrétiens sont en fait les mêmes. C'est-à-dire des chrétiens. Vrai = chrétien; faux = juif. Voir fragment 289, pour un rangement incluant les païens.

XXII. PREUVES DE MOÏSE

290. Autre rond. La longueur de la vie des patriarches, au lieu de faire que les histoires des choses passées se perdissent, servait au contraire à les conserver. Car ce qui fait que l'on n'est pas quelquefois assez instruit dans l'histoire de ses ancêtres est que l'on n'a jamais guère vécu avec eux, et qu'ils sont morts souvent devant que l'on eût atteint l'âge de raison. Or, lorsque les hommes vivaient si longtemps, les enfants vivaient longtemps avec leurs pères. Ils les entretenaient longtemps. Or, de quoi les eussent-ils entretenus, sinon de l'histoire de leurs ancêtres, puisque toute l'histoire était réduite à celle-là, qu'ils n'avaient point d'études, ni de sciences, ni d'arts, qui occupent une grande partie des discours de la vie? Aussi l'on voit qu'en ce temps les peuples avaient un soin particulier de conserver leurs généalogies.

291. Cette religion si grande en miracles, saints, purs, irréprochables, savants et grands témoins, martyrs; rois – David – établis; Isaïe prince du sang; si grande en science après avoir étalé tous ses miracles et toute sa sagesse. Elle réprouve tout cela et dit qu'elle n'a ni sagesse, ni signe, mais la croix et la folie.

Car ceux qui par ces signes et cette sagesse ont mérité votre créance et qui vous ont prouvé leur caractère, vous déclarent que rien de tout cela ne peut nous changer et nous rendre capable de connaître et aimer Dieu que la vertu de la folie de la croix, sans sagesse ni signe et point non les signes sans cette vertu.

Ainsi notre religion est folle en regardant à la cause efficace et sage en regardant à la sagesse qui y prépare.

292. Preuves de Moïse. Pourquoi Moïse va(-t-)il faire la vie des hommes si longue et si peu de générations.

Car ce n'est pas la longueur des années mais la multitude des générations qui rendent les choses obscures.

Car la vérité ne s'altère que par le changement des hommes.

Et cependant il met deux choses les plus mémorables qui se soient jamais imaginées, savoir la création et le déluge si proches qu'on y touche.

293. Si on doit donner huit jours on doit donner toute la vie.

294. Tandis que les prophètes ont été pour maintenir la loi le peuple a été négligent. Mais depuis qu'il n'y a plus eu de prophètes le zèle a succédé.

295. Josèphe cache la honte de sa nation. Moïse ne cache pas la honte propre ni... *Quia mihi det ut omnes prophetent*[1]. Il était las du peuple.

296. Sem qui a vu Lameth qui a vu Adam a vu aussi Jacob qui a vu ceux qui ont vu Moïse : donc le déluge et la création sont vrais. Cela conclut entre de certaines gens qui l'entendent bien.

297. Zèle du peuple juif pour sa loi et principalement depuis qu'il n'y a plus eu de prophètes.

XXIII. PREUVES DE JÉSUS-CHRIST

298. L'ordre. Contre l'objection que l'Écriture n'a pas d'ordre.

Le cœur a son ordre, l'esprit a le sien qui est par principe et démonstration. Le cœur en a un autre. On ne prouve pas qu'on doit être aimé en exposant d'ordre les causes de l'amour ; cela serait ridicule.

J.-C., saint Paul ont l'ordre de la charité, non de l'esprit, car ils voulaient rabaisser, non instruire. Saint Augustin de même. Cet ordre consiste principalement à la digression sur chaque point qui a rapport à la fin, pour la montrer toujours.

299. L'Évangile ne parle de la virginité de la vierge que jusques à la naissance de J.-C. Tout par rapport à J.-C.

300. J.-C. dans une obscurité (selon ce que le monde appelle obscurité), telle que les historiens n'écrivant que les importantes choses des états l'ont à peine aperçu.

301. Sainteté. *Effendam spiritum meum*[2]. Tous les peuples étaient dans l'infidélité et dans la concupiscence, toute la terre fut ardente de charité : les princes quittent leur grandeur, les filles souffrent le martyr. D'où vient cette force ? C'est que le messie est arrivé. Voilà l'effet et les marques de sa venue.

302. Les combinaisons des miracles.

303. Un artisan qui parle des richesses, un procureur qui parle de la guerre, de la royauté, etc., mais le riche parle bien des richesses, le roi parle froidement d'un grand don qu'il vient de faire, et Dieu parle bien de Dieu.

304. Preuves de J.-C.

Pourquoi le livre de Ruth, conservé.

Pourquoi l'histoire de Thamar.

305. Preuves de J.-C. Ce n'est pas avoir été captif que de l'avoir été avec assurance d'être délivré, dans soixante-dix ans, mais maintenant ils le sont sans aucun espoir.

1. Nombres, XI, 29 : « Qui me donnera que tous prophétisent ».

2. Joël, II, 28 : « Je répandrai mon esprit » (sur toute chair).

Dieu leur a promis qu'encore qu'il les dispersât aux bouts du monde, néanmoins s'ils étaient fidèles à sa loi il les rassemblerait. Ils y sont très fidèles et demeurent opprimés.

306. Les Juifs en éprouvant s'il était Dieu ont montré qu'il était homme.

307. L'Église a eu autant de peine à montrer que J.-C. était homme, contre ceux qui le niaient qu'à montrer qu'il était Dieu, et les apparences étaient aussi grandes.

308. La distance infinie des corps aux esprits figure la distance infiniment plus infinie des esprits à la charité car elle est surnaturelle[1].

Tout l'éclat des grandeurs n'a point de lustre pour les gens qui sont dans les recherches de l'esprit. La grandeur des gens d'esprit est invisible aux rois, aux riches, aux capitaines, à tous ces grands de chair.

La grandeur de la sagesse, qui n'est nulle sinon de Dieu, est invisible aux charnels et aux gens d'esprit. Ce sont trois ordres différents, de genre.

Les grands génies ont leur empire, leur éclat, leur grandeur, leur victoire et leur lustre, et n'ont nul besoin des grandeurs charnelles où elles n'ont pas de rapport. Ils sont vus, non des yeux mais des esprits. C'est assez.

Les saints ont leur empire, leur éclat, leur victoire, leur lustre et n'ont nul besoin des grandeurs charnelles ou spirituelles, où elles n'ont nul rapport, car elles n'y ajoutent ni ôtent. Ils sont vus de Dieu et des anges et non des corps ni des esprits curieux. Dieu leur suffit.

Archimède sans éclat serait en même vénération. Il n'a pas donné des batailles pour les yeux, mais il a fourni à tous les esprits ses inventions. Ô qu'il a éclaté aux esprits.

J.-C. sans biens, et sans aucune production au dehors de science, est dans son ordre de sainteté. Il n'a point donné d'inventions. Il n'a point régné, mais il a été humble, patient, saint, saint, saint à Dieu, terrible aux démons, sans aucun péché. Ô qu'il est venu en grande pompe et en une prodigieuse magnificence aux yeux du cœur et qui voient la sagesse.

Il eut été inutile à Archimède de faire le prince dans ses livres de géométrie, quoiqu'il le fut.

Il eut été inutile à N.-S. J.-C. pour éclater dans son règne de sainteté, de venir en roi, mais il y est bien venu avec l'éclat de son ordre.

Il est bien ridicule de se scandaliser de la bassesse de J.-C., comme si cette bassesse était du même ordre duquel est la grandeur qu'il venait faire paraître.

1. Distinction des Ordres (voir **Dossier : Concepts clés**, Ordre, p. 140) qui gagne à Pascal l'admiration de Sœur Emmanuelle.

Qu'on considère cette grandeur-là dans sa vie, dans sa passion, dans son obscurité, dans sa mort, dans l'élection des siens, dans leur abandonnement, dans sa secrète résurrection et dans le reste. On la verra si grande qu'on n'aura pas sujet de se scandaliser d'une bassesse qui n'y est pas.

Mais il y en a qui ne peuvent admirer que les grandeurs charnelles comme s'il n'y en avait pas de spirituelles. Et d'autres qui n'admirent que les spirituelles comme s'il n'y en avait pas d'infiniment plus hautes dans la sagesse.

Tous les corps, le firmament, les étoiles, la terre et ses royaumes, ne valent pas le moindre des esprits. Car il connaît tout cela, et soi, et les corps rien.

Tous les corps ensemble et tous les esprits ensemble et toutes leurs productions ne valent pas le moindre mouvement de charité. Cela est d'un ordre infiniment plus élevé.

De tous les corps ensemble on ne saurait en faire réussir une petite pensée. Cela est impossible et d'un autre ordre. De tous les corps et esprits on n'en saurait tirer un mouvement de vraie charité cela est impossible, et d'un autre ordre surnaturel.

309. Preuves de J.-C. J.-C. a dit les choses grandes si simplement qu'il semble qu'il ne les a pas pensées, et si nettement néanmoins qu'on voit bien ce qu'il en pensait. Cette clarté jointe à cette naïveté est admirable.

310. Preuves de J.-C. L'hypothèse des apôtres fourbes est bien absurde. Qu'on la suive tout au long, qu'on s'imagine ces douze hommes assemblés après la mort de J.-C., faisant le complot de dire qu'il est ressuscité. Ils attaquent par là toutes les puissances. Le cœur des hommes est étrangement penchant à la légèreté, au changement, aux promesses, aux biens, si peu que l'un de ceux-là se fût démenti par tous ces attraits, et qui plus est par les prisons, par les tortures et par la mort, ils étaient perdus. Qu'on suive cela.

311. C'est une chose étonnante et digne d'une étrange attention de voir ce peuple juif subsister depuis tant d'années et de le voir toujours misérable, étant nécessaire pour la preuve de J.-C. et qu'il subsiste pour le prouver et qu'il soit misérable, puis qu'ils l'ont crucifié. Et quoiqu'il soit contraire d'être misérable et de subsister il subsiste néanmoins toujours malgré sa misère.

312. *Prodita lege. Impleta cerne. Implenda collige*[1].

1. Actes des Apôtres : « Lis les prophètes. Vois ce qui est accompli. Recueille ce qui reste à accomplir ».

313. Canoniques. Les hérétiques au commencement de l'Église servent à prouver les canoniques.

314. Quand Nabuchodonosor emmena le peuple de peur qu'on ne crût que le sceptre fut ôté de Juda il leur dit auparavant qu'ils y seraient peu, et qu'ils y seraient, et qu'ils seraient rétablis.

Ils furent toujours consolés par les prophètes ; leurs rois continuèrent.

Mais la seconde destruction est sans promesse de rétablissement, sans prophètes, sans roi, sans consolation, sans espérance parce que le sceptre est ôté pour jamais.

315. Moïse d'abord enseigne la Trinité, le péché originel, le Messie.

David grand témoin.

Roi, bon, pardonnant, belle âme, bon esprit, puissant. Il prophétise et son miracle arrive. Cela est infini.

Il n'avait qu'à dire qu'il était le Messie s'il eut eu de la vanité, car les prophéties sont plus claires de lui que de J.-C.

Et saint Jean de même.

316. Qui a appris aux évangélistes les qualités d'une âme parfaitement héroïque, pour la peindre si parfaitement en J.-C. ? Pourquoi le font-ils faible dans son agonie ? Ne savent-ils pas peindre une mort constante ? Oui, car le même saint Luc peint celle de saint Étienne plus forte que celle de J.-C.

Ils le font capable de crainte, avant que la nécessité de mourir soit arrivée, et ensuite tout fort. Mais quand ils le font si troublé c'est quand il se trouble lui-même et quand les hommes le troublent il est fort.

317. Le zèle des Juifs pour leur loi et leur temple. Josèphe et Philon Juif, *ad Caium.*

Quel autre peuple a un tel zèle, il fallait qu'ils l'eussent.

J.-C. prédit quant au temps et à l'état du monde. Le du côté de la cuisse[1], et la quatrième monarchie.

Qu'on est heureux d'avoir cette lumière dans cette obscurité.

Qu'il est beau de voir par les yeux de la foi, Darius et Cyrus, Alexandre, les romains, Pompée et Hérode, agir sans le savoir pour la gloire de l'Évangile.

318. La discordance apparente des Évangiles.

319. La synagogue a précédé l'Église, les juifs les chrétiens. Les prophètes ont prédit les chrétiens. Saint Jean ; J.-C.

320. Macrobe. Des innocents tués par Hérode.

1. Genèse, XLIX, 10. Un des passages les plus controversés où Jacob prophétise. Pascal utilise pour la seconde fois cette traduction littérale de la Vulgate, dont on ne peut se garder de penser qu'il apprécie son côté énigmatique pour dire : le sceptre dans la descendance de Judas (*dux de femore ejus*).

321. Tout homme peut faire ce qu'a fait Mahomet. Car il n'a point fait de miracles, il n'a point été prédit. Nul homme ne peut faire ce qu'a fait J.-C.

322. Les apôtres ont été trompés ou trompeurs. L'un et l'autre est difficile. Car il n'est pas possible de prendre un homme pour être ressuscité.

Tandis que J.-C. était avec eux, il les pouvait soutenir, mais après cela, s'il ne leur est apparu, qui les a fait agir ?

XXIV. PROPHÉTIES

323. Ruine des Juifs et des païens par Jésus-Christ: *Omnes gentes venient et adorabunt eum. Parum est ut, etc. Postula a me. Adorabunt eum omnes reges. Testes iniqui. Dabit maxillam percutienti Dederunt fel in escam*[1].

324. Qu'alors l'idolâtrie serait renversée, que ce messie abattrait toutes les idoles et ferait entrer les hommes dans le culte du vrai Dieu. Que les temples des idoles seraient abattus et que parmi toutes les nations et en tous les lieux du monde lui serait offerte une hostie pure, non point des animaux.

324. Qu'il serait roi des Juifs et des gentils, et voilà ce roi des Juifs et des gentils opprimé par les uns et les autres qui conspirent à sa mort dominant des uns et des autres, et détruisant et le culte de Moïse dans Jérusalem, qui en était le centre, dont il fait sa première église et le culte des idoles dans Rome qui en était le centre et dont il fait sa principale église.

325. Qu'il enseignerait aux hommes la voie parfaite. Et jamais il n'est venu ni devant ni après aucun homme qui ait enseigné rien de divin approchant de cela.

326. Et ce qui couronne tout cela est la prédiction afin qu'on ne dit point que c'est le hasard qui l'a fait.

Quiconque n'ayant plus que huit jours à vivre ne trouvera pas que le parti est de croire que tout cela n'est pas un coup du hasard.

Or si les passions ne nous tenaient point, huit jours et cent ans sont une même chose.

327. Après que bien des gens sont venus devant il est venu enfin J.-C. dire: me voici et voici le temps *où les Juifs vont.* Ce que les prophètes ont dit devoir advenir dans la suite des temps je vous dis que mes apôtres le vont faire. Les Juifs vont être rebutés. Hiérusalem sera bientôt détruite et les païens vont entrer dans la connaissance de Dieu. Mes apôtres le vont faire après que vous aurez tué l'héritier de la vigne.

1. Psaumes de David, XXI, 30: « Toutes les nations viendront et l'adoreront. Tous les rois ». Lamentations, III, 30: « Il tendra la joue à celui qui le frappera ».

Et puis les apôtres ont dit aux Juifs: vous allez être maudits. Celsus s'en moquait. Et aux païens: vous allez entrer dans la connaissance de Dieu, et cela est arrivé alors.

328. Qu'alors on n'enseignera plus son prochain disant: voici le Seigneur. Car Dieu se fera sentir à tous. Vos fils prophétiseront. Je mettrai mon esprit et ma crainte en votre cœur.

Tout cela est la même chose.

Prophétiser c'est parler de Dieu, non par preuves de dehors, mais par sentiment intérieur et immédiat.

329. Que J.-C. serait petit en son commencement et croîtrait ensuite. La petite pierre de Daniel[1].

Si je n'avais ouï parler en aucune sorte du messie, néanmoins après les prédictions si admirables de l'ordre du monde que je vois accomplies, je vois que cela est divin et si je savais que ces mêmes livres prédissent un messie je m'assurerais qu'il serait certain, et voyant qu'ils mettent son temps avant la destruction du second temple, je dirais qu'il serait venu.

330. Prophéties. La conversion des Égyptiens. Is. XIX, 19.

Un autel en Égypte au vrai Dieu.

331. Au temps du messie ce peuple se partage. Les spirituels ont embrassé le messie, les grossiers sont demeurés pour lui servir de témoins.

332. Prophéties. Quand un seul homme aurait fait un livre des prédictions de J.-C. pour le temps et pour la manière et que J.-C. serait venu conformément à ces prophéties ce serait une force infinie. Mais il y a bien plus ici. C'est une suite d'hommes durant quatre mille ans qui constamment et sans variations viennent l'un ensuite de l'autre prédire ce même avènement. C'est un peuple tout entier qui l'annonce et qui subsiste depuis quatre mille années pour rendre en corps témoignages des assurances qu'ils en ont, et dont ils ne peuvent être divertis par quelques menaces et persécutions qu'on leur fasse. Ceci est tout autrement considérable.

333. Prophéties. Le temps prédit par l'état du peuple juif, par l'état du peuple païen, par l'état du temple, par le nombre des années.

334. Osée, etc. Isaïe, etc.

Je l'ai prédit depuis longtemps afin qu'on sût que c'est moi. LIX, LX. Jaddus à Alexandre.

1. La petite pierre tombée de la montagne pour fracasser le colosse aux pieds d'argile, dans le rêve prophétique interprété par Daniel.

335. La plus grande des preuves de J.-C. sont les prophéties. C'est à quoi Dieu a le plus pourvu, car l'événement qui les a remplies est un miracle subsistant depuis la naissance de l'Église jusques à la fin. Aussi Dieu a suscité des prophètes durant seize cents ans et pendant quatre cents ans après il a dispersé toutes ces prophéties avec tous les Juifs qui les portaient dans tous les lieux du monde. Voilà quelle a été la préparation à la naissance de J.-C. dont l'Évangile devant être cru de tout le monde, il a fallu non seulement qu'il y ait eu des prophéties pour le faire croire mais que ces prophéties fussent par tout le monde pour le faire embrasser par tout le monde.

336. Il faut être hardi pour prédire une même chose en tant de manières.

Il fallait que l(es) quatre monarchies, idolâtres ou païennes, la fin du règne de Juda, et les soixante dix semaines arrivassent en même temps, et le tout avant que le second temple fût détruit.

337. Hérode crut le messie. Il avait ôté le sceptre de Juda, mais il n'était pas de Juda. Cela fit une secte considérable. Et Barcosba et un autre reçu par les Juifs. Et le bruit qui était partout en ce temps-là.

Suet. – Tacite. Josèphe[1].

Comment fallait-il que fût le messie, puisque par lui son arrivée le sceptre devait être ôté de Juda. Pour faire qu'en voyant ils ne voient point et qu'en entendant ils n'entendent point rien ne pouvait être mieux fait.

Malédiction des grecs contre ceux qui comptent les périodes des temps.

338. Prédiction. Qu'en la quatrième monarchie, avant la destruction du second temple, avant que la domination des Juifs fût ôtée en la soixante-dizième semaine de Daniel, pendant la durée du second temple les païens seraient instruits et amenés à la connaissance du Dieu adoré par les Juifs, que ceux qui l'aiment seraient délivrés de leurs ennemis, remplis de sa crainte et de son amour.

Et il est arrivé qu'en la quatrième monarchie avant la destruction du second temple, etc. Les païens en foule adorent Dieu et mènent une vie angélique.

Les filles consacrent à Dieu leur virginité et leur vie, les hommes renoncent à tous plaisirs. Ce que Platon n'a pu persuader à quelque peu d'hommes choisis et si instruits une force secrète le persuade à cent milliers d'hommes ignorants, par la vertu de peu de paroles.

1. Auteurs de l'Antiquité ayant fait des allusions voilées à la venue du messie.

Les riches quittent leurs biens, les enfants quittent la maison délicate de leurs pères pour aller dans l'austérité d'un désert, etc. Voyez Philon Juif.

Qu'est-ce que tout cela? C'est ce qui a été prédit si longtemps auparavant; depuis deux mille années aucun païen n'avait adoré le Dieu des Juifs et dans le temps prédit la foule des païens adore cet unique Dieu. Les temples sont détruits, les rois mêmes se soumettent à la croix. Qu'est-ce que tout cela? C'est l'esprit de Dieu qui est répandu sur la terre.

Nul païen depuis Moïse jusqu'à J.-C. selon les rabbins mêmes; la foule des païens après J.-C. croit les livres de Moïse et en observe l'essence et l'esprit et n'en rejette que l'inutile.

339. Les prophètes ayant donné diverses marques qui devaient toutes arriver à l'avènement du messie il fallait que toutes ces marques arrivassent en même temps. Ainsi il fallait que la quatrième monarchie fût venue lorsque les septante semaines de Daniel seraient accomplies et que le sceptre fut alors ôté de Juda.

Et tout cela est arrivé sans aucune difficulté et qu'alors il arrivât le messie et J.-C. est arrivé alors qui s'est dit le messie et tout cela est encore sans difficulté et cela marque bien la vérité de prophétie.

340. *Non habemus regem nisi caesarem*[1]. Donc J.-C. était le messie puisqu'ils n'avaient plus de roi qu'un étranger et qu'ils n'en voulaient point d'autre.

341. Prophéties. Les soixante-dix semaines de Daniel sont équivoques pour le terme du commencement à cause des termes de la prophétie. Et pour le terme de la fin à cause des diversités des chronologistes. Mais toute cette différence ne va qu'à deux cents ans.

342. Prophéties. Le sceptre ne fut point interrompu par la captivité de Babylone à cause que leur retour était prompt et prédit.

343. Prophéties. Le grand pan est mort[2].

344. Que peut-on avoir sinon de la vénération d'un homme qui prédit clairement des choses qui arrivent et qui déclare son dessein et d'aveugler et d'éclaircir et qui mêle des obscurités parmi des choses claires qui arrivent.

345. Vocation des gentils par Jésus-Christ.

346. Prédictions. Il est prédit qu'au temps du messie il viendrait établir une nouvelle alliance qui ferait oublier la sortie d'Égypte (Jér. XXIII, 5; Is. XLIII, 16) qui mettrait

1. « Nous n'avons d'autre roi que César ». Réponse supposée des Juifs pour contester que Jésus serait le roi des juifs. Toutes ces spéculations difficiles à suivre montrent à quel point elles ne sont pas qu'un chiffre mais la pierre angulaire de la religion.

2. Citation célèbre de Plutarque reprise par Charron dans *Les Trois vérités*. Elle évoque la fin de la vertu de la nature à donner des oracles.

sa loi non dans l'extérieur mais dans le cœur, qu'il mettrait sa crainte qui n'avait été qu'au dehors, dans le milieu du cœur...

Qui ne voit la loi chrétienne en tout cela ?

347. Prophétie. Que les Juifs réprouveraient J.-C. et qu'ils seraient réprouvés de Dieu par cette raison ; que la vigne élue ne donnerait que du verjus ; que le peuple choisi serait infidèle, ingrat et incrédule. *Populum non credentem et contradicentem.*

Que Dieu les frappera d'aveuglement et qu'ils tâtonneront en plein midi comme des aveugles. Qu'un précurseur viendrait avant lui.

348. Le règne éternel de la race de David, II. Chron. Par toutes les prophéties et avec serment. Et n'est point accompli temporellement. Jér. XXXIII, 20.

XXV. FIGURES PARTICULIÈRES

349. Figures particulières. (T) Double loi, doubles tables de la loi, double temple, double captivité.

350. *(Japhet commence la généalogie.)*

Joseph croise ses bras et préfère le jeune.

XXVI. MORALE CHRÉTIENNE

351. Le christianisme est étrange ; il ordonne à l'homme de reconnaître qu'il est vil et même abominable, et lui ordonne de vouloir être semblable à Dieu. Sans un tel contrepoids cette élévation le rendrait horriblement vain, ou cet abaissement le rendrait horriblement abject.

352. La misère persuade le désespoir.

L'orgueil persuade la présomption.

L'incarnation montre à l'homme la grandeur de sa misère par la grandeur du remède qu'il a fallu.

353. Non pas un abaissement qui nous rende incapables du bien ni une sainteté exempte de mal.

354. Il n'y a point de doctrine plus propre à l'homme que celle-là qui l'instruit de sa double capacité de recevoir et de perdre la grâce à cause du double péril où il est toujours exposé de désespoir ou d'orgueil.

355. De tout ce qui est sur la terre, il ne prend part qu'aux déplaisirs non aux plaisirs. Il aime ses proches, mais sa charité ne se renferme pas dans ces bornes et se répand sur ses ennemis et puis sur ceux de Dieu.

356. Quelle différence entre un soldat et un chartreux quant à l'obéissance ? Car ils sont également obéissants et dépendants, et dans des exercices également pénibles, mais le soldat espère toujours devenir maître et ne le devient jamais, car les capitaines et princes mêmes sont toujours esclaves et dépendants, mais il l'espère toujours, et travaille toujours à y venir, au lieu que le chartreux fait vœu de n'être jamais que dépendant. Ainsi ils ne diffèrent pas dans la servitude perpétuelle, que tous deux ont toujours, mais dans l'espérance que l'un a toujours et l'autre jamais.

357. Nul n'est heureux comme un vrai chrétien, ni raisonnable, ni vertueux, ni aimable.

358. Avec combien peu d'orgueil un chrétien se croit-il uni à Dieu. Avec combien peu d'abjection s'égale(-t-)il aux vers de la terre. La belle manière de recevoir la vie et la mort, les biens et les maux.

359. Les exemples des morts généreuses des lacédémoniens et autres, ne nous touchent guère, car qu'est-ce que cela nous apporte[1].

Mais l'exemple de la mort des martyrs nous touche car ce sont nos membres. Nous avons un lien commun avec eux. Leur résolution peut former la nôtre, non seulement par l'exemple, mais parce qu'elle a peut-être mérité la nôtre.

Il n'est rien de cela aux exemples des païens. Nous n'avons point de liaison à eux. Comme on ne devient pas riche pour voir un étranger qui l'est, mais bien pour voir son père ou son mari qui le soient.

360. Commencement des membres pensants[2]. Morale.

Dieu ayant fait le ciel et la terre qui ne sentent point le bonheur de leur être, il a voulu faire des êtres qui le connussent et qui composassent un corps de membres pensants. Car nos membres ne sentent point le bonheur de leur union, de leur admirable intelligence, du soin que la nature a d'y influer les esprits et de les faire croître et durer. Qu'ils seraient heureux s'ils le sentaient, s'ils le voyaient, mais il faudrait pour cela qu'ils eussent intelligence pour le connaître, et bonne volonté pour consentir à celle de l'âme universelle. Que si ayant reçu l'intelligence ils s'en servaient à retenir en eux-mêmes la nourriture, sans la laisser passer aux autres membres, ils seraient non seulement injustes mais encore misérables, et se haïraient plutôt que de s'aimer, leur béatitude aussi bien que leur devoir consistant à consentir à la conduite de l'âme entièr(e) à qui ils appartiennent, qui les aime mieux qu'ils ne s'aiment eux-mêmes.

1. C'est le contraire de l'humanisme antique qui prône que rien d'humain n'est étranger. La religion réunit mais, plus encore, sépare en communautés.

2. Toute cette thématique des membres pensants pourrait provenir d'Épictète, *Entretiens*, II, 24-27.

361. Es-tu moins esclave pour être aimé et flatté de ton maître; tu as bien du bien, esclave, ton maître te flatte. Il te battra tantôt.

362. La volonté propre ne satisfera jamais, quand elle aurait pouvoir de tout ce qu'elle veut; mais on est satisfait dès l'instant qu'on y renonce. Sans elle on ne peut être malcontent; par elle on ne peut être content.

363. Ils laissent agir la concupiscence et retiennent le scrupule, au lieu qu'il faudrait faire au contraire.

364. C'est être superstitieux de mettre son espérance dans les formalités, mais c'est être superbe de ne vouloir s'y soumettre.

365. L'expérience nous fait voir une différence énorme entre la dévotion et la bonté.

366. Deux sortes d'hommes en chaque religion. Superstition, concupiscence.

367. Point formalistes. Quand saint Pierre et les apôtres délibèrent d'abolir la circoncision où il s'agissait d'agir contre la loi de Dieu, ils ne consultent point les prophètes mais simplement la réception du Saint Esprit en la personne des incirconcis.

Ils jugent plus sûr que Dieu approuve ceux qu'il remplit de son esprit que non pas qu'il faille observer la loi.

Ils savaient que la fin de la loi n'était que le Saint Esprit et qu'ainsi puisqu'on l'avait bien sans circoncision elle n'était pas nécessaire.

368. Membres. Commencer par là.

Pour régler l'amour qu'on se doit à soi-même il faut s'imaginer un corps plein de membres pensants, car nous sommes membres du tout, et voir comment chaque membre devrait s'aimer, etc.

369. République. La république chrétienne et même judaïque n'a eu que Dieu pour maître comme remarque Philon Juif, *De la monarchie.* Quand ils combattaient ce n'était que pour Dieu et n'espéraient principalement que de Dieu. Ils ne considéraient leurs villes que comme étant à Dieu et les conservaient pour Dieu. (I. Paralip. XIX, 13).

370. Pour faire que les membres soient heureux il faut qu'ils aient une volonté et qu'ils la conforment au corps.

371. Qu'on s'imagine un corps plein de membres pensants.

372. Être membre est n'avoir de vie, d'être et de mouvement que par l'esprit du corps[1]. Et pour le corps, le membre séparé ne voyant plus le corps auquel il appar-

1. Paul aux Corinthiens: « Qui adhère à Dieu est un seul esprit avec lui ». L'esprit du corps est-il un esprit de corps ? On rencontre une alternative à l'obsédante haine de soi, nécessaire pour rencontrer Jésus. L'amour légitime de soi pourrait n'être qu'un retour de l'amour du corps sur lui-même, sous forme d'un amour du corps sur le membre. Il le lui doit bien.

tient n'a plus qu'un être périssant et mourant. Cependant il croit être un tout et ne se voyant point de corps dont il dépende, il croit ne dépendre que de soi et veut se faire centre et corps lui-même. Mais n'ayant point en soi de principe de vie il ne fait que s'égarer et s'étonne dans l'incertitude de son être, sentant bien qu'il n'est pas corps, et cependant ne voyant point qu'il soit membre d'un corps. Enfin quand il vient à se connaître il est comme revenu chez soi et ne s'aime plus que pour le corps. Il plaint ses égarements passés.

Il ne pourrait pas par sa nature aimer une autre chose sinon pour soi-même et pour se l'asservir parce que chaque chose s'aime plus que tout.

Mais en aimant le corps il s'aime soi-même parce qu'il n'a d'être qu'en lui, par lui et pour lui. *Qui adhaeret deo unus spiritus est.*

Le corps aime la main, et la main si elle avait une volonté devrait s'aimer de la même sorte que l'âme l'aime; tout amour qui va au delà est injuste. *(Adhaerens deo unus spiritus est)*; on s'aime parce qu'on est membre de J.-C.; on aime J.-C. parce qu'il est le corps dont on est membre. Tout est un. L'un est en l'autre comme les trois personnes.

373. Il faut n'aimer que Dieu et ne haïr que soi.

Si le pied avait toujours ignoré qu'il appartînt au corps et qu'il y eut un corps dont il dépendit, s'il n'avait eu que la connaissance et l'amour de soi et qu'il vînt à connaître qu'il appartient à un corps duquel il dépend, quel regret, quelle confusion de sa vie passée, d'avoir été inutile au corps qui lui a influé la vie, qui l'eût anéanti s'il l'eût rejeté et séparé de soi, comme il se séparait de lui. Quelles prières d'y être conservé! Et avec quelle soumission se laisserait il gouverner à la volonté qui régit le corps, jusqu'à consentir à être retranché s'il le faut! Ou il perdrait sa qualité de membre; car il faut que tout membre veuille bien périr pour le corps qui est le seul pour qui tout est.

374. Si les pieds et les mains avaient une volonté particulière, jamais ils ne seraient dans leur ordre qu'en soumettant cette volonté particulière à la volonté première qui gouverne le corps entier. Hors de là ils sont dans le désordre et dans le malheur; mais en ne voulant que le bien du corps, ils font leur propre bien.

375. Les philosophes ont consacré les vices en les mettant en Dieu même; les chrétiens ont consacré les vertus.

376. Deux lois suffisent pour régler toute la république chrétienne, mieux que toutes les lois politiques.

XXVII. CONCLUSION

377. Qu'il y a loin de la connaissance de Dieu à l'aimer.

378. Si j'avais vu un miracle, disent-ils, je me convertirais. Comment assurent-ils qu'ils feraient ce qu'ils ignorent. Ils s'imaginent que cette conversion consiste en une adoration qui se fait de Dieu comme un commerce et une conversation telle qu'ils se la figurent. La conversion véritable consiste à s'anéantir devant cet être universel qu'on a irrité tant de fois et qui peut vous perdre légitimement à toute heure, à reconnaître qu'on ne peut rien sans lui et qu'on n'a rien mérité de lui que sa disgrâce. Elle consiste à connaître qu'il y a une opposition invincible entre Dieu et nous et que sans un médiateur il ne peut y avoir de commerce.

379. Les miracles ne servent pas à convertir mais à condamner. (Q113-A 10-Ad 2[1]).

1. Saint Thomas d'Aquin, *Somme*, question 113, article 10, réponse à la deuxième objection.

380. Ne vous étonnez pas de voir des personnes simples croire sans raisonnement. Dieu leur donne l'amour de soi et la haine d'eux-mêmes. Il incline leur cœur à croire. On ne croira jamais, d'une créance utile et de foi si Dieu n'incline le cœur et on croira dès qu'il l'inclinera. Et c'est ce que David connaissait bien. *Inclina cor meum deus in, etc.*

381. Ceux qui croient sans avoir lu les Testaments c'est parce qu'ils ont une disposition intérieure toute sainte et que ce qu'ils entendent dire de notre religion y est conforme. Ils sentent qu'un Dieu les a faits. Ils ne veulent aimer que Dieu, ils ne veulent haïr qu'eux-mêmes. Ils sentent qu'ils n'en ont pas la force d'eux-mêmes, qu'ils sont incapables d'aller à Dieu et que si Dieu ne vient à eux ils sont incapables d'aucune communication avec lui et ils entendent dire dans notre religion qu'il ne faut aimer que Dieu et ne haïr que soi-même, mais qu'étant tous corrompus et incapables de Dieu, Dieu s'est fait homme pour s'unir à nous. Il n'en faut pas davantage pour persuader des hommes qui ont cette disposition dans le cœur et qui ont cette connaissance de leur devoir et de leur incapacité.

382. Connaissance de Dieu. Ceux que nous voyons chrétiens sans la connaissance des prophéties et des preuves ne laissent pas d'en juger aussi bien que ceux qui ont cette connaissance. Ils en jugent par le cœur comme les autres en jugent par l'esprit. C'est Dieu lui même qui les incline à croire et ainsi ils sont très efficacement persuadés.

(On dira que cette manière d'en juger n'est pas certaine et que c'est en la suivant que les hérétiques et les infidèles s'égarent. Dieu imprime-incline véritablement ceux qu'il aime à croire la religion chrétienne et que les infidèles n'ont aucune preuve de ce qu'ils disent et ainsi nos propositions étant semblables dans les termes elles diffèrent en ce que l'une est sans aucune preuve et l'autre très solidement prouvée.)

(Eorum qui amant. *Dieu incline leur cœur de ceux qu'il aime.* Deus inclinat corda eorum. *Celui qui l'aime celui qu'il aime.)*

J'avoue bien qu'un de ces chrétiens qui croient sans preuves n'aura peut être pas de quoi convaincre un infidèle, qui en dira autant de soi, mais ceux qui savent les preuves de la religion prouveront sans difficulté que ce fidèle est véritablement inspiré de Dieu, quoi qu'il ne peut le prouver lui-même. Car Dieu ayant dit dans ses prophètes, (qui sont indubitablement prophètes) que dans le règne de J.-C. il répandrait son esprit sur les nations et que les fils, les filles et les enfants de l'Église prophétiseraient il est sans doute que l'esprit de Dieu est sur ceux-là et qu'il n'est point sur les autres.

L'Escamoteur, J. Bosch, (1475-1480). *Une belle illustration du pari pascalien (voir p. 158).*

Dossier

Concepts clés

Le texte de Pascal ne comporte pas de concepts à proprement parler, au sens philosophique ou scientifique du terme. Ce sont donc des termes abstraits ordinaires qu'on y rencontre, empruntés à la langue commune ou à une théologie vulgarisée ; mais détournés et infléchis dans un sens particulier, presque jusqu'au point de constituer une langue privée. Pourtant il s'en distingue un jeu de pièces élémentaires à partir desquelles fonctionne un dispositif doté d'une logique propre et produisant des effets de sens et de non-sens, comme une machine intelligente.

charité

La charité est le mot à tout faire du christianisme et son sens risque d'apparaître assez élimé. Son point d'origine dans l'Évangile, resitué par Augustin, est de désigner la relation fondamentale à Dieu et à partir d'elle la relation au prochain, de sorte à réorienter l'existence humaine. La charité s'ordonne, c'est-à-dire qu'elle hiérarchise ses objets selon leur titre. Elle comporte à elle seule un ordre. Et elle va déplacer l'amour en un point où son sens vacille et n'évoque plus rien de concret, sinon une intuition et une subordination des valeurs.

« Tout ce qui ne va point à la charité est figure » écrit Pascal (fr. 270). Ce qui lui permet une fois de plus d'affirmer une différence rassurante par rapport aux Juifs, qui par définition, ne font que par figure, c'est-à-dire ignorent la charité[1].

La charité ne désigne plus à ce niveau une attitude de complaisance particulière envers le prochain, voire envers les pauvres – même si Pascal n'était pas indifférent à cet aspect populaire du terme – mais une position à l'égard de la langue qui n'aurait plus besoin à ce stade de métaphore, de lettre ou de signe pour dire au cœur la vérité transparente et salvatrice. Sans mot mais sans équivoque, on entend ce qu'on a besoin d'entendre. Aussi exclut-elle toutes autres opérations de l'intelligence ou de la volonté. Ce que Jésus-Christ est supposé avoir indiqué et réalisé.

De là se comprend l'étagement des trois ordres, selon une de ses deux lectures : concupiscence/intelligence/charité ou chair/esprit/cœur. Rela-

1. Voir **Concepts clés** : Figure, p. 139.

tion sans medium à la vérité, la charité associée au cœur ne peut s'atteindre que par la grâce, donc par Jésus-Christ. Il est le médiateur qui dispense de toutes les autres médiations. On peut considérer que la charité est l'apport central de Pascal (comme Sœur Emmanuelle dans *Vivre à quoi ça sert?*, 2004) ou bien qu'elle est absente de sa pensée (comme Vincent Caraud dans *Pascal et la philosophie*, 1992).

cœur

Notion familière mais ambiguë, elle s'illustre comme dans un proverbe par la formule « le cœur a ses raisons que la raison ne connaît pas ». Avec la subtilité de jouer sur l'expression courante « j'ai mes raisons » pour mieux dire « je n'en ai pas mais cela ne regarde que moi ». Tout Pascal se retrouve dans cette fin de non recevoir à l'objection ou à la controverse, appuyée sur le génie de la langue, donc de la communication.

La proposition est moins anodine que son succès le laisserait croire. Sans doute le terrain d'origine renvoie-t-il bien à la scène amoureuse, à laquelle Pascal accorde quelques rares allusions éparses. Qui peut rendre compte de ce qui fait aimer et encore moins raisonner pour se faire aimer (fr. 298) ? De cette évidence, il paraît universellement admissible que la foi en fin de compte est un don sans justification ; l'amour, heureux quel que soit son objet ; il est indéfendable et n'a pas à être défendu.

Mais en profondeur et plus insidieusement, ce postulat pascalien va contribuer à l'entreprise de disqualification et de subordination de la raison. L'amour sert ici à montrer que la raison ne connaît pas tout. Aussi rigoureuse soit-elle dans ses démonstrations, elle est en carence de fondement, profonde intuition épistémologique. « Le cœur sait qu'il y a trois dimensions dans l'espace et que les nombres sont infinis » (fr. 110) revient à pointer que la raison ne peut le démontrer, voire le récuse. Par là va être rendue une prééminence aux gens simples d'esprit, à ceux qui ne comprennent pas mais qui sentent les choses d'instinct, dont l'exploitation politique sous forme de toute espèce de populisme, n'est pas ignorée de Pascal.

Ainsi Dieu et les postulats de la connaissance rationnelle sont accessibles par cette voie (le cœur). Descartes aurait vu là notions premières ou idées innées : Pascal, plus empiriste, les considère comme importées dans l'entendement, mais en court-circuitant la raison.

Un degré plus haut, le cœur désigne l'un des trois ordres de réalité, qualitativement distincts (cœur, esprit, sensibilité) et se substitue parfois à la volonté pour pointer ce qui n'est ni bête ni machine au plus profond de l'homme. L'animal peut bien être intelligent, il n'a pas de cœur.

concupiscence

C'est l'un des termes issus de la théologie et de l'anthropologie, le plus évocateur par sa sonorité pour désigner le désir. Son règne recouvre pour l'essentiel, la partie visible des actions humaines, rattachant le sujet à la terre et à la vie. « Tout ce qui est dans le monde est concupiscence » (fr. 545). L'expression fait redondance par un objet particulier, concupiscence de la chair. Mais elle ne s'y limite pas et se projette sur les trois ordres déjà distingués à propos de la Charité pour les contaminer. Elle désigne alors l'avidité adressée à toutes sortes de biens, même dignes d'être recherchés, et la présomption qui s'ensuit de les avoir acquis. Elle détermine à elle seule le péché originel et la corruption de la nature qui en découle : à savoir le désir détourné du seul objet qui en est digne, Dieu, au profit du chatoiement de la création et des créatures. Désir est la faute, désir le châtiment. Détachement le remède.

La concupiscence est la seule origine des actions humaines. Sauf quand la force vient les contraindre. En aucun cas donc il n'y a place pour la liberté.

Plus radicalement, elle est source de l'agir humain en tant que cause psychologique et ne peut que reconduire au péché : elle ne laisse d'alternative que relayée par la grâce, comme autre source de l'agir humain qui ne ressortit pas davantage à sa liberté. Aucune action humaine n'y a son origine. De là vient le problème théologique de la liberté, présumée en l'homme par les jésuites (Molina, 1535-1601), et de la grâce indispensable requise au contraire par les jansénistes (non loin sur ce point des réformés).

contrariété(s)

Ce concept original pourrait bien livrer la clé de la méthode pascalienne. Il ne serait pas faux d'y entendre d'abord le sens familier de l'esprit contrariant, paradoxal, qui prend à contre-pied tout ce qu'il reçoit. Sorte d'ironie extrême ou d'esprit de contradiction, il vient précisément pour désactiver le principe aristotélicien de non-contradiction : une chose est ceci ou son contraire, mais non pas les deux à la fois, sauf mauvaise foi. Le fragment 177 est très clair sur ce point : « ni la contradiction n'est marque de fausseté, ni l'incontradiction n'est marque de vérité. » Pascal va peut-être mobiliser la mauvaise foi au service de la bonne. Il y a là une réhabilitation du négatif avant Hegel, mais le terme de dialectique n'y est pas et serait impropre sauf à être redéfini pour l'occasion. Car ce serait une dialectique à deux temps, en yoyo : un retour incessant de deux termes opposés, en alternance, ou sans trêve du même, tantôt affirmé, tantôt nié, élevé ou abaissé. « Les deux raisons contraires. Il faut commencer par là, sinon on n'entend rien et tout est hérétique, et même à la fin de chaque vérité, il faut ajouter qu'on se souvient de la vérité opposée » (fr. 576).

Certes la pensée de Pascal est réfractaire et salutaire contre tout dogmatisme, même si on peut souvent lui retourner sa critique, le risque « des fausses fenêtres pour la symétrie », des fausses oppositions rusées pour sauver l'apparence de la juste balance.

Poussé à l'extrême, ce principe se retrouverait dans l'impasse, à opposer le « juste milieu » (fr. 518 : « C'est sortir de l'humanité que de sortir du milieu »), sorte d'idéal antique de l'honnête homme à la grandeur qui ne saurait être une seule extrémité (fr. 681) : « mais en touchant les deux à la fois et en remplissant tout l'entre-deux ». On reconnaît là le principe de Nicolas de Cues, si cher à la Renaissance : la coïncidence des extrêmes opposés.

Plus couramment, l'opposition pascalienne exemplaire sera entre misère et grandeur. Ce couple impossible mais indissoluble définit l'homme. Un dispositif symétrique va caractériser la vérité comme chemin tracé entre deux extrêmes, également univoques et opposés à elle. Par exemple, si rien ne montrait Dieu, ou si au contraire tout le révélait, ce ne serait pas Dieu, forme en creux du principe précédent.

On verra plus loin la connexion de cet agencement mental avec le problème de la cycloïde. Mais la liaison de cette forme de pensée avec un automatisme est déjà bien éclairée par ce fragment : « Cela me fait croire qu'il y a des ressorts dans notre tête qui sont tellement disposés que qui touche l'un, touche aussi le contraire » (fr. 519). C'est donc le fonctionnement même de la machine, jusque dans le cerveau, que Pascal pressent ainsi, le principe même d'antagonismes autorégulateurs dans la pensée comme dans le corps ou dans la réalité.

Conclusion qui est en même temps une illustration : « Toutes ces contrariétés qui semblent le plus m'éloigner de la connaissance de la religion, sont ce qui m'a le plus tôt conduit à la véritable » (fr. 404). On pourrait voir là une logique baroque pendant à une esthétique de l'antinomie et du renversement.

coutume

La notion est entièrement reprise de Montaigne et héritée d'Aristote. Elle va s'étendre chez Pascal et le rapprocher de l'empirisme philosophique dont il n'a cure. Mais alors que chez Montaigne, le recours à la coutume va sous-tendre un relativisme moral, au gré des observations et d'une naissante science des mœurs – habitude tenant lieu de raison à l'esprit encore inapte à la critique –, Pascal va davantage recentrer l'agressivité du concept contre l'idée de nature. La nature n'est pas de ce monde, sauf sous sa forme corrompue. On ne saurait donc s'y fier pour y trouver des principes universels et sûrs. Il s'y ajoute l'intention de susciter un vertige, un flou des horizons ordinaires du quotidien, pour y insinuer le début de la foi. Ce vacillement conduit à la religion, tenue d'abord elle-même pour incertaine et peu naturelle. Insécurité comme remède à l'insécurité.

La nature n'est pas comme le voudraient les libertins un recours simple et remédiant aux problèmes de l'homme, puisqu'elle n'est qu'une première coutume, plus invétérée, donc entraînée dans le glissement de la relativité jusqu'aux mœurs. Une montagne (nature) décide du juste et de l'injuste (coutume). Aucune raison, aucune valeur opposable dans cette contingence tranquillisée par l'habitude. La coutume structure donc la concupiscence, l'ordre des mœurs, en stabilisant, pour un moment ici et là le caprice de l'imagination, qu'elle fait passer pour nature intangible.

divertissement

Sans doute un des thèmes les plus populaires de Pascal. Il fait entendre que les conduites humaines, et non pas seulement celles qui visent à divertir les hommes, sont des palliatifs contre l'insoutenable vérité de leur condition, qui ne leur échapperait pas sinon. Remède qui aggrave le mal. Mais le malheur même est moins pénible que cette intenable lucidité de sentir le vide de la vie à nu. L'idée était déjà dans l'*Alcibiade* de Platon – le nihilisme en moins – que toute fonction, même estimable, détournait l'homme du souci de son essentiel.

Pascal recommande-t-il l'abstention de toute affaire pour méditer sur la mort dans la réclusion? Cette attitude monacale ne manque ni d'exemple, ni d'adeptes et les Solitaires, au moins les religieuses, en sont alors un nouvel exemple. Les hommes eux ne s'arrêtent pas de s'occuper. Pascal fit un moment la tentative d'une retraite à Port-Royal, aux champs, sans en être convaincu. Il cherche surtout par le brillant de ses analyses un peu poussées à orchestrer cette évidence de base, comme une antienne: la vie pour l'homme, signe et effet de sa déchéance, est impraticable, sauf mutation surnaturelle.

figure

C'est le détour qui permet d'atteindre l'abstrait par le concret, le spirituel par le charnel, l'indicible par le symbole, l'invisible par le visible, le caché par le patent. Prenant son origine dans la rhétorique et ses tropes – dont c'est un synonyme –, le concept prend chez Pascal une pertinence démesurée, devenant la seule clé pour le statut du divin et de sa communication. C'est la figure qui permet ce passage continuel entre sens et non-sens : sens apparent qui mène à une aberration, non-sens apparent qui révèle l'essentiel.

On passe d'une façon de parler, d'un enjolivement du dire à un jeu de miroir à l'infini entre le propre et l'impropre, la lettre et l'esprit, le sens obvie et le sens caché. Au premier stade, il convient ne pas méconnaître la lettre, mais aussi de n'en être pas prisonnier ni dupe. Au second, on peut enfin espérer l'état de libération où l'on saura s'en passer, état qui était aussi celui d'où nous avons déchu. À cette fondation mystique sur la figure, les stricts intellectuels de Port-Royal préféreront jeter les bases d'une séméiologie, d'une science du signe.

machine

La récurrence du terme, parfois remplacé par « automate », fait indice et problème. Pascal reste l'inventeur de la machine à penser, à calculer. Très différente du modèle de l'automate cartésien qui imite les prestations externes du vivant, cette machine fait concurrence à l'intelligence sans ressembler à rien ni à personne. La pensée est pour Pascal signe de la dignité de l'homme, pour autant qu'elle l'instruit de sa misère et le désespère. Pour tout le reste dont ce roseau se targue, une machine en fait ou en fera autant. Tout au plus l'intelligence est-elle bonne à se déléguer sur des ressorts, ressorts internes, se connectant sur des rouages d'airain. Tout le discours cartésien sur le classement des idées et l'ordre des raisons bascule ici dans le « discours de la machine ».

Quand Pascal conseille à l'incroyant de bonne volonté de se plier aux automatismes du culte, les formalités, de s'agenouiller, de « s'abêtir », ce n'est que le pendant au travail de persuasion préliminaire par raisons. Le fragment 821 rend les rapports plus flous : « Il ne faut pas méconnaître : nous sommes automates autant qu'esprit ». L'automate désigne alors un étage subalterne de la machine où intervient la coutume, qui est un raisonnement en raccourci, car la machine est lente, à l'encontre « du sentiment qui agit en un instant ». Cet automatisme fait « tant de chrétiens, les Turcs, les païens, les métiers, les soldats». Comment une foi véritable saurait-elle s'excepter mais aussi s'en distinguer?

moi

C'est la clé de voûte de la réflexion pascalienne et le point de rencontre de son entreprise avec une recherche proprement philosophique[1].

On peut voir là la préoccupation centrale la plus neuve de ces *Fragments classés*: Pascal fait surgir le problème de l'impensable que je suis dans ma singularité, éphémère ou éternel, occasion de tout mépris et de tout intérêt, y compris au regard de Dieu.

ordre

On peut s'étonner de voir si souvent ressurgir, comme un rappel à l'ordre, cet impératif auquel Pascal semble difficilement se plier dans les *Fragments classés*. Dans les multiples propositions en vue d'une construction introuvable, il paraît buter sur une impuissance récurrente: «[...] mais l'ordre ne serait pas gardé. Je sais un peu ce que c'est et combien peu de gens l'entendent. Nulle science humaine ne le peut garder. Saint Thomas ne l'a pas gardé. La mathématique le garde mais elle est inutile en sa profondeur» (fr. 694). Le parti pris est anticartésien et antiphilosophique. Pourtant, quand il traite des sceptiques, il récuse l'idée de le faire selon un ordre: «J'écrirai ici mes pensées sans ordre et non pas peut-être dans une confusion sans dessein. C'est le véritable ordre et qui marquera toujours mon objet par le désordre même. Je ferai trop d'honneur à mon sujet si je le traitais avec ordre, puisque je veux montrer qu'il en est incapable» (fr. 532).

Mais l'abréviation «Pyrr» qui indicie la pensée, signifie-t-elle bien qu'elle ne concerne que le discours sur les sceptiques, au demeurant très limité. En s'en prenant à eux, Pascal ne s'en prend-t-il pas à toute l'entreprise d'apologétique rationnelle? Voici la confirmation de ce soupçon et la transition vers une autre acception de l'ordre: «Contre l'objection que l'Écriture n'a pas d'ordre. Le cœur a son ordre, l'esprit a le sien. [...] Cet ordre consiste principalement à la digression sur chaque point qui a rapport à la fin, pour la montrer toujours» (fr. 298). Le désordre toujours. La digression centripète

1. Voir **Grandes thèses**, Moi, angoisse, fuite et obsession, p. 147.

du ressassement. Quel que soit le propos, il n'y a qu'une chose à dire: la religion est aimable. Et ce n'est pas par ordre qu'on y parviendra.

De là, la distinction très hiérarchisée entre les trois ordres (chair, esprit, cœur) est le seul ordre. Ces trois ordres sont aussi discontinus et subordonnés que les trois ordres qui structurent la société. Le fragment 308 souligne bien l'ambivalence qui n'est pas qu'une métaphore. L'ordre dans l'un est désordre dans l'autre. Pascal rêverait-il d'une société qui se distribuerait en saints, savants et mondains, « gens de chair », c'est-à-dire toutes les autres conditions, du roi au paysan? Les premiers se distinguent dans l'ordre de la charité, les deuxièmes de l'esprit, les troisièmes de la concupiscence. « Car tout tend à soi; cela est contre tout ordre. Il faut tendre au général, et la pente vers soi est le commencement de tout désordre, en guerre, en police, en économie, dans le corps particulier de l'homme » (fr. 421). On voit se révéler le filigrane d'une opposition majeure qui ordonne en sous-main la pensée de Pascal ou l'éclate: l'ordre ou moi, moi le désordre.

raison des effets

Cette expression, obscure pour un lecteur actuel, sert de regroupement à toute une série de constatations anthropologiques et politiques. Le fragment 403 en propose un contexte éclairant: « Les raisons des effets marquent la grandeur de l'homme, d'avoir tiré de la concupiscence un si bel ordre ». Le concept vise ici à dépasser le mécanisme – découverte de l'époque – comme lien univoque de cause à effet, donc principe non-suffisant car il néglige les interactions et les complexités, ce par quoi les choses sont autres que ce qu'on pouvait attendre, mais non sans raison. Pascal ne partage pas avec son temps l'équivalence *causa sive ratio*, entre cause et raison. La cause ne dit pas tout. La raison n'est pas linéaire.

La raison des effets se distingue ainsi de la causalité des phénomènes. Elle suppose la pratique d'une seconde vue pour dépasser l'insuffisance de l'explication à première vue. Bizarrement, cette recherche plus exigeante va révéler dans les phénomènes envisagés par les sciences des mœurs un ordre caché qui, derrière leur confusion ou leur aspect déconcertant, justifie leurs apparences. Par contrecoup, cette attitude va désarmer toute critique sociale humaniste, précipitée dans ses bons sentiments à courte vue. Si Pascal recourt à cette sophistication pour justifier des réalités choquantes voire absurdes d'un ordre social ambiant, c'est pour ruiner l'illusion d'un progrès possible en raison et par le moyen de la raison. Le jansénisme dans son ensemble n'est pas conservateur par principe. Saint-Cyran n'hésitait pas à se risquer dans une utopie réformatrice, au moins en pensée, au nom de la foi chrétienne, prônant action contre la pauvreté et éducation idéale pour les Princes.

Grandes thèses

Même s'il ne paraît pas possible de retracer sur les *Fragments* une architecture démonstrative incontestable, ce n'est pas non plus un texte de polémique religieuse ni de pure dévotion. Sa caractéristique est justement sa constitution hétérogène et l'inusité de ses concepts. Il pourrait être éclairant d'y distinguer quatre ou cinq plans de fonctionnement, imbriqués les uns aux autres. Une réflexion existentielle et affective y tient lieu des preuves traditionnelles pour mettre en place un Dieu et une religion, sans lesquels on ne peut supporter un excès de souffrance et de non-sens. Cette sorte de postulat pratique fait répondre une vérité indémontrable à un besoin vital.

Une transposition du travail scientifique de Pascal s'opère spontanément dans l'usage d'une ou de plusieurs méthodes logiques de raisonnement, pour le plaisir de leur fonctionnement original.

Cette argumentation tire son originalité d'une articulation paradoxale sur un corpus textuel, doté d'un statut à part dans la culture occidentale : l'ancien et le nouveau Testament.

Et surtout une angoisse sous-jacente débouche sur un traitement philosophique en retrait, autour de la question : qu'est-ce que le moi ?

Enfin, on peut voir l'incitation à deviner, sous les agencements solennels de l'apologétique, une perspective déguisée et déconcertante sur une pensée moins bien définissable, tout à fait hétérodoxe.

une mise place existentielle de la foi

Les passages les plus célèbres des *Fragments classés* présentent, non sans emphase, une rhétorique apparentée à celle du sermon ou de l'éloquence religieuse, mais avec une coloration nouvelle. Toute marquée par la vision de la Renaissance d'un Univers éclaté à l'infini, avant tout par les mathématiques, cette nouvelle prédication met en scène un homme à la fois effrayé et exalté, perdu et plein de lui-même. De Nicolas de Cues on retrouve pour représenter l'Univers et aussi bien Dieu, l'image paradoxale mais mathématiquement rigoureuse à penser de la sphère dont le rayon est infini, la circonférence partout et le centre nulle part (fr. 199). De Giordano Bruno, notre incapacité à approcher en idée l'ampleur des dimensions du cosmos au-delà des espaces imaginables que nous concevons pourtant.

Cependant Pascal écrit : « Toutes choses étant causées et causantes, aidées et aidantes, médiates et immédiates et toutes s'entretenant par un lien naturel et insensible, qui lie les plus éloignées et les plus différentes » (fr. 199). Il voit dans cette interaction généralisée une complexité qui décourage la connaissance, et ne semble pas prendre en compte qu'il vient d'énoncer là les postulats sur quoi se fondent magie, astrologie ou alchimie, depuis l'Antiquité.

Cette communication universelle n'est-elle pas contradictoire avec l'image, qui prévaut ailleurs, d'un homme égaré dans un univers muet, jeté dans un cachot, ou une île déserte effroyable ? L'expression équivoque et récurrente « jeté dans » évoque la définition théologique de la déréliction pour caractériser le rapport de l'homme à l'existence : c'est une chute, un abandon. Les thématiques naturaliste et religieuse se croisent pour suggérer une créature sans assise, sans assiette, incapable en tant que vivant de se sentir bien dans son milieu, apaisé. Il est au contraire hors de tout milieu, même si en un autre sens, il en forme un entre néant et infini. La situation s'aggrave du fait que cet être si mal assuré dans la vie y est pourtant attaché. « C'est une chose qui nous intéresse assez pour nous en émouvoir, d'être assurés qu'après tous les maux de la vie, une mort inévitable qui nous menace à chaque instant, doit infailliblement, dans peu d'années (nous mettre) dans l'horrible nécessité (d'être éternellement ou anéantis ou malheureux) » (fr. 432).

En plus des deux infinis de l'espace, en grandeur et en petitesse, s'ouvre une nouvelle dimension, affectée d'un caractère absent de l'espace, neutre en lui-même : le néant. Un néant pour toujours. Il fait pièce à une illimitation du malheur dans le temps au-delà de l'espace, la damnation. Dieu est au bout de ce trajet, comme menace de ce malheur absolu. « Il n'y a rien de plus réel que cela, ni de plus terrible » (fr. 427).

Ces mots, qui définissent le tragique, résonnent au-delà de toute rhétorique, comme expérience native du vivant pour qui la lucidité de la pensée ne peut se traduire que par une horreur excessive. Il semble être fait pour l'éprouver en tant que vivant : c'est sa finalité.

Vivre en l'état, c'est s'ouvrir à l'insupportable. Que d'autres paraissent au contraire s'en accommoder, y trouver plaisir, Pascal en convient mais n'y croit pas et ne veut y voir que bravade ou mensonge. Toute vie ne serait donc qu'aveuglement, distraction, faire semblant. Notre désir de vivre ne doit trouver dans la réalité que déni et frustration. Ce pessimisme philosophique ne peut se représenter à lui-même que comme clairvoyance supérieure, incapable par exemple d'y soupçonner une passion déréglée, un trouble émotionnel sans plus de portée.

Pourtant la négligence à l'égard de ce malheur radical étonne Pascal et « l'épouvante ». Le plus insupportable chez les libertins, c'est leur capacité d'indifférence, plus encore que de plaisir. « Je ne sais » disent-ils.

Mais au-delà de cette expérience radicale de l'intolérable, tout est prêt pour mettre en place un principe salvateur qui est déjà Jésus-Christ et dont Jésus-Christ est l'incarnation. Il incarne à la fois l'intolérable de l'humanité et son remède.

Le mouvement ici est assez tortueux. Ni la philosophie ni l'homme en général n'ont su se l'interdire. Ce qui est inacceptable ne saurait être vrai, au bout du compte. Mon aspiration à la vie vaut garantie et certitude de vie. « Il n'y a de bien en cette vie qu'en l'espérance d'une autre vie » (fr. 427). Et cette espérance irrationnelle ou rationnelle vaut acquis, moyennant quelques aménagements. Dieu est sensible au cœur sans doute, mais c'est le cœur qui appelle Dieu de toute son « avidité » (fr. 148), l'exige et le somme de répondre, même dans son silence, et de dépêcher ses consolateurs.

Ce renversement du plus incertain au plus nécessaire est le véritable pari, qui ne fonctionne pas sur l'aléa de ses supputations et les supputations de l'aléa, mais sur la seule force du désir. Le cœur du processus est bien dans un argument ontologique en creux, en manque. Si l'on se souvient qu'un tel argument chez Descartes passait de l'idée en moi d'un être infini à l'affirmation inconditionnelle d'un tel être, chez Pascal c'est une sorte de contraire. Il y a trop de néant en moi, et plus encore m'est promis, pour ne pas en conclure que la croyance inverse doit être le vrai. Puisque pourtant j'existe. Là est le seul argument.

On soupçonne que pour la réussite d'une telle opération, il faut que la raison soit engourdie, mise en lisière, par une ruse ou un artifice de la raison. Elle est requise de choisir son camp, celui qu'elle veut appuyer, le désespoir ou l'exaltation du salut éternel. En aucun cas, semble-t-il, Pascal ne lui laisse place pour une sérénité à la mesure de ses limites comme de ses ambitions à l'infini. C'est l'antinomie exacte de Socrate ou de la sagesse antique en général, qui fonde l'humanisme contemporain du XVIIe siècle, hérité de la Renaissance. Le postulat en vigueur reste que personne ne peut subsister sans la foi et que seule la foi rend heureux tout de suite et promet de le rester pour toujours. Pourtant, on verra que la foi s'identifie presque uniquement dans la grandeur sombre de la souffrance et de la compassion. Que signifie alors le fragment 862 ? « Les malheureux qui m'ont obligé de parler du fond de la religion ». Est-ce un désaveu de tout discours sur la foi ?

Si c'est le cas, alors l'entreprise d'apologie dans son ensemble est déniée comme superflue. Pourquoi des preuves, pourquoi en parler, pourquoi parler ? Dans la suffisance de la foi qui court-circuite tout discours de justification, seul s'impose le silence de Solitaires et l'exemplarité de l'existence retirée. Pourtant, ces Solitaires s'intéressent fort au langage, à sa grammaire, à ses figures, à ses articulations, à sa logique.

l'exportation des thèmes et des méthodes de la science en d'autres sujets

Tout en subordonnant strictement son génie scientifique, Pascal ne peut véritablement se dédoubler ni s'empêcher d'en imprégner sa réflexion dans le projet d'établir aux yeux de tous la prééminence de la foi. À chacun de ses grands axes d'investigation, on peut faire correspondre une transposition plus ou moins explicite en termes de morale, de psychologie ou d'apologétique. Notamment, il est clair que les expériences sur le vide et son horreur prétendue dans la nature glissent vers une résonance métaphysique en maints endroits, aux accents plus profonds[1]. Évident est aussi le travail sur les probabilités, exposé à Fermat, la géométrie du hasard qui transpire dans l'argument du pari ; tout autant le calcul sur l'infini – qui fait approcher à Pascal la découverte du calcul infinitésimal – se retrouve dans les développements sur les deux infinis. Mais c'est peut-être le travail sur la cycloïde qui marque le plus la méthode sans précédent qu'il introduit dans la connaissance de l'homme et la critique de la raison, innovant une sorte de raison dialectique.

À tout propos on le voit déjà, séduit par une machinerie logique de classement et de déduction qui permettrait, par des distributions croisées de prédicats, la conclusion de vérités à l'allure incontestable. Véritable substitut au syllogisme encore triomphant, d'une esquisse de logique nouvelle opérant sur les classes et les prédicats. C'est une telle stéréotypie qu'il lui en vient l'usage dans une lettre familière à la jeune sœur du duc de Roannez : « Il n'y a que trois sortes de personnes : les uns qui servent Dieu, l'ayant trouvé, les autres qui s'emploient à le chercher, ne l'ayant pas trouvé, les autres qui vivent sans le chercher ni l'avoir trouvé. Les premiers sont raisonnables et heureux, les derniers sont fous et malheureux. Ceux du milieu sont malheureux et raisonnables. » Les prédicats sont couplés selon un jeu de présence ou d'absence (+/–). La répartition, qui appelle une représentation dans une matrice – un peu comme les carrés magiques qui passionnaient Pascal –, est excitante pour l'esprit car chaque catégorie a au moins une détermination commune avec une autre, dans une élégante permutation. Et la vérité peut devenir lisible sans effort sur un tableau ; tellement plaisante qu'on est prêt à en oublier de quoi il est question, la forme seule validant le contenu. Pascal avait introduit cette formalisation dans son travail sur les coniques.

L'exemple de la cycloïde est plus parlant encore. Pendant la rédaction de ses notes sur la religion, Pascal propose un concours à ses rivaux en 1657 sur un sujet mathématique qu'il a largement défriché. Il en brosse fami-

1. Voir **Documents : Autour de l'œuvre**, p. 156.

lièrement l'histoire (octobre 1658): «La roulette est une ligne si connue, qu'après la droite et la circulaire, il n'y en a point de si fréquente et elle se décrit si souvent aux yeux de tout le monde qu'il y a lieu de s'étonner qu'elle n'ait point été considérée par les anciens». Véritable signe de Dieu dans la nature, obvie aux uns, aveugle aux autres. «Car ce n'est autre chose que le chemin que fait en l'air, le clou d'une roue, quand elle roule de son mouvement ordinaire après un tour entier achevé». Autrement dit le sillage lumineux d'un cataphote sur une roue de vélo, la nuit. Une suite infinie de rebonds, ou dans ses formes diversifiées, une ondulation, ou une spirale comme l'ombre projetée d'un escalier en colimaçon. Sous son nom de trochoïde, la courbe engendre des délices mathématiques, en tant que roulette (qui rien que d'y penser, avait fait oublier à Blaise un mal de dents aigu) elle est plus évocatrice de hauts et de bas. Mais à l'imaginaire du philosophe, le mouvement entêtant du clou qui s'abaisse puis se relève, à chaque tour, va parler avec rigueur des «opinions succédant du pour au contre selon qu'on a de lumière» (fr. 90). Ce principe fondamental permet de mettre en perspective ordonnée la disparité des jugements humains et en premier lieu une prime à tout ordre établi contre l'agressivité des esprits forts. Il s'abaisse, je le vante, il se vante, je l'abaisse... (fr. 130).

Plus subtilement: «Gradation. Le peuple honore...» (fr. 90). Ce passage met en place une logique des contrariétés où l'on comprend ce qu'est la «raison des effets», véritable ratio appelant presque la représentation en une courbe, d'une fonction périodique qui serait métaphoriquement une variante de cycloïde; mathématique du qualitatif, du non mesurable. Cinq positions se distinguent et se succèdent selon un progrès, une roue qui avance de son mouvement, passant à chaque fois du pour au contre mais aussi du vrai au faux: peuple (+), demi-habile (–) habile (+) dévot (–) chrétien parfait (+).

Ce modèle original de distribution à partir de distinctions sociales et intellectuelles peut servir de repérage pour reconnaître l'organisation de l'*Apologie*, en mettant respect de la religion à la place d'honorer les grands. En effet, le peuple pratique d'instinct la religion, attitude saine, mais sans se garder toujours de la superstition ou du conformisme. Les demi-habiles, eux, beaux esprits et libertins, la critiquent au nom d'une raison superficielle, sous prétexte de ses contradictions. Les habiles, qui réfléchissent mieux, voient sa nécessité en profondeur en dépit de ces contradictions apparentes. Les dévots prennent la religion à la lettre et prétendent en comprendre la vérité sans embarras. Enfin les vrais chrétiens renoncent à la comprendre pour des raisons supérieures et sont emplis de sa vérité.

Chaque niveau d'esprit est enfermé dans sa vision et sa conviction d'être dans le juste. Il serait vain et néfaste par exemple de chercher à expliquer au peuple que ses raisons de croire en Dieu ou de respecter les Grands, sont mauvaises. La morale ne résiste pas au dévoilement de ses racines, répète

Pascal. « Il faut en cacher le commencement si on ne veut qu'elle ne prenne bientôt fin » (fr. 60).

Le plus de lumière qui tour à tour fait vérité et erreur alternativement, c'est aussi « la pensée de derrière », la « pensée de l'autre côté » (fr. 741). Arme secrète de Salomon de Tultie – alias Pascal –, elle détecte l'authentique intelligence, intelligence non pas seulement critique mais en réaction contre ses propres tentations, ses premiers mouvements ; à la limite contre elle-même, se sabordant par excès d'intelligence. En voyant plus loin, elle travaille par une prise de recul, elle n'est pas progressiste mais comprend de mieux en mieux au fond des choses, par des pas en retrait.

Ce « dandysme » de la pensée virtuose dans le passage du pour au contre toise ceux qui ont raison sans savoir pourquoi et ceux qui ont faux en se croyant malins. Sur la réalité du monde ce sont les premières apparences qui sont vraies, bien qu'en un sens inaperçu. Vérité claire aux uns, aveugle aux autres.

Pierre Nicole, moraliste de Port-Royal, écrira en un sens légèrement décalé : « Si quelqu'un désirait, afin de voir le monde renversé, qu'il se renversât effectivement, il faudrait le prier de prendre un prisme et de contenter son désir sans troubler l'ordre du monde. [...] Il y a de même certains naturels malins, qui voudraient qu'il arrivât continuellement des renversements dans les affaires du monde et que ceux qui sont au-dessus de la roue se trouvassent au-dessous. Pour les guérir de cette malignité, il faut leur dire que s'ils veulent voir ces grands changements [...] ils n'ont eux-mêmes qu'à changer de vue [...]. Ce changement de vue produira le même effet qu'un changement réel » (*Essais de Morale*, tome V, traité IV). La vue de la foi est le prisme qu'il leur faut.

moi : angoisse, fuite et obsession

C'est sans doute sur le thème du Moi que Pascal recroise une démarche proprement philosophique. À ce propos se traduit plus qu'ailleurs, par des analyses étranges, sa sensibilité à l'étrange, au sans raison. Ce sentiment d'étrangeté, il s'entend à le faire partager. La pensée s'étage entre plusieurs plans en apparence discontinus.

• Se haïr ou se vouloir aimé ?

Au point de départ est l'équation proposée comme pièce maîtresse du christianisme : haine de soi = amour du Christ. La corruption qui est notre lot se signe par cela seul que nous détournons sur nous notre capacité d'amour, l'écartant de Dieu à qui elle se doit par destination. Tout l'usage originairement fautif de la liberté tient en ce faux pas. Là encore, un paradoxe ; car sans Dieu et sans sa grâce, c'est la dépravation inévitable. La pensée est ici verrou et cercle vicieux.

Cette haine de soi primordiale, à la source de toute conversion, est bien de la formule devenue cliché éculé : « le moi est haïssable ». On est passé ici au stade de la morale courante, du savoir vivre social, du bon ton. L'égoïsme, synonyme d'amour-propre, y est rarement préconisé. S'incommoder, s'effacer, ne pas prendre ses aises, respecter les préséances, est la base de toute politesse sociale, voire la première marche d'une éthique plus élevée. Mais sous cet angle le problème est plutôt manqué que traité.

Le rebond intéressant survient lorsque Pascal rencontre la question : pourquoi m'aime-t-on ? Elle est moins abrupte que sa version réprobatrice : pourquoi veux-je être aimé (alors que j'en suis indigne) ? Le fragment 688, en écho à Descartes, commence sur un ton de psychologie mondaine, puis s'approfondit. Qu'est-ce que penser à moi, en particulier ? N'est-ce pas ontologiquement impossible pour autrui, quel qu'il soit, indifférent à sa fenêtre devant qui je passe ou le plus proche qui dise m'aimer ?

Où est donc ce moi, ni dans le corps, ni dans l'âme, ni dans ses qualités, ni dans une substance ? Cette question est d'une violence inusitée et neuve (si on excepte Montaigne, indépassable sur le sujet) car on s'accorde d'ordinaire à faire de l'âme créée par Dieu l'équivalent du Moi. Or c'est encore *mon* âme, qui me présuppose, moi.

Moi sans qualités, véritablement seul, demande encore essentiellement à être aimé et reconnu pour moi-même, ce que seul Dieu peut faire, car toute qualité est nulle à ses yeux. Nouveau paradoxe : l'amour ne se mérite pas. Pourtant, capricieux, j'aimerais bien qu'on m'aime pour moi-même tout en reconnaissant mes belles qualités. « Je t'aime malgré tout » ne fait plaisir à personne. L'amour, même s'il est recherché, ne valorise pas assez. Il faut combiner les deux ; je veux être digne d'attirer l'amour sans rien avoir à faire d'autre que d'être moi, incomparable et valeureux.

Ailleurs Pascal interdira qu'on l'aime car il s'estime lui-même, en son fond, illusoire et périssable. S'attacher à lui, c'est se vouer à souffrir. Curieux mélange d'humilité et d'orgueil (fr. 396).

• De l'objet d'amour au sujet d'angoisse

Mais l'aigu de l'angoisse liée à l'expérience du moi s'exprime et se scande dans trois textes fondamentaux. « Je m'effraie et m'étonne de me voir ici plutôt que là, car il n'y a point de raison pourquoi ici plutôt que là, pourquoi à présent plutôt que lors. Par l'ordre et la conduite de qui ce lieu et ce temps a-t-il été destiné à moi ? » (fr. 68). Force extrême des trois derniers mots. L'impensable de ce qui est *destiné à moi*. Suis-je le destinataire ? Mais alors sous quelle forme et dans ce cas, irrémédiablement sans raison ? Quant à ce qu'on lui destine, ce corps, cette famille, cet ensemble de gènes dirait-on, cet enchaînement très explicable d'une suite d'effets, pas même de hasards, comment vient-il à *me* concerner? Entre ces effets qui me font et moi, il y a disproportion. À la différence de la rose chantée par les mystiques allemands, qui s'épanouit d'être sans pourquoi, moi je ne peux m'y faire, dit Pascal.

Cette aporie est reprise et étoffée dans l'envolée du fragment 427: «Je ne sais ce que c'est que mon corps, que mes sens, que mon âme et cette partie de moi qui pense ce que je suis, qui fait réflexion sur tout et sur elle-même et ne se connaît non plus que le reste». Exact contrepoint en négatif du célèbre développement de Descartes, connu sous le nom de *cogito*. Même Augustin ne poussait pas si loin le thème de la méconnaissance de soi, limitée à l'origine de mes impulsions mauvaises. En revanche Malebranche n'est pas loin, par l'inspiration de l'Oratoire.

Enfin, le point d'orgue, qui nomme cette inquiétude récurrente au fragment 135: «Je sais que je puis n'avoir point été [...] si ma mère eût été tuée, avant que j'eusse été animé.» Métaphysique innée déjà dans les premières questions de l'enfant; mais qu'est-ce qui interdisait à Pascal d'étendre l'hypothèse à son père, ou à n'importe quel autre membre de sa lignée? Ce qu'il semble envisager dans un passage comparable du premier *Discours sur la condition des Grands*. Pascal se voulait-il comme le Christ, enfanté de sa mère seule, laquelle il est vrai disparut presque sitôt lui avoir donné la vie? La philosophie appellera cette expérience l'épreuve de la contingence du moi qui ne se confond pas avec la contingence du monde en général mais la redouble plus profondément. Descartes notait plus justement que rien ne peut m'assurer sur la part de mes parents dans ma naissance.

Contrepoint à cette insécurité, l'insolite question d'allure plus élaborée, qui se retrouvera chez Leibniz: «Si Dieu unissait mon âme à un corps à la Chine, le même corps [...] serait à la Chine». C'est-à-dire un authentique double chinois, moi-même, ici et là, peut-être sans le savoir, mais toujours ici (fr. 957). Le pas décisif intervient dans cette proposition qui explicite en moi le fondement ultime, qu'il soit aimé ou haï, includable. «Chacun est un tout à soi-même, car lui mort, le tout est mort pour soi» (fr. 668).

Les méandres de cette méditation ont une direction: ce moi qui prétend ne chercher qu'à s'abolir, se ressent incapable de se perdre sans tout perdre, entraînant tout dans sa ruine, y compris Dieu. Il ne lui restera qu'à briguer une identification à Dieu, en s'oubliant en lui comme en un refuge sûr. Mais en même temps, quelle est la demande sur laquelle s'appuie toute la crédibilité de la vraie religion, sinon que Dieu me régénère, me fasse renaître, me réassure, me redonne une vie comme je la désire, à moi précisément, pour qui son fils unique n'a pas hésité, ni reculé «à donner telles gouttes de son sang»? (fr. 919, *Le mystère de Jésus*). Si le moi est si méprisable, infondé, pourquoi tant redouter sa destruction, la prendre à cœur, argument majeur contre l'insouciance des libertins ? Pascal sur ce point est plus tortueux qu'Augustin, justifiant en détail le crédit que ce moi malheureux pouvait placer dans cette vie bienheureuse qui l'attendait, lui spécialement, dans la cité de Dieu.

disqualifier la raison pour prendre appui sur des textes peu raisonnables

Même s'ils sont classés et offrent une certaine unité, les *Fragments classés* présentés ici demeurent épars et relativement désordonnés à travers les rubriques. À peu de choses près, les quelques cinq cents passages, échappés à ce classement et plus ou moins regroupés en liasses, sections et séries, forment un paysage comparable. On y retrouve essentiellement une disproportion frappante entre la construction d'une certitude négative, force de contre-preuves plutôt que de preuves, tendant à faire apparaître l'être humain comme non viable en l'état, mais soutenu par l'idée d'une origine et une promesse, sans lesquelles il ne subsisterait pas. Encore cela est-il vrai des chrétiens ; pour les sauvages le problème n'est pas formulé.

À la visée traditionnelle qui appuie par la raison le bien fondé de Dieu et de la religion est substituée une stratégie de disqualification de la raison. À sa carence qui entraîne par excès, celle de la science à rien proposer de salutaire, ne répond plus que le face à face d'une existence folle, à quoi s'offre en refuge la « folie de la Croix » (fr. 291), d'une religion indéfendable au niveau de la raison.

La généralisation de la folie fait pendant au coup de force inaugural qui, chez Descartes, universalisait le bon sens par une sorte de pari symétrique. Tous vont disant que le monde est fou, il faut bien qu'ils aient raison et ce serait folie de s'excepter (fr. 412).

Aussi ne s'agit-il pas de défendre cette religion mais de reprendre comme signes positifs, tout ce qui en elle décourage le désir de démonstration : il faut retrouver les preuves qu'elle se donne à elle-même, en circuit fermé dans les textes sacrés, sans lesquels elle ne serait rien. Jusqu'au point de rebroussement, où la simple considération de la vie, de ce qu'on sent, qu'on observe, va laisser la place à la lecture non moins paradoxale d'un corpus appelé Bible, s'offrant lui-même comme indiscutable. Et, de fait, ce texte renvoie à sa seule cohérence interne et à une complaisante correspondance postulée à l'histoire.

Ce texte posé comme surnaturel, cité, recopié, greffé sur celui des pensées, réduit tout ce qui n'est pas lui à l'indigence : il s'impose dans sa clarté énigmatique à interroger. Mais la foi qu'il vient conforter est requise à chaque pas pour le lire et y trouver appui. Car il est garant de prophéties et de miracles. Il est le texte d'un peuple appelé en témoignage d'une vérité qu'il ne cesse, malgré toutes les persécutions, de contester.

Par ce même retournement du pour au contre, auquel Pascal forme ses lecteurs, on va en conclure que justement, ici contestation vaut confirmation. Certes Pascal n'est pas novateur dans l'usage de ce raisonnement, mais il paraît en être davantage travaillé. L'effort de copie littérale sur des pages entières des Prophètes, la tentative de documentation même superficielle pour fouiller l'arrière-fond judaïque, impensable avant la Réforme, lui paraît indispensable pour reconstituer une perpétuité historique du christianisme, retracer des généalogies, alléguées à toutes les pages.

La coupure d'ordinaire privilégiée par rapport à cette ascendance juive, depuis Paul, lui semble moins urgente à affirmer que la continuité depuis la création du monde. Impossible de faire confiance à une religion qui n'aurait pas commencé tout de suite, au commencement, comme dit la *Genèse*. Sinon Jésus ne serait que Mahomet, malgré l'amabilité supérieure de la morale qu'il propose. Un Christ non prophétisé, venu de rien, fait de lui-même, n'aurait jamais pu se dire Fils de Dieu. Un Christ ne s'invente pas ; la preuve que c'était lui est dans les textes qui en parlent d'avance. Avant de se mettre lui-même par grâce dans les cœurs, Dieu n'est nulle part ailleurs que dans l'Écrit.

Ces textes ne sont pas évidents dans les attentes qu'ils désignent ? Justement, ils parlent par figure, c'est-à-dire sous chiffre, par transposition, ouvrant pour en jouer toute la distance entre le mot et le sens, l'image et la moralité, la lettre et l'esprit. Le christianisme a-t-il vraiment coupé avec la figure, le figuré, pour n'offrir que le propre dans sa transparence ? Jésus n'est-il pas d'abord médiateur ? Faut-il comprendre qu'il libère aussi de la médiation ?

le point d'une juste perspective : le Souverain Bien

Les pensées sur la religion échappent au conformisme de la dévotion ou à l'incandescence de la mystique et tiennent leur attrait, leur succès public, des diversions offertes à l'attention, des ruptures de ton à chaque détour, aux remarques excentriques qui organisent ou désorganisent leur perspective. « Ainsi les tableaux vus de trop loin ou de trop près. Et il n'y a qu'un point indivisible qui est le véritable lieu» (fr. 21). Ici répond l'énigmatique fragment 558 qui s'attache pour commencer «sur la diversité qui est si ample» jusqu'au délire qui saisit parfois Pascal au détail des poils sur les jambes des fourmis qu'on ne voit pas de la lune, mais qui paraissent en s'approchant (fr. 65 et 782): «Je n'ai jamais jugé d'une chose exactement de même, je ne puis juger d'un ouvrage en le faisant. Il faut que je fasse comme les peintres et que je m'en éloigne, mais pas trop. De combien donc? Devinez?»

Est-ce une gageure impossible à relever, de deviner à quelle distance Pascal se tenait de cette esquisse d'apologie? À quel degré d'implication, de sincérité? Ou bien sous quel angle, «l'embrouillement», comme il dit (fr. 131), la bigarrure des traits qu'il enchevêtrait, prenait-il le mieux sens et perspective? C'était déjà le souci de Montaigne et jamais, peut-être, Pascal n'en est-il plus proche que dans ces lignes.

Choisissons alors par exemple – pour obtempérer à l'invitation de Pascal à deviner d'où on le voit le mieux, au risque de se tromper comme à toute devinette ou de tenter une réponse parmi d'autres possibles – le fragment 148 sous le titre «Souverain Bien», indicié d'une mystérieuse «seconde partie»: «Que l'homme sans la foi ne peut connaître le vrai bien».

L'intention est claire, répétitive, décevante dans sa platitude. De cliché en cliché, «tous les hommes recherchent d'être heureux». Mais insensiblement l'ambiance et l'écriture s'enveniment. L'évocation d'une foule hétéroclite dans ses diversités de recensement statistique, uniment confondue par une récrimination indistincte. Foule de Jugement Dernier où les rôles s'inversent, elle porte plainte. C'est ce que la philosophie appelle Théodicée, procès à Dieu sur l'état des choses. L'explication, avancée sur un ton pathétique exacerbé, allègue un manque originel, la nostalgie d'un objet perdu, d'un bonheur qui laisse place à un gouffre. Cette représentation est platonicienne mais avec des accents plus tragiques. Or soudain les signes familiers où raccrocher la lecture se dérobent et la phrase imprévisible s'inscrit, lettre après lettre: «Et depuis qu'il l'a quitté, c'est chose étrange qu'il n'y a rien dans la nature qui n'ait été capable de lui en tenir la place astres, ciel, terre, éléments, plantes, choux, poireaux, animaux, insectes, veaux, serpents, fièvre, peste, guerre, famine, vices, adultère, inceste».

Deux cent quatre vingt souverains biens décomptait Montaigne, en transcrivant mal Augustin qui en trouvait huit de plus chez l'écrivain latin Varron, historien de la religion. Mais peu importe le sens plus ou moins clair de la proposition. Pascal cède à la fascination de l'explicitation infinie, du dénombrement sans suite, à l'hétéroclite de l'inventaire: par-delà l'émiettement des mots, le bric à brac d'un monde dépourvu de liant. Le fragment 682 dit: «Mais voilà direz-vous, tout renfermé en un mot; oui mais cela est inutile, si on ne l'explique. Et quand on vient à l'expliquer, dès qu'on ouvre ce précepte qui contient tous les autres, ils en sortent en la première confusion que vous voulez éviter.» «La nature les a tous établis, sans enfermer l'un en l'autre.» Vouloir le faire, faire cohésion, sens, «ce n'est pas naturel, chacun tient sa place» (fr. 684). C'est cette première confusion que l'on voulait éviter en mettant les mots par ordre – leur tentation contagieuse est de se désunir – contre laquelle écrire est résister en permanence; mais vivre aussi, peut-être. Pascal s'accorde d'y céder l'espace sécurisé d'une phrase: les laisser reprendre leur place, chacun pour soi, dans un voisinage incongru qui fait trembler le sens. Le gouffre n'est pas dans le vide impossible à combler mais dans la prolifération, la dislocation des mots, des opinions, des créatures, des religions, des mondes; chacun tend à se mettre en avant pour privilégier le menu infini de ses détails. C'est la dissémination, dans laquelle pourtant même le Sauveur est tenu de prendre et défendre sa place.

l'écriture d'une logique «baroque»?[1]

D'ailleurs on ne peut s'empêcher de pressentir que Pascal est attirée par une écriture qui dérobe, voire défait le sens. Sans doute l'état de fait non délibéré dans lequel son œuvre a été livrée – souvent brouillon de travail, chaotique, inachevé – est pour beaucoup dans cette impression. Mais cette part de hasard semble contribuer au dessein profond de l'auteur et parachever l'originalité de son expression, création en partie aléatoire, ouverte. Un recours plus systématique à l'ellipse, à l'allusion, l'énigme, la référence incongrue, vient accentuer cet effet. Comme l'illustre, entre autres, s'affichant sous l'index *Inconstance et Bizarrerie*, ce fragment 18; «un bout de capuchon arme 25 000 moines.» Bien sûr, on peut apprendre qu'au Moyen Âge une querelle agita longtemps les Frères mineurs sur la forme de leur capuchon. Reste l'absurdité du détail qui retient et l'opacité de la sentence qui le consigne et déconcerte pour le plaisir. De même ce talon de soulier (fr. 35), qu'on pourra expliquer autant qu'on voudra mais qui reste tenace et déplacé, talon de soulier; ce *duc tiré de la cuisse* (fr. 317), bien sûr ingénument tiré de la Vulgate de Louvain en français. Figures à l'état pur, chiffre non codé, dont ne résulte «qu'un sot sens» (fr. 217).

Ou encore quand pour défendre la médiocrité du juste milieu où il entend se fondre, Pascal écrit: «(je) me refuse d'être au bas bout, non pas parce qu'il est bas, mais parce qu'il est bout.» (fr. 518) N'est-ce pas le démon de la facétie qui pointe? Oh! Oh! Il refuserait aussi, il est vrai, qu'on le «mît au haut».

1. On peut convenir d'entendre par «baroque» une tendance esthétique et intellectuelle, une sensibilité propre au début du XVIIe siècle, privilégiant le fluide, le contraste, la discordance, la subtilité, la métamorphose, l'alliance des extrêmes. Elle se démarquait d'un idéal «classique» attaché, lui, à la mesure, l'harmonie, la stabilité, au clair et au distinct.

Les athées seuls doivent être forts en raison. Les croyants sont accoutumés à naviguer avec le non-sens.

Mais il y a plus. De véritables opérations logiques sur le modèle qu'on a vu, sont mobilisées pour produire délibérément des conclusions qui font impasse. Quatre propositions extrêmes peuvent être retenues pour l'illustrer. Voyez les fragments 236, 262, 311, 235 :

236. Assez de clarté, assez d'obscurité, croisées sur la mise à l'épreuve des élus et des réprouvés. Les élus n'y voient pas assez pour ne pas être humiliés, les réprouvés trop pour ne pas être inexcusables. Derrière la jouissance de la symétrie, chère à Dieu, il reste comme résultat, une alternative entre humiliés, (les élus) et inexcusables (les réprouvés). Aucune issue.

262. Les Juifs : « Que pouvaient-ils faire ? ». La prédestination se transforme en dilemme. Recevant le Christ ou le récusant, ils prouvent le Christ, donc sans choix, néanmoins coupables.

311. Toujours eux : bravant la contradiction logique entre subsister et être misérable, ils font les deux, car c'est nécessaire pour la preuve du Christ. On oublie que cette misère n'est pas de la seule grâce de Dieu, mais que ses adorateurs y sont pour l'essentiel.

Dieu des antagonismes et des symétries élégantes passe après le plaisir d'un maniérisme logique aux architectures raffinées comme des croisées d'ogive ; il n'en serait bien que le prétexte.

235. « J.-C. est venu aveugler ceux qui voient clair et donner la vue aux aveugles, guérir les malades, et laisser mourir les sains, appeler à pénitence et justifier les pécheurs, et laisser les justes dans leurs péchés, remplir les indigents et laisser les riches vides. » Comment s'y tromper, c'est là le Dieu des contrariétés dont la cycloïde est l'emblème, plus que d'Abraham et de Jacob, Dieu de Blaise Pascal. Mais l'aveu est clair : ce formalisme n'est pas neutre à la fin. Il laisse sur son passage une trace : le naufrage de tout bon sens et le diagnostic d'un monde en cabriole, condamné, sans recours. Il n'est pas évident de démentir une telle démonstration.

Autour de l'œuvre

1. Lettre à l'occasion de la mort de M. Étienne Pascal

Les traités de Pascal *Sur l'équilibre des liqueurs et La Pesanteur de la masse d'air* explicitaient les règles de la méthode expérimentale dans la science moderne, coup d'éclat de Pascal en 1647. Mais, par leur retentissement public, ils polémiquaient étrangement avec un principe aristotélicien, « l'horreur du vide », notamment en la personne du Père Noël, jésuite de Clermont, qui voulait y croire encore, jusqu'à inventer une notion défensive comme « le plein du vide », pour n'y point renoncer. Mais la surcharge de sens de ce principe allait peser sur toute la vision de l'époque et sur les écrits de Pascal. La nature a horreur du vide. Il est difficile, de ne pas en sous-entendre plus derrière ces mots, que ce qui advient à du vif-argent dans un vaisseau que l'on promène à la montagne. L'expérience qui a été faite sur cette montagne, conclut Pascal, « a renversé cette créance universelle du monde que la nature abhorre le vide » et « ouvert cette connaissance irréversible que la nature n'a aucune horreur pour le vide, qu'elle ne fait aucune chose pour l'éviter » ou encore « qu'elle n'a aucune répugnance pour le vide... qu'elle l'admet sans peine et sans résistance. »

La reprise de la découverte, présentée comme radicalement audacieuse, sous vingt formes diverses – bizarrement, elles utilisent le même anthropomorphisme qu'elles réfutent – montre que tout cela ne va pas de soi.

L'idée empruntée à Descartes que la nature, toute corporelle, ne saurait avoir d'affect, est réitérée sous maintes variantes, reliant toujours vide et nature, sans souligner qu'elle est simplement insensible parce que matérielle. Au contraire il est chaque fois suggéré, comme en double-sens, qu'au vide la nature ne voit pas d'inconvénient, qu'elle peut faire avec.

Ce n'est pas le cas du roi dont parle le fragment 886 : il doit, utilisant ses moyens sans limites, s'entourer d'animateurs chargés de faire « en sorte qu'il n'y ait point de vide ». On comprend le malheur de qui n'est pas roi.

Toutefois, c'est semble-t-il seulement dans *La Logique ou l'Art de penser* d'Antoine Arnauld et Pierre Nicole, dite « Logique de Port-Royal », que le pas suivant, imminent, va être explicitement franchi. Pour couper court aux imaginations chimériques, le principe est modifié, devenant plus lourd d'implications : « Car la nature n'a horreur de rien » (PUF, 1965, p. 249).

L'affirmation est évocatrice. Qu'elle n'ait horreur de rien, encore une fois, laisse bien subsister le soupçon qu'elle tolère au contraire tout ce qui est susceptible de provoquer l'horreur, qu'elle y est accueillante. Pour ce qui est de couper court aux chimères, ce n'est pas gagné.

C'est comme si se tenait le terme ultime en réserve : l'horrible par excellence c'est la mort, la mort selon la nature, l'horreur tenue en réserve de la nature, ce par quoi la nature est une source et un objet d'horreur. Si la nature n'a horreur de rien, c'est qu'elle est elle-même une horreur, un vide (fr. 148). La conscience craintive, en revanche, se caractérise par cette horreur du vide remise en son vrai lieu, qui va la projeter sur la religion comme son seul refuge. Inutile d'ajouter qu'il y avait bien partie liée entre anti-aristotélisme, christianisme, antinaturalisme et science moderne. Pascal se sent à l'aise pour être le champion de cette alliance peut-être contre-nature.

L'épreuve que l'on ne peut plus réaliser avec des tubes au sommet des montagnes mais au cœur de l'humanité, c'est d'affronter ce vide. On comprend « l'horreur » que suscite Socrate ou Sénèque ; ils choquent par leur prétention à supposer la mort comme naturelle et à enseigner qu'on n'en ait pas plus d'horreur que de la nature elle-même ni que la nature n'en a.

Le renversement opéré par Jésus-Christ, le médiateur, revient donc chez Pascal et dans le jansénisme à avoir débarrassé la nature de ses répugnances et de ses affects pour la charger de toute l'abjection et l'abomination à quoi se résume l'existence terrestre. Le chrétien a horreur de la nature. Bien entendu parce qu'elle est corrompue. Chimère pour chimère. Jésus-Christ vient dénaturaliser la mort.

La conclusion de cette lettre étrange, toute d'anéantissement et de soumission à Dieu est très humaine et émouvante (appliqué à Pascal, le terme « humain » perd sa platitude). « Espérons donc en Dieu et ne nous fatiguons pas par des prévoyances indiscrètes et téméraires. Remettons nous à Dieu pour la conduite de nos vies, et que le déplaisir ne soit pas dominant en nous ». Comme un instant de relâche échappé à la tension constante et à la crispation pascalienne.

« [...] Considérons donc la mort en Jésus-Christ, et non pas sans Jésus-Christ. Sans Jésus-Christ, elle est horrible, elle est détestable, et l'horreur de la nature. En Jésus-Christ elle est tout autre : elle est la joie du fidèle. Tout est doux en Jésus-Christ, jusqu'à la mort ; et c'est pourquoi il a souffert et est mort pour sanctifier la mort et les souffrances et que comme Dieu et comme homme il a été tout ce qu'il y a de grand et tout ce qu'il y a d'abject, afin de sanctifier en soi toutes choses sauf le péché, et pour être le modèle de toutes les conditions.

Pour considérer ce que c'est que la mort et la mort en Jésus-Christ, il faut voir quel rang elle tient dans son sacrifice continuel et sans interruption, et pour cela remarquer que dans les sacrifices, la principale partie est la mort de l'hostie [...] ; l'accomplissement est la mort, dans laquelle, par l'anéantissement de la vie, la créature rend à Dieu tout l'hommage dont elle est capable, en s'anéantissant devant les yeux de sa majesté, et en adorant sa souveraine existence qui seule existe réellement.

[...] L'horreur de la mort est naturelle, mais c'est en l'état d'innocence ; la mort à la vérité est horrible, mais c'est quand elle finit une vie toute pure. Il était juste de la haïr quand elle séparait une âme sainte d'un corps saint : mais il est juste de l'aimer quand elle sépare une âme sainte d'un corps impur. »

Pascal, Lettre à M. et Mme Périer (Paris, 17 octobre 1651)
in *Œuvres complètes*, Seuil, 1963.

2. Fragment 418 : infini, rien (le pari)

Le fragment ci-après est difficile à situer dans l'économie de l'*Apologie*. C'est qu'il en constitue comme l'embryon, le noyau primitif, l'idée sur laquelle un développement plus articulé va s'élaborer. Il comprend en effet l'hypothèse de l'adresse à l'indécis plutôt qu'à l'athée, le recours au raisonnement sur la base de l'insuffisance de la raison, et enfin la prééminence irremplaçable de la foi que rien ne peut déclencher, sauf peut-être, la machine, la pratique des formalités : tous éléments constitutifs des *Pensées*. L'innovation dans ce texte est bien de proposer l'existence de Dieu comme l'enjeu raisonnablement incertain d'un pari dont la mise serait le renoncement aux plaisirs terrestres, tel que la religion le demande.

Mais Pascal était assurément doué du génie de la communication, à quoi il trouvait la géométrie fort impropre. La diffusion universelle du raisonnement d'allure mathématique connu sous le nom du « pari de Pascal », texte plutôt rébarbatif, suffirait à le montrer. Certes, une de ses recherches les plus brillantes l'avait porté vers le calcul des probabilité, géométrie du hasard, dont il est l'un des premiers fondateurs avec Fermat. Cette découverte essentielle, dont les fruits allaient être cueillis plus de deux siècles plus tard, indiquait la fascinante possibilité d'une mainmise du calcul, même sur l'incertitude de ce qui semble échapper à la raison, une assurance sur l'inconnaissable de l'événement.

Il est vrai aussi qu'il comptait parmi ses relations des passionnés du jeu, en pratique et en théorie, ne serait-ce que le chevalier de Méré. À l'une de ses questions d'ailleurs, est liée, une des plus intrigantes découvertes de Pascal sur ce qui serait comme un infléchissement du hasard en fonction de l'opiniâtreté du joueur. Rêve fou, et pourtant rêve de tous les chercheurs de martingales. Techniquement, il s'agissait de trouver une modulation des rapports entre mise et gain dans le cas d'un joueur quittant la partie avant la fin ; en faisant l'hypothèse d'un jeu à plusieurs, où le dernier gagnant raflait la mise.

Mais il serait spécieux, bien que cela ait été souvent tenté, de vouloir trouver dans ce « pari » une application de mathématique sophistiquée. Le raisonnement sur le rapport de l'infini du gain à la détermination finie de la mise, face à l'évaluation du risque, un sur deux ou un contre l'infini, semble plus fait pour donner le vertige, créer « un embrouillement » que conduire à « l'audit » raisonné d'un risque. On penserait plutôt dans ces manipulations de termes impressionnants croisés sous les yeux ébahis du joueur potentiel, à *L'Escamoteur* de Jérôme Bosch menant sa partie de bonneteau[1].

Tout au plus, comme l'indique le sous-titre du fragment, on retient qu'il s'agit en cette affaire, du rapport infini/rien, sous sa forme la plus triviale où chacun croit comprendre qu'en effet, rien contre tout ce n'est pas grand chose et que la balance semble intéressante. Cela vaut le coup. L'astuce cachée – il faut bien qu'elle le soit – est que ce jeu si intéressant auquel on est contraint par la pression de celui qui en fait la réclame, est lui-même d'une incertitude infinie. On n'a pas la moindre notion qu'il soit proposé nulle part. Aussi Pascal prend-il soin de ménager des arguments de dérivation (la foi, la morale), au cas où le premier serait éventé, mais qui ont l'inconvénient de se suffire à eux-mêmes et de rendre le pari et toute sa gesticulation superflus.

L'idée que cette rhétorique trop « charnelle » visait le libertin – pour le prendre à son propre jeu puisqu'il n'entendrait aucun autre langage, aveuglé par sa passion – est à retenir, mais elle est peu satisfaisante. En effet, l'offre en ces termes est trop racoleuse pour paraître honnête et trop peu excitante pour attiser le goût du risque. L'argument est de fait ambivalent et comporte impliqués, plusieurs discours simultanés, discours fort et faible au choix, comme disaient les sophistes : discours de risque maximum ou de sécurité maximale, comme autant d'offres concurrentes en option.

Le discours du risque maximum est bien entendu le plus fort, le plus cohérent, le plus tentant. « Il faut tout donner ». « Il faut hasarder la vie » pour tout gagner. À la lettre, il est indiqué ici de mettre sa vie sur le tapis avec Dieu admiratif et reconnaissant au bout ou rien ; ce n'est pas sans panache, la roulette russe ou le martyr de la foi. On pense aussi au philosophe Jules Lequier[2] s'en allant à la nage, sans retour vers l'infini de l'océan, pour voir enfin si Dieu est au bout de sa liberté et sous quelle forme il allait la sauver. Si le pari a un sens ce ne peut être qu'au risque de tout, tout de suite. Risquer sa vie ne peut s'entendre en un sens mesquin de lésiner sur les plaisirs.

En regard et en issue de secours, le discours de sécurité, discours faible : certitude du gain, néant de la mise. Vous ne donnez rien, vous gagnez tout en cette vie et dans l'autre. On en vient à « la certitude du gain ». Au plus on renonce à la gloire, aux délices, c'est le seul endroit où l'on suppose qu'il s'en puisse trouver, mais même sur ce plan il y a compensation.

1. Voir la représentation de ce tableau p. 132.
2. Philosophe français (1814-1862) qui mit à l'épreuve sa foi en Dieu et sa réflexion sur la liberté par le pari d'une mort risquée – en avançant dans l'océan – et incertaine jusqu'à la fin.

Sous cette formulation, l'offre semblait destinée plutôt à sensibiliser de petits rentiers en quête d'un placement sans surprise, comme l'étaient les Pascal et leurs proches. Mais les petits rentiers s'appâtent aussi de tout temps par des promesses de rapport extravagant, tellement alléchantes qu'elles en dissimulent l'escroquerie, s'il s'en trouve, à qui ne veut la voir. Les propositions de Pascal à ses actionnaires pour l'entreprise des carrosses à cinq sols devaient avoir ce ton-là mais ils n'eurent pas à le regretter, ceux qui lui firent confiance alors.

Ou encore ce pourrait être une offre d'assurance contre un de ces risques peu représentables, comme la chute d'aéronefs ; on ne sait jamais, on ne saurait être trop prudent. Et c'est bien ce que constitue la religion pour la plupart des croyants, au temps de Pascal comme au nôtre.

Aussi n'est-il pas évident d'identifier les interlocuteurs en présence dans ce dialogue fictif, où une proposition de recrutement ou de placement est faite à un adhérent ou un client potentiel, situation type, académique des écoles de vente. Celui qui dit « Je » oppose un minimum de résistance, pour garder son quant à soi, sa liberté de choix sous l'effort de persuasion auquel il est soumis, violence pour son bien. Honnête homme, homme moyen, influençable, sans grande conviction, guidé par le seul sens de son intérêt. En face, le maître de rhétorique, n'a d'intérêt qu'à convertir, gagner à sa cause, à son produit ; il joue sur tous les registres, modulant ses arguments, selon l'évolution de l'état où il sent sa cible. Est-ce Pascal ? La force du texte tient à ce que rien ne permette de l'affirmer. L'allusion à un agenouillement qui précéderait et suivrait le recours à cette démonstration, rite peu explicite, ne donne pas d'indication. Tentateur impersonnel, c'est le Rhéteur anonyme, le langage en personne cherchant à gagner celui qui prend le risque de l'écoute.

Au bout du compte, la morale en sa forme la plus consensuelle, celle qui ne peut faire de mal à personne, reste la porte de sortie, l'échappatoire à cette embardée qui n'était pas loin du péché cardinal que constitue la tentative de tenter Dieu. D'ordinaire l'œuvre de Satan, comme dans le livre de Job, ou le mythe de Faust.

Le pari resterait donc un texte énigmatique de plus dans ce projet d'apologie. Mais peut-être pourrait-on l'éclairer par deux échos postérieurs de très peu, donc en réaction à sa lecture : l'un de l'illustre Madame de Sévigné, grande admiratrice de Pascal et de Port-Royal ; l'autre d'Angélique de Saint-Jean Arnauld d'Andilly, nièce de la Mère Angélique et soumise au plus fort de la persécution consécutive au refus de désavouer les convictions de l'*Augustinus* par la signature du fameux formulaire de rétractation exigé par les autorités. Deux réflexions de femme donc – ce n'est pas indifférent – dont les conditions de vie sont aussi éloignées que possible l'une de l'autre ; elles révèlent dans le pari une profondeur philosophique, présente chez Pascal sans doute, mais masquée par la trop indiscrète volonté de convaincre. La première édition des Pensée offerte au public date de 1669.

« Parlons maintenant selon les lumières naturelles. S'il y a un Dieu il est infiniment incompréhensible, puisque n'ayant ni parties ni bornes, il n'a nul rapport à nous. Nous sommes donc incapables de connaître ni ce qu'il est, ni s'il est. Cela étant qui osera entreprendre de résoudre cette question ? Ce n'est pas nous qui n'avons aucun rapport à lui.

Qui blâmera donc les chrétiens de ne pouvoir rendre raison de leur créance ; ils déclarent en l'exposant au monde que c'est une sottise, *stultitiam*, et puis vous vous plaignez de ce qu'ils ne la prouvent pas. S'ils la prouvaient ils ne tiendraient pas parole. C'est en manquant de preuve qu'ils ne manquent pas de sens. Oui mais encore que cela excuse ceux qui l'offrent telle, et que cela les ôte du blâme de la produire sans raison cela n'excuse pas ceux qui la reçoivent. Examinons donc ce point. Et disons ; Dieu est ou il n'est pas ; mais de quel côté pencherons nous ? La raison n'y peut rien déterminer. Il y a un chaos infini qui nous sépare. Il se joue un jeu à l'extrémité de cette distance infinie, où il arrivera croix ou pile. Que gagerez-vous ? Par raison vous ne pouvez faire ni l'un ni l'autre ; par raison vous ne pouvez défaire nul des deux.

Ne blâmez donc pas de fausseté ceux qui ont pris un choix, car vous n'en savez rien. Non, mais je les blâmerai d'avoir non ce choix, mais un choix, car encore que celui qui prend croix et l'autre soient en pareille faute ils sont tous deux en faute ; le juste est de ne point parier.

Oui, mais il faut parier. Cela n'est pas volontaire, vous êtes embarqués. Lequel prendrez-vous donc ? Voyons ; puisqu'il faut choisir, voyons ce qui vous intéresse le moins. Vous avez deux choses à perdre : le vrai et le bien, et deux choses à engager : votre raison et votre volonté, votre connaissance et votre béatitude et votre nature deux choses à fuir : l'erreur et la misère. Votre raison n'est pas plus blessée puisqu'il faut nécessairement choisir, en choisissant l'un que l'autre. Voilà un point vidé. Mais votre béatitude ? Pesons le gain et la perte en prenant croix que Dieu est. Estimons ces deux cas ; si vous gagnez, vous gagnez tout, et si vous perdez vous ne perdez rien : gagez donc qu'il est sans hésiter. Cela est admirable. Oui il faut gager, mais je gage peut-être trop. Voyons puisqu'il y a pareil hasard de gain et de perte, si vous n'aviez qu'à gagner deux vies pour une vous pourriez encore gager, mais s'il y en avait trois à gagner ?

Il faudrait jouer (puisque vous êtes dans la nécessité de jouer) et vous seriez imprudent lorsque vous êtes forcé à jouer de ne pas hasarder votre vie pour en gagner trois à un jeu où il y a pareil hasard de perte et de gain. Mais il y a une éternité de vie et de bonheur. Et cela étant quand il y aurait une infinité de hasards dont un seul serait pour vous, vous auriez encore raison de gager un pour avoir deux, et vous agirez de mauvais sens, en étant obligé à jouer, de refuser de jouer une vie contre trois à un jeu où d'une infinité de hasards il y en a un pour vous, s'il y avait une infinité vie infiniment heureuse à gagner, un hasard de gain contre un nombre fini de hasards de perte et ce que vous jouez est fini. Cela ôte tout parti partout où est l'infini et où il n'y a pas infinité de hasards de perte contre celui de gain. Il n'y a pas à balancer, il faut tout donner. Et ainsi quand on est forcé à jouer, il faut renoncer à la raison pour garder la vie plutôt que de la hasarder pour le gain infini aussi prêt à arriver que la perte du néant.

Car il ne sert de rien de dire qu'il est incertain si on gagnera, et qu'il est certain qu'on hasarde, et que l'infinie distance qui est entre la certitude de ce qu'on expose et l'incertitude de ce qu'on gagnera égale le bien fini qu'on expose certainement à l'infini qui est incertain. Cela n'est pas ainsi. Tout joueur hasarde avec certitude pour gagner avec incertitude, et néanmoins il hasarde certainement le fini pour gagner incertainement le fini, sans pécher contre la raison. Il n'y a pas infinité de distance entre cette certitude de ce qu'on expose et l'incertitude du gain : cela est faux. Il y a, à la vérité, infinité entre la certitude de gagner et la certitude de perdre, mais l'incertitude de gagner est proportionnée à la certitude de ce qu'on hasarde selon la proportion des hasards de gain et de perte. Et de là vient que s'il y a autant de hasards d'un côté que de l'autre le parti est à jouer égal contre égal. Et alors la certitude de ce qu'on s'expose est égale à l'incertitude du gain, tant s'en faut qu'elle soit infiniment distante. Et ainsi notre proposition est dans une force infinie, quand il y a le fini à hasarder, à un jeu où il y a de pareils hasards de gain que de perte, et l'infini à gagner.

Cela est démonstratif et si les hommes sont capables de quelque vérité celle-là l'est.

Je le confesse, je l'avoue, mais encore n'y a-t-il pas moyen de voir le dessous du jeu ? Oui l'Écriture et le reste, etc. Oui mais j'ai les mains liées et la bouche muette, on me force à parier, et je ne suis pas en liberté, on ne me relâche pas et je suis fait d'une telle sorte que je ne puis croire. Que voulez-vous donc que je fasse ? Il est vrai, mais apprenez au moins que votre impuissance à croire vient de vos passions. Puisque la raison vous y porte et que néanmoins vous ne le pouvez, travaillez donc non pas à vous convaincre par l'augmentation des preuves de Dieu, mais par la diminution de vos passions. Vous voulez aller à la foi et vous n'en savez pas le chemin. Vous voulez vous guérir de l'infidélité et vous en demandes les remèdes, apprenez de ceux, etc. qui ont été liés comme vous et qui parient maintenant tout leur bien. Ce sont gens qui savent ce chemin que vous voudriez suivre et guéris d'un mal dont vous voulez guérir ; suivez la manière par où ils ont commencé. C'est en faisant tout comme s'ils croyaient, en prenant de l'eau bénite, en faisant dire des messes, etc. Naturellement même cela vous fera croire et vous abêtira. Mais c'est ce que je crains. Et pourquoi ? Qu'avez-vous à perdre ? Mais pour vous montrer que cela y mène, c'est que cela diminue les passions qui sont vos grands obstacles, etc. Fin de ce discours.

Or quel mal vous arrivera-t-il en prenant ce parti ? Vous serez fidèle, honnête, humble, reconnaissant, bienfaisant, ami, sincère, véritable... À la vérité vous ne serez point dans les plaisirs empestés, dans la gloire, dans les délices, mais n'en aurez-vous point d'autre ? Je vous dis que vous y gagnerez en cette vie, et que à chaque pas que vous ferez dans ce chemin, vous verrez, tant de certitude de gain, et tant de néant de ce que vous hasardez, que vous connaîtrez à la fin que vous avez parié pour une chose certaine, infinie, pour laquelle vous n'avez rien donné.

Ô ce discours me transporte, me ravit, etc. Si ce discours vous plaît et vous semble fort sachez qu'il est fait par un homme qui s'est mis à genoux auparavant et après, pour prier cet être infini et sans parties, auquel il soumet tout le sien, de se soumettre aussi le vôtre pour votre propre bien et pour sa gloire ; et qu'ainsi la force s'accorde avec cette bassesse. »

Pascal, *Pensées*, fragment 418, in *Œuvres complètes*, Seuil, 1963.

3. Madame de Sévigné

Cet abîme métaphysique au détour d'une lettre familière d'une mère à sa fille n'est pas plus que chez Pascal exempt de rhétorique. Mais c'est ici une rhétorique du naturel et de la familiarité qui pourrait presque donner à croire qu'on a affaire à l'expression nue d'une émotion naïve. Pourtant, en ces quelques lignes est traversée toute la problématique autour de laquelle Pascal projette les sinuosités de sa propre angoisse : angoisse du chrétien ou de l'homme universel ? La métaphore de l'embarquement est encore mieux éclairée dans cette lettre, car plus directe, plus mordante. Il n'y a pas de jeu extorqué sous on ne sait quelle contrainte. L'illusion de perspective projetée dans le pari, Madame de Sévigné le voit bien, est purement et simplement l'anticipation de la mort, qui ne peut que décolorer la vie. Voilà bien la racine de cette fameuse haine de soi et de la vie qu'elle porte avec elle. Miser sur Dieu ne change rien à l'essentiel. Le seul recours, comme chez les tragiques grecs, aurait été de ne pas être né, car l'embarquement commence là avec ses conséquences. Et si Madame de Sévigné avait bien relu son *Augustinus*, elle aurait su ne pas pouvoir se rassurer à si bon compte : même mort dans les bras de sa nourrice, ce n'est pas trop tôt pour la damnation.

« Vous me demandez, ma chère enfant, si j'aime toujours bien la vie. Je vous avoue que j'y trouve des chagrins cuisants ; mais je suis encore plus dégoûtée de la mort : je me trouve si malheureuse d'avoir à finir tout ceci par elle, que si je pouvais retourner en arrière, je ne demanderais pas mieux. Je me trouve dans un engagement qui m'embarrasse : je suis embarquée dans la vie sans mon consentement ; il faut que j'en sorte, cela m'assomme ; et comment en sortirai-je ? Par où, Par quelle porte ? Quand sera-ce ? En quelles disposition ? Souffrirai-je mille et mille douleurs, qui me feront mourir désespérée ? Aurai-je un transport au cerveau ? Mourrai-je d'un accident ? Comment serai-je avec Dieu ? Qu'aurai-je à lui présenter ? La crainte, la nécessité feront-elles mon retour vers lui ? N'aurai-je aucun autre sentiment que celui de la peur ? Que puis-je espérer ? Suis-je digne du paradis ? Suis-je digne de l'enfer ? Quelle alternative ! Quel embarras ! Rien n'est si fou que de mettre son salut dans l'incertitude ; mais rien n'est si naturel, et la sotte vie que je mène est la chose du monde la plus aisée à comprendre. Je m'abîme dans ces pensées, et je trouve la mort si terrible, que je hais plus la vie parce qu'elle m'y mène, que par les épines qui s'y rencontrent. Vous me direz que je veux vivre éternellement. Point du tout ; mais si on m'avait demandé mon avis, j'aurais bien aimé à mourir entre les bras de ma nourrice : cela m'aurait ôté bien des ennuis, et m'aurait donné le ciel bien sûrement et bien aisément ; mais parlons d'autre chose. »

Madame de Sévigné, Lettre XXVIII à Madame de Grignan (Paris, 16 mars 1672), Gallimard, La Pléiade, 1973.

4. Angélique de Saint Jean Arnauld d'Andilly

Cette lettre, vraisemblablement écrite à son oncle Antoine Arnauld plutôt qu'à son père, Robert, est sans doute antérieure à la publication des *Pensées*, mais elle ne pouvait pas ne pas en avoir eu des échos précis. Nièce de Marie-Angélique, la Supérieure réformatrice de Port-Royal, Angélique, proche de Jacqueline, la sœur de Pascal, expose dans cette confidence une crise intérieure, comme la version en creux du pari. La position faible, le repli sur la vertu morale devient dans son désarroi la position forte, la seule à quoi on puisse encore se tenir inconditionnellement. Il est passionnant de constater que cette éventualité – qui se présente à son esprit comme l'inavouable qu'on n'ose formuler que dans le tremblement – sera bientôt, avec Montesquieu et la philosophie des Lumières, le socle sur lequel s'appuyer : la conviction que si même Dieu n'existait pas, la vertu n'en serait pas moins digne d'être recherchée. Pour Montesquieu, au contraire, la « seule vérité terrible qu'il faudrait se dérober à soi-même », serait que la vertu ou la justice ne soit pas une valeur objective respectable pour elle-même (*Lettres persanes*, 83). Ainsi donc le pari persiste mais se transpose au parti d'une existence humaine autonome dans sa justification. Et il se transmet sous la forme la plus sobre, un postulat de la raison pratique : exigence propre et suffisante de la raison y compris et *a fortiori* dans l'hypothèse de l'incertitude que l'âme soit immortelle ou même que Dieu soit là.

À travers ces deux prismes de lecture, le sens décrypté de l'exercice de virtuosité pascalien se réduit donc à son essentiel : vie, mort, infini, rien, incertitude.

« Je me souviens que j'ai omis avec dessein dans cette relation une peine qui me tourmenta l'esprit dans le commencement et qui me revient quelquefois, que j'y ai appelée « avoir vu les portes ténébreuses et les portes d'enfer », sans m'expliquer ; car proprement ce n'est qu'une vue de l'esprit qui ne trouble rien au-dedans, mais dont la seule présence est horriblement pénible. [...] C'est comme une espèce de doute de toutes les choses de la foi et de la providence, à quoi je m'arrête si peu que, de peur de raisonner et de donner plus d'entrée à la tentation, il me semble que mon esprit la rejette, avec une certaine vue qui serait elle-même contraire à la foi, parce qu'elle enferme une espèce de doute, qui est comme si je disais que, quand il y aurait quelque chose d'incertain dans ce qui me paraît la vérité et que tout ce que je crois de l'immortalité de l'âme, etc., pourrait être douteux, je n'aurais pas point de meilleur parti à choisir que celui de suivre toujours la vertu. Je me fais peur en écrivant cela, car jamais cela ne fut si expliqué dans mon esprit : c'est quelque chose qui s'y passe sans quasi qu'on l'y discerne. Cependant, ne manque-t-il point quelque chose à la certitude de la foi, quand on est capable de ces pensées ? Je n'en ai osé parler à personne, parce qu'elles me paraissent si dangereuses que je craindrais d'en donner la moindre vue à celles à qui j'en dirais ma peine. [...] On ne peut s'imaginer la peine de l'abandonnement où j'ai été, quand Dieu permet dans ces afflictions d'esprit, sans trouver sous le ciel qui que ce soit avec qui on puisse se consoler. »

Lettre de la Mère Angélique à Arnauld (Pâques 1667 ou bien 1666), citée par Louis Cognet in *Relation de captivité d'Angélique de Saint-Jean Arnauld d'Andilly*, Gallimard, 1954.

Accueil et postérité

1. Voltaire

Voltaire exprime la première position critique face à Pascal. Il fait un commentaire sur cinquante-sept fragments qui suscitent son incompréhension étonnée. C'est la réception normale de l'*Apologie*, qui déclenche des réfutations immédiates et d'évidence. Pascal, dans sa postérité, va rencontrer une majeure partie de contradicteurs au nom du bon sens et de la juste mesure, contre lesquels il tient en réserve son « mais justement... » sous entendu.

Dans ces *Lettres philosophiques*, qui sont comme en symétrie aux *Provinciales* un pamphlet sur un débat du temps, on peut mesurer le chemin parcouru en un siècle dans les préoccupations du public et les sujets susceptibles de le passionner. On est passé d'une querelle de clocher sur une controverse théologique à une aspiration enthousiaste à la liberté de connaître et de penser. Sur ce contraste se dessine une polémique édifiante entre deux partis pris, aussi indiscutables, optimisme contre pessimisme, bon sens contre paradoxe; mais à la limite aussi, raison contre religion. Tellement appuyée, cette opposition en devient schématique, mais elle structure pourtant une polarité durable dans l'histoire de l'opinion et de la pensée. De fait, dès ce premier affrontement symbolique, on va se rendre compte qu'on ne saurait réfuter Pascal tant, contre toute apparence, il ne se place en aucune façon dans une controverse religieuse ni philosophique. Mais on ne peut pas davantage être en accord avec lui dans une relation d'approbation.

Les réactions qu'il provoque seront plutôt du genre de l'irritation ou de l'émotion, d'où leur ton excessif ou très subjectif. Les seules échappatoires sont alors dans l'objectivité indifférente au nom de l'érudition ou dans une surenchère paradoxale.

« Il me paraît qu'en général l'esprit dans lequel M. Pascal écrivit ces *Pensées* était de montrer l'homme sous un jour odieux. Il s'acharne à nous peindre tous méchants et malheureux. Il écrit contre la nature humaine à peu près comme il écrivait contre les jésuites. Il impute à l'essence de notre nature ce qui n'appartient qu'à certains hommes. Il dit éloquemment des injures au genre humain. J'ose prendre le parti de l'humanité contre ce misanthrope sublime; j'ose assurer que nous ne sommes ni si méchants ni si malheureux qu'il le dit; je suis de plus, très persuadé que s'il avait suivi, dans le livre qu'il méditait, le dessein qui paraît dans ses *Pensées*, il aurait fait un livre plein de paralogismes éloquents et de faussetés admirablement déduites.

[…] Qu'aurait répondu Pascal à un homme qui lui aurait dit : […] « L'homme n'est point une énigme, comme vous vous le figurez, pour avoir le plaisir de la deviner. L'homme paraît être à sa place dans la nature, supérieur aux animaux, auxquels il est semblable par les organes, inférieur à d'autres êtres auxquels il ressemble probablement par la pensée. Il est, comme tout ce que nous voyons, mêlé de mal et de bien, de plaisir et de peine. Il est pourvu de passion pour agir, et de raison pour gouverner ses actions. Si l'homme était parfait, il serait Dieu, et ces prétendues contrariétés, que vous appelez *contradictions*, sont les ingrédients nécessaires qui entrent dans le composé de l'homme qui est ce qu'il doit être. »

Commencez, pourrait-on dire à M. Pascal, par convaincre ma raison. J'ai intérêt, sans doute, qu'il y ait un Dieu ; mais si, dans votre système ; Dieu n'est venu que pour si peu de personnes ; si je ne puis rien du tout par moi-même, dites-moi, je vous prie, quel intérêt j'ai à vous croire ? N'ai-je pas un intérêt visible à être persuadé du contraire ?

[…] Si vous voulez me convaincre, prenez-vous-y d'une autre façon, et n'allez pas tantôt me parler de jeu de hasard, de pari, de croix et de pile, et tantôt m'effrayer par les épines que vous semez sur le chemin que je veux et que je dois suivre. Votre raisonnement ne servirait qu'à faire des athées si la voix de toute la nature ne nous criait qu'il y a un Dieu, avec autant de force que ces subtilités ont de faiblesse.

[…] Pour moi, quand je regarde Paris ou Londres, je ne vois aucune raison pour entrer dans ce désespoir dont parle M. Pascal ; je vois une ville qui ne ressemble en rien à une île déserte, mais peuplée, opulente, policée et où les hommes sont heureux autant que la nature humaine le comporte.

[…] Pourquoi nous faire horreur de notre être ? Notre existence n'est point si malheureuse qu'on veut nous le faire accroire. Regarder l'univers comme un cachot, et tous les hommes comme des criminels qu'on va exécuter, est l'imagination d'un fanatique. »

VOLTAIRE, *Lettres Anglaises*, 25e lettre (1734),
Jean-Jacques Pauvert, 1964.

2. Sainte-Beuve

Pascal a failli devenir héros romantique avec sa vision de l'homme en ange ou roi déchu qui se souvient des cieux. Pourtant Sainte-Beuve le fond plutôt dans la monumentale reconstitution qu'il élabore du monde de Port-Royal. En fait, à l'instigation de Victor Cousin, on se préoccupe au XIXe siècle de l'authenticité philologique des *Pensées* et de leur édition critique. S'il y a romantisme, c'est celui des ruines. Avec une clairvoyance remarquable, Sainte-Beuve diagnostique la métamorphose des Pensées en pur objet littéraire, exclu de tout débat d'idées, ce qui ne cesse de se confirmer depuis.

« Le grand travail moderne sur Pascal a été plutôt philologique et littéraire ; mais on est arrivé par ce côté à des résultats assez imprévus. En voulant restituer le livre de Pascal et le rendre à son état primitif, on l'a véritablement ruiné en un certain sens. Ces colonnes et ces pyramides du désert, comme les appelait Chateaubriand, ne sont plus debout aujourd'hui ; on les a religieusement démolies, et l'on s'est attaché à remettre les pierres comme elles étaient, gisant à terre, à moitié ensevelies dans la carrière, à moitié taillées dans le bloc. C'est le résultat le plus net de ce grand travail critique sur les *Pensées*. Le livre évidemment, dans son état de décomposition, et percé à jour comme il est, ne saura plus avoir aucun effet d'édification sur le public. Comme œuvre apologétique, on peut dire qu'il a fait son temps. Il n'est plus qu'une preuve extraordinaire de l'âme et du génie de l'homme, un témoignage individuel de sa foi. Pascal y gagne, mais son but y perd. Est-ce comme cela qu'il l'aurait entendu ? »

SAINTE-BEUVE, *Port-Royal* (1840-1859), Laffont, coll. Bouquins, 2004.

3. Nietzsche

Pascal pour Nietzsche : un frère ? Victime du christianisme plutôt que son apôtre ? Nietzsche a vu l'affinité de sa seconde oreille et du marteau à tester les idoles avec la pensée de derrière et les contrariétés pascaliennes ; comme le lien entre leurs dialectiques sans conciliation, où les termes en oppositions, alternent sans fin. De même l'Idée qu'ils expriment l'un et l'autre, que la morale ne résiste pas à la mise à jour de ses origines, à sa généalogie. On croirait presque que c'est au nom de Pascal et pour sa revanche que Nietzsche va mener son combat contre le christianisme.

« Le christianisme a pris le parti de tout ce qui est bas, vil, manqué, il a fait un idéal de l'opposition à l'instinct de conservation de la vie forte. Même aux natures les mieux armées intellectuellement, il a perverti la raison, en leur enseignant à ressentir les valeurs suprêmes comme entachées de péché, induisant en erreur, comme des tentations. Exemple le plus lamentable : la perversion de Pascal, qui croyait à la perversion de sa raison par le péché originel, alors qu'elle n'était pervertie que par son christianisme. »

NIETZSCHE, *L'Antéchrist*, trad. J.-C. Hémery, § 5, © Gallimard, 1974.

« Je ne me contente pas de lire Pascal, mais je l'aime et vois en lui la victime la plus instructive du christianisme, qui l'a lentement assassiné, d'abord physiquement, puis psychologiquement, avec toute la logique de cette forme particulièrement atroce d'inhumaine cruauté… »

NIETZSCHE, *Ecce Homo*, trad. J.-C. Hémery, § 3, © Gallimard, 1942.

« La foi qu'exigeait le christianisme à ses débuts […] c'est déjà bien la foi de Pascal, qui ressemble plutôt à un lent suicide de la raison, d'une raison coriace, acharnée à vivre… Il entre de la cruauté, un élément de piété phénicienne dans cette foi que l'on exige d'une conscience macérée et douillette : elle suppose tout d'abord que la soumission de l'esprit soit indiciblement douloureuse, que tout le passé et toutes les habitudes de l'esprit se défendent contre *l'absurdississimum* qu'on lui présente comme article de foi. »

NIETZSCHE, *Par delà le bien et le mal*, § 46,
© éditions 10-18, 1951 (épuisé).

« Celui qui, rencontrant sur son chemin cette forme dégénérée et volontairement rabougrie que représente l'Européen chrétien, Pascal par exemple, l'aborderait non plus en épicurien mais armé de je ne sais quel marteau divin, ne devrait-il pas s'écrier « Ô butors, butors présomptueux et compatissants que vous êtes, qu'avez-vous fait là ?… » Ce que je veux dire, c'est que le christianisme a été jusqu'à ce jour la forme la plus outrecuidante de l'individu. »

NIETZSCHE, § 62, *op. cit.*

« Ce que nous attaquons dans le christianisme ? C'est qu'il veuille briser les forts, décourager leur courage, utiliser leurs heures mauvaises et leur lassitudes, transformer en inquiétude et en tourment de conscience leur fière assurance ; c'est qu'il sache empoisonner et infecter les instincts nobles, jusqu'à ce que les forts périssent des excès de leur mépris d'eux-mêmes et des mauvais traitements qu'ils s'infligent : horrible désastre dont *Pascal* est le plus illustre exemple. »

NIETZSCHE, *La Volonté de puissance*, trad. G. Bianquis, § 406,
© Gallimard, 1995, tome 1.

« À supposer même qu'on ne pût faire la contre preuve de la foi chrétienne, Pascal aurait cru prudent d'être chrétien, vu la *terrible* possibilité de sa vérité éventuelle. De nos jours, et c'est un signe de tout ce que le christianisme a perdu de son pouvoir terrifiant, on a tenté cette autre *Apologie* qui consiste à dire que fût-ce une erreur, on tire cependant de cette erreur le plus grand avantage et le plus grand plaisir tant que dure la vie ; il semble donc que ces croyances, non plus dans la crainte d'une possibilité menaçante, mais par crainte d'une vie qui manquerait de charme. Cet hédonisme, cette démonstration par le *plaisir*, est un symptôme de décadence. Au lieu d'une démonstration par la *force*, par ce qui est bouleversant dans l'idée chrétienne, elle use d'une démonstration par la *crainte*. De fait, le christianisme, grâce à cette interprétation, approche de son déclin ; on se contente d'un christianisme *opiacé* parce qu'on n'a plus la force de chercher, ni de lutter, ni d'oser, ni de vouloir être seul, ni le courage d'adopter l'attitude pascalienne, ce mépris hypocondriaque de soi-même, cette croyance à l'indignité de l'homme, cette angoisse au sujet d'une possible damnation. »

NIETZSCHE, § 87, *op. cit.*, tome 2.

4. Valéry

Valéry occupe une position critique voisine au fond de celle de Nietzsche à l'égard de Pascal. Mais sa protestation est plutôt au nom de l'intelligence et du génie scientifique galvaudé, contre ce qu'il perçoit comme une régression de l'esprit au profit de l'émotion exacerbée, voire de la pose théâtrale.

« (Léonard de Vinci) ne connaît pas le moins du monde cette opposition si grosse et si mal définie, qui devait trois demi-siècles après lui, dénoncer entre l'esprit de finesse et celui de géométrie, un homme entièrement insensible aux arts [...] qui pensait que la peinture est vanité ; que la vraie éloquence se moque de l'éloquence ; qui nous embarque dans un pari où il engloutit toute finesse et toute géométrie ; et qui ayant changé sa neuve lampe contre une vieille, se perd à coudre des papiers dans ses poches, quand c'était l'heure de donner à la France la gloire du calcul de l'infini. »

Paul VALÉRY, *Introduction à la méthode de Léonard de Vinci* (1919), © Gallimard, p. 86.

« Je vois trop la main de Pascal [...]. Cette confusion est de règle pour Pascal. On a tant écrit sur lui, on l'a tant imaginé et si passionnément considéré qu'il en est devenu un personnage de tragédie, un acteur singulier et presque un « emploi » de la comédie de la connaissance. Certains jouent les Pascal. L'usage a fait de lui une manière d'Hamlet français et janséniste, qui soupèse son propre crâne, crâne de grand géomètre ; et qui frissonne et songe sur une terrasse opposée à l'Univers. Il est saisi par le vent très âpre de l'infini, il se parle sur la marge du néant où il paraît exactement comme sur le bord d'un théâtre, et il raisonne devant tout le monde avec le spectre de soi-même. »

Paul VALÉRY, « Variation sur une pensée »,
in *Variété* I et II (1923), © Gallimard, 1998.

5. Goldmann

Lucien Goldmann introduit, aux alentours de 1950, une méthode marxiste inspirée de Lukacs, dans l'étude de l'âge classique. Le principe est de chercher dans des « visions du monde » globales, sorte d'archétype mental, le lien entre des positions de classe dans des conflits historiques et des formes de créations culturelles. Ici, le tragique, la noblesse de robe et les Pensées ou le théâtre de Racine. Cette recherche a le mérite de faire ressortir l'importance de Pascal, qui n'est pas météore sans lendemain, dans l'introduction d'une pensée dialectique et de son histoire. Surtout grâce à son analyse de la vision tragique, il parvient à éclairer, avec une empathie que nul autre commentateur n'égale, l'originalité du christianisme particulier de Pascal.

« Pour la conscience tragique en effet, tous les instants de sa vie se confondent avec un seul d'entre eux, avec l'instant de la mort. [...] Pascal le dira d'une manière [...] puissante : « Jésus sera en agonie jusqu'à la fin du monde : il ne faut pas dormir pendant ce temps-là. »

Or dans cet instant intemporel et éternel qui durera jusqu'à la fin du monde, l'homme tragique, seul, abandonné à l'incompréhension des hommes qui dorment, à la colère de Dieu qui se cache et reste muet, trouvera dans sa solitude et dans sa souffrance la seule valeur qui lui reste et qui suffira à faire sa grandeur : la rigueur absolue de sa conscience théorique et morale, l'exigence de vérité et de justices absolues, le refus de toute illusion et de tout compromis. »

Lucien GOLDMANN, *Le dieu caché, Étude sur la vision tragique dans les* Pensées *de Pascal et dans le théâtre de Racine*, © Gallimard, 1955.

« Mais Pascal vivait en France au XVIIe siècle. Il n'était donc pas pour lui question d'une dialectique historique. La vision tragique ne connaît qu'une seule perspective : le pari sur l'existence d'un Dieu, qui est synthèse des contraires, et qui donne à l'ambiguïté de l'existence le caractère d'un paradoxe significatif, le pari sur une religion qui soit non pas simplement sagesse, mais *sagesse parce que folie*, non pas simplement claire et évidente, mais *claire parce qu'obscure*, non pas simplement vraie, mais vraie parce que contradictoire, et cette religion, Pascal pouvait se dire à juste titre, que même l'esprit le plus prévenu et le plus critique n'aurait pu à son époque la trouver ailleurs que dans le christianisme.

(Que Marx ait recherché un tel pari dans l'avenir historique de la communauté humaine) c'est nous semble-t-il un des meilleurs indices de l'existence, non seulement d'une continuité de ce que nous appelons la pensée classique depuis l'Antiquité jusqu'à nos jours, mais encore d'une continuité particulière de la pensée classique moderne à l'intérieur de laquelle les œuvres tragiques de Pascal et de Kant constituent une étape décisive dans le dépassement de l'individualisme sceptique ou dogmatique vers la naissance et l'élaboration de la philosophie dialectique. »

Lucien GOLDMANN, *op. cit.*, pp. 343-344.

6. Lautréamont

Lautréamont est assurément lecteur pénétrant des *Pensées*. L'archange foudroyé, amoureux des mathématiques, tente sur Pascal une opération sans précédent et d'une fécondité fascinante. Il se risque à les réécrire en leur appliquant leur propre méthode de la contrariété, en en passant les thèses du pour au contre, et vice versa. Dérision et hommage légitimes. Délire de négation appliquée sur un délire de négation. Le résultat est de transformer les *Pensées* en poème – ce qu'elles devaient être déjà en germe – et d'en faire éclore une pensée plus mordante encore, dans un climat aussi vénéneux. La proximité entre la « description » de Lautréamont et les souverains biens énumérés par Pascal est frappante. Maldoror est plus pascalien qu'on ne l'aurait cru, dans une autre logique et un autre pari.

« Si la morale de Cléopâtre eût été moins courte, la face de la terre aurait changé. Son nez n'en serait pas devenu plus long.

[…] L'homme est si grand, que sa grandeur paraît surtout en ce qu'il ne veut pas se connaître misérable. Un arbre ne se connaît pas grand. C'est être grand que se connaître grand. C'est être grand que de ne pas vouloir se connaître misérable. Grandeur d'un roi.

Lorsque j'écris ma pensée, elle ne m'échappe pas.

[…] L'homme est le vainqueur des chimères, la nouveauté de demain, la régularité dont gémit le chaos, le sujet de la conciliation. Il juge de toutes choses. Il n'est pas imbécile. Il n'est pas ver de terre. C'est le dépositaire du vrai, l'amas de certitude, la gloire, non le rebut de l'univers. S'il s'abaisse, je le vante. S'il se vante, je le vante davantage. Je le concilie. Il parvient à comprendre qu'il est la sœur de l'ange.

[…] Les descriptions sont une prairie, trois rhinocéros, la moitié d'un catafalque. Elles peuvent être le souvenir, la prophétie. Elles ne sont pas le paragraphe que je suis sur le point de terminer.

[…] L'amour de la justice n'est en la plupart des hommes que le courage de souffrir l'injustice.

[…] Tutoyer Elohim, lui adresser la parole est une bouffonnerie qui n'est pas convenable. Le meilleur moyen d'être reconnaissant envers lui, est de consoler l'humanité, de rapporter tout à elle, de la prendre par la main, de la traiter en frère. C'est plus vrai.

[…] Pour étudier l'ordre, il ne faut pas étudier le désordre.

Une logique existe pour la poésie. Ce n'est pas la même que celle de la philosophie.

[…] Nous naissons justes. Chacun tend à soi. C'est envers l'ordre. Il faut tendre au général. La pente vers soi est la fin de tout désordre, en guerre, en économie.

[…] Les hommes ayant pu guérir de la mort, de la misère, de l'ignorance, se sont avisés, pour se rendre heureux, de n'y point penser. C'est tout ce qu'ils ont pu inventer pour se consoler de si peu de maux. Consolation richissime. Elle ne va pas guérir le mal. Elle le cache pour un peu de temps. En le cachant, elle fait qu'on pense à le guérir. Par un légitime renversement de la nature de l'homme il ne se trouve pas que l'ennui, qui est son mal le plus sensible, soit son plus grand bien. Il peut contribuer plus que toute chose à lui faire chercher sa guérison. Voilà tout. Le divertissement qu'il regarde comme son plus grand bien, est son plus infime mal… Le malheur n'est ni dans nous ni dans les créatures. Il est en Elohim. »

LAUTRÉAMONT, *Poésies II* in *Œuvres complètes*, José Corti, 1953, pp. 376-390.

Lexique

Cabale. Ensemble des commentaires mystiques et symboliques du texte biblique de tradition juive. Se distingue du Talmud, qui fait l'interprétation méthodique plus doctrinale ou juridique du texte biblique. Le mot désigne aussi, dans les *Pensées*, une intrigue ou un complot, sans aucun rapport avec le sens précédent.

Charité. Dans les *Pensées*, elle a un sens très abstrait et théologique ; désigne la subordination parfaite au modèle du Christ, excluant toute réserve et toute réflexion.

Charnel. Qui prend les enseignements au sens littéral, borné et attaché au monde. Les Juifs en sont l'illustration.

Concupiscence. Tout désir ou toute ambition terrestre, quel qu'en soit l'objet, matériel ou intellectuel (science, gloire ou pouvoir).

Contrariétés. Rapport de dépendance antagoniste entre deux termes. Méthode d'argumentation qui prend le contre-pied par principe des thèses de l'adversaire pour le déstabiliser.

Divertissement. Interprétation donnée à toute action humaine, considérée comme passe-temps et cache-misère, quelle que soit sa finalité, ludique ou utilitaire.

Ennui. Dans un sens fort, cause de préoccupation et d'angoisse. État qui en résulte.

Figure. Forme d'expression qui ne prend pas en compte le sens propre des mots, mais les détourne pour dire autre chose de plus ou moins clair. Attitude globale qui consiste à se limiter à la lettre d'une loi, d'une religion, en méconnaissant toute extension et toute interprétation.

Grâce. Influence divine injustifiée qui met contre sa nature déchue l'homme en état de croire, de prier, de faire le bien. Le dosage de sa nécessité pour une conduite humaine honorable et propre au salut, fera le thème des débats autour du jansénisme.

Grandeur. Capacité de l'homme à désirer autre chose que ce que lui offre le monde et en particulier de ne pas se contenter de son état actuel, de le jauger misérable.

Habile/Demi-habile. Qui a une compétence, un savoir, qui s'y connaît en son affaire. Le diminuer de moitié, c'est le réduire à un faux-semblant de savoir pédant.

Imagination. Ensemble de toutes les réactions paradoxales et inexplicables qui troublent notre vision objective et raisonnable des choses.

Machine. Automatismes du rite, de l'habitude, mais aussi de la méthode et du raisonnement.

Messie. Littéralement « l'Oint » : le distingué de Dieu. S'applique dans la Bible à un ensemble d'allusions référant au personnage à venir d'un roi ou d'un Libérateur. Désigne littéralement le Christ qui en est la traduction.

Monde. Sens exclusivement négatif de ce à quoi l'homme a été condamné depuis la faute originelle pour l'avoir préféré à Dieu.

Nature. Le plus souvent, a le sens de la nature corrompue de l'homme déchu privé de ses pouvoirs, de sa béatitude et de son rapport transparent à Dieu. Première nature : celle qui était la sienne avant la faute. Par extension : condition première d'un être, non altérée par les conventions et les coutumes, inaccessible.

Ordre. L'ordre social, respectable, malgré sa dépendance de la coutume, de la concupiscence et de l'imagination. L'ordre d'exposition d'un raisonnement démonstratif. Les différentes strates d'une hiérarchie de conditions ou de valeurs, voire de réalités conceptuelles (en géométrie).

Parti. Une direction à choisir dans une option incertaine, une décision aléatoire (dans un jeu, une action risquée, un pari).

Péché. Originel, responsable de la déchéance ou de la chute, il consiste essentiellement au choix que fit Adam de se préférer comme objet d'amour, de s'intéresser plus à soi qu'à Dieu.

Perpétuité. Reconstitution rétrospective d'un passé du christianisme qui le fait remonter à la création du monde grâce à l'héritage de l'ancien testament et donc assure par là sa vérité.

Prophète. Ensemble d'auteurs bibliques dont le ton est d'admonestation et de dénonciation violente face à une dégradation de l'éthique et des mœurs constatée chez leurs coreligionnaires. Rappel à l'ordre sous forme de l'intention droite, de la vertu, qui s'entremêle à des menaces plus ou moins symboliques de châtiment. Très liés aux déboires historiques du peuple à qui ils sont adressés. Pascal va y chercher plus étroitement et littéralement, une annonce, une prévision historique, comme au sens vulgaire du mot (les prophéties de Nostradamus par exemple).

Prosopopée. Figure de rhétorique qui met un discours dans la bouche d'une entité abstraite ou dénuée de langage.

Pyrrhonisme. De Pyrrhon, philosophe du IIIe siècle avant J.-C., lié au scepticisme. Nom générique attribué par Montaigne ou Charron au XVe siècle, aux philosophes sceptiques de l'Antiquité, dont le plus considérable était cependant Sextus Empiricus.

Raison. Présomption infondée de l'homme, à partir de quelques résultats de la science ; doit être humiliée, par le scepticisme. Raison des effets : le contraire de la précédente, raison de derrière qui la nargue à la fois en revalorisant les apparences et trouvant sens à l'absurdité des choses. « Effet » a dans cette formule le sens de phénomène déconcertant pour la raison.

Vanité. Terme désignant la futilité et le vide du monde promis à la mort. Thème de méditation mettant en face le symbole de la mort et ceux de la futilité, et de la mode ; en particulier en peinture au XVIIe siècle.

Bibliographie

Œuvres de Pascal

Œuvres de Blaise Pascal, édition par Brunschvicg, Gazier et Boutroux, coll. Les Grands écrivains de France, 1904-1914 (14 vol.).

Édition paléographique, par Zacharie Tourneur, Vrin, 1942.

Œuvres complètes, édition Lafuma dite du Tricentenaire, coll. L'Intégrale, Seuil, 1963.

Œuvres complètes, édition Mesnard, Desclée de Brouwer (six tomes prévus : le tome IV est le dernier tome paru en 1994).

Pensées, édition Sellier/Ferreyroles, Garnier, Classiques, 2000, Sellier/Agora Pocket, 2003.

Pensées, édition Le Guern, Folio Gallimard, 1977, Gallimard, La Pléiade, 2000.

Les Pensées *de Pascal*, édition Kaplan, Cerf, 1982.

Discours sur la religion et sur quelques autres sujets/Blaise Pascal, restitués et publiés par Emmanuel Martineau, Fayard/Colin, 1992.

Toutes ces éditions mettent en œuvre des conceptions différentes dans la manière de traiter les manuscrits et les copies disponibles du texte de Pascal. La différence marquante, le retour aux deux premières copies de sauvegarde, prises de l'origine, date de Tourneur 1942. À partir de là, différentes versions et présentations interviennent. Par convention, Lafuma 1963 est pour l'instant encore choisi comme référence. On trouve dans Ernst Pol, *Géologie et stratigraphie des* Pensées *de Pascal* (1990), la tentative la plus minutieuse de reconstituer rigoureusement un ordre d'origine des *Pensées*. Francis Kaplan propose une tentative, la plus récente, de reconstituer un ordre des fragments, par cohérence d'indications internes.

Ouvrages sur Pascal

BÉGUIN Albert, *Pascal par lui-même*, Seuil, 1952.

CARAUD Vincent, *Pascal et la Philosophie*, PUF, 1992.

FORCE Pierre, *Pensées*, Nathan, coll. Balises, 1997.

LACOMBE R.-E., *L'apologétique de Pascal*, PUF, 1958.

GOLDMANN Lucien, *Le dieu caché*, Gallimard, 1955.

GRASSET Bernard, *Les* Pensées *de Pascal, une interprétation de l'Écriture*, Kimé, 2003.

KOLAKOWSKI Lezlek, *Dieu ne nous doit rien*, Albin Michel, 1997.

MARIN Louis, *La critique du discours sur la logique de Port-Royal et les* Pensées, Minuit, 1975.

MESNARD Jean, *Pascal. L'homme et l'œuvre*, Boivin, 1951.

PÉGUY Charles, *Pascal*, textes réunis par J. Riby, Cahiers de l'amitié Charles Péguy, 1947.

POMMIER René, *Ô Blaise ! À quoi tu penses ?*, éditions du Centre d'Action Laïque, Bruxelles, 2003.

REVOL B., *« Le cœur a ses raisons... », Blaise Pascal*, La Martinière/Xavier Baral, 2003.

SAINTE-BEUVE, *Port-Royal* (1840-1859), Robert Laffont, coll. Bouquins, 2004.

Sites Internet du Centre International Blaise Pascal

http://odalix.univ-bpclermont.fr/Cibp/pascal.htm
http://odalix.univ-bpclermont.fr/Cibp/Pensees/historique.htm
http://odalix.univ-bpclermont.fr/Cibp/Pensees/pensees.htm

Titres disponibles dans la collection

N° éditeur: 10166759
Composition: JPM sa

Achevé d'imprimer en France par EPAC Technologies

N° d'édition: 4550414320718

Dépôt légal: août 2010